중급 중국어와 HSK의 동시 완성

표준 중국어

3급

원제 HSK标准教程_3
편저 姜丽萍
편역 이준복·성룡

본서

다락원

중급 중국어와 HSK의 동시 완성
표준 중국어 3급

본서

편저 姜丽萍
북경어언대학 국제중국어교육연구기관 교수
『HSK标准教程』 시리즈 대표 저자
『体验汉语基础教程』, 『魅力汉语』 시리즈 대표 저자

외 于淼, 李琳

편역 이준복
투맨중국어 대표 강사
前 YBM 강남센터 HSK 대표 강사
前 고려중국어학원 HSK 전문 강사
前 숭의여자대학교 관광과 겸임교수

성룡(圣龙)
투맨중국어 대표 강사
前 YBM 강남센터 HSK 대표 강사
前 고려중국어학원 HSK 전문 강사
前 중국 평안금융그룹 교육 강사

중급 중국어와 HSK의 동시 완성

표준 중국어

3급

본서

다락원

들어가는 말

2009년 HSK 개정 이후 전 세계적으로 시험에 응시하는 학습자가 계속하여 늘고 있고 학업, 취업, 승진 등에서 HSK 성적이 갖는 중요도는 갈수록 높아지고 있습니다. 북경어언대학출판사는 HSK 성적의 향상과 더불어 중국어 의사소통능력을 함께 높이고 싶어 하는 많은 학습자들의 수요에 부합하고자 중국 정부 기관인 '한반(汉办)'과 함께 『HSK标准教程』 시리즈를 출간하게 되었습니다. 다락원은 원서가 가진 특징과 의도를 살림과 동시에 다년간의 풍부한 강의 경험을 갖고 계신 HSK 전문 강사들의 편역을 거쳐 이 시리즈의 한국어판을 선보이게 되었습니다.

『표준 중국어』 시리즈는 다음과 같은 특징을 갖고 있습니다.

철저히 HSK의 출제 요강에 따랐습니다.

『표준 중국어』 시리즈는 HSK 출제 요강 및 다수의 기출 문제 자료를 연구·분석한 것을 토대로 매 단원의 어휘, 어법, 주제, 의사소통기능을 선정하였습니다. 학습자들은 급수별로 나누어진 각 시리즈를 통해 HSK 어휘로 구성된 본문을 학습하며 중국어 회화 능력을 높이고 동시에 HSK 시험 감각을 익힐 수 있습니다.

워크북의 모든 연습문제는 HSK 형식으로 구성되어 있습니다.

시리즈의 각 권은 본서와 워크북으로 구성되어 있습니다. 본서의 매 단원 학습이 끝나면 워크북을 활용해 보세요. HSK 형식을 반영한 워크북을 통해 본서에서 학습한 어휘와 어법을 복습할 수 있습니다. 즉, 한 권의 학습을 모두 마친 후에 HSK를 접하는 것이 아니라 단원별로 본서의 어휘와 어법에 맞게 출제된 HSK 문제를 풀어볼 수 있습니다.

HSKK(중국어 말하기 능력 평가 시험)에도 대비할 수 있습니다.

본서는 HSK 어휘로 구성된 다양한 유형의 말하기 연습문제를 제공하고 있습니다. 본서를 잘 활용한다면 HSK 외에 HSKK(중국어 말하기 능력 평가 시험)에도 충분히 대비할 수 있습니다.

본 시리즈는 단순히 HSK만을 위한 교재가 아니라 말하기·듣기·읽기·쓰기의 전반적인 의사소통능력을 기를 수 있는 종합 학습서입니다. 중국어 공부를 처음 시작하는 입문자부터 HSK의 고득점을 목표로 하는 학습자까지 본 시리즈를 통해 중국어 실력 향상의 기쁨과 성취의 뿌듯함을 함께 맛보실 수 있기를 바랍니다.

다락원 중국어 출판부

표준 중국어 시리즈 소개

『표준 중국어』 시리즈는 중국 정부 기관 '한반(汉办)'과 중국 북경어언대학출판사가 공동 개발한 『HSK标准教程』 시리즈의 한국어판으로, **HSK의 출제 요강에 따라 체계적으로 설계된 교과 과정을 기반으로 하여 HSK 내용과 형식, 등급을 전면적으로 반영한 종합 학습서**입니다.

시리즈의 각 권은 본서와 워크북으로 구성되어 있습니다. 본서는 대화문과 서술문으로 이루어진 본문과 그에 따른 어법 및 어휘 해설, 연습문제로 구성된 중국어 학습 교재로, 학습자는 본서를 통해 말하기·듣기·읽기·쓰기 능력을 종합적으로 훈련할 수 있습니다. 워크북은 HSK 문제 형식을 반영한 연습 교재입니다. 본서의 매 단원 학습을 끝내면 워크북을 통해 복습할 수 있으며, 자신의 수준에 맞는 HSK 문제를 풀어볼 수 있습니다.

HSK의 급수에 따라 시리즈가 구성되어 있으며 4급부터는 상·하로 나누어져 총 9권으로 출간됩니다. 시리즈의 각 권별 구성은 다음과 같습니다.

원서 편명	한국어판 편명	HSK 급수	누적 어휘 수	학습 시간(차시)
HSK标准教程_1	초급 중국어와 HSK의 동시 완성 표준 중국어 1급	1급	150개	30~34
HSK标准教程_2	초급 중국어와 HSK의 동시 완성 표준 중국어 2급	2급	300개	30~36
HSK标准教程_3	중급 중국어와 HSK의 동시 완성 표준 중국어 3급	3급	600개	35~40
HSK标准教程_4上	중급 중국어와 HSK의 동시 완성 표준 중국어 4급 상	4급	1,200개	75~80
HSK标准教程_4下	중급 중국어와 HSK의 동시 완성 표준 중국어 4급 하			
HSK标准教程_5上	고급 중국어와 HSK의 동시 완성 표준 중국어 5급 상	5급	2,500개	170~180
HSK标准教程_5下	고급 중국어와 HSK의 동시 완성 표준 중국어 5급 하			
HSK标准教程_6上	고급 중국어와 HSK의 동시 완성 표준 중국어 6급 상	6급	5,000개 이상	170~180
HSK标准教程_6下	고급 중국어와 HSK의 동시 완성 표준 중국어 6급 하			

1급부터 순차적으로 출간되는 『표준 중국어』 시리즈는 중국어의 종합적인 의사소통능력을 향상시킴과 동시에 HSK의 고득점 합격을 목표로 하는 학습자들에게 꼭 필요한 교재가 될 것이며, 중국어 교육 현장에 계신 선생님들께도 유용한 교육서가 될 것입니다.

차 례

- 들어가는 말 ... 2
- 표준 중국어 시리즈 소개 ... 3
- 차례 ... 4
- 이 책의 구성과 활용 ... 8
- 일러두기 ... 10

HSK 어휘	어법 포인트	속담

01 周末你有什么打算? 주말에 무슨 계획 있어요? ... 11

周末, 打算, 啊, 跟, 一直, 游戏, 作业, 着急, 复习, 南方, 北方, 面包, 带, 地图, 搬	• 결과보어 '好' • 一……也/都+不/没…… • 접속사 '那'	不到长城非好汉 만리장성에 오르지 않았다면 사나이가 아니다

02 他什么时候回来? 그는 언제 돌아와요? ... 21

腿, 疼, 脚, 树, 容易, 难, *太太, *秘书, 经理, 办公室, 辆, 楼, 拿, 把, 伞, 胖, 办, 其实, 瘦	• 단순 방향보어 • 두 가지 동작의 연속 발생 • 반어문 '能……吗?'	饭后百步走, 活到九十九 식후 100 걸음씩 걸으면 99세까지 산다

03 桌子上放着很多饮料。 탁자 위에 음료가 많이 놓여 있어요. ... 31

还是, *云, 爬山, 小心, 条, 裤子, 记得, 衬衫, 元, 新鲜, 甜, 只, 放, 饮料, 或者, 舒服, 花, 绿	• '还是'와 '或者' • 존재를 나타내는 구문 • 只A不B	茶好客常来 차가 맛있으면 손님이 자주 온다

04 她总是笑着跟客人说话。 그녀는 늘 웃으며 손님과 이야기해요. ... 41

比赛, 照片, 年级, 又, 聪明, 热情, 努力, 总是, 回答, 站, 饿, 超市, 蛋糕, 点, 年轻, 认真, 客人	• 又……又…… • 동사1+着+동사2 • 병렬부사 '也'	五十步笑百步 오십 보로 백 보를 비웃다

	HSK 어휘	어법 포인트	속담	
05	**我最近越来越胖了。** 나는 요즘 갈수록 뚱뚱해지고 있어.			51
	发烧, 为, 照顾, 用, 感冒, 季节, 当然, 春天, 草, 夏天, 裙子, 最近, 越	• 변화를 나타내는 어기조사 '了' • '一'의 생략 • 越来越……	药到病除 약만 먹으면 병이 낫는다	
06	**怎么突然找不到了?** 어째서 갑자기 찾을 수 없는 걸까요?			61
	*眼镜, 突然, 离开, 清楚, 刚才, 帮忙, 特别, 讲, 明白, 锻炼, 音乐, 公园, 聊天儿, *睡着, 更	• 가능보어 • 이합사 • '刚'과 '刚才'	万事开头难 모든 일은 시작이 어렵다	
07	**我跟她都认识五年了。** 그녀와 안 지 벌써 5년 됐어.			71
	同事, 以前, 银行, 久, 感兴趣, 结婚, 欢迎, 迟到, 半, 接, 刻, 差	• 시량보어 • 对……感兴趣 • 시간 표현	一步走错步步错 한 수를 잘못 두면 모든 수가 문제다	
08	**你去哪儿我就去哪儿。** 당신이 가는 곳이 어디든 저도 갈래요.			81
	满意, 电梯, 方便, 层, 害怕, 熊猫, 见面, 安静, *可乐, 一会儿, 马上, 洗手间, 老, 几乎, 变化, 健康, 重要, *呀	• 부사 '又'와 '再' • 의문대사의 활용 (1)	站得高, 看得远 높이 서야 멀리 볼 수 있다	
09	**她的汉语说得跟中国人一样好。** 그녀는 중국어를 중국인처럼 잘해요.			91
	中文, 班, 一样, 最后, 放心, 一定, 担心, 比较, 了解, 先, 中间, 参加, 影响	• 越A越B • 반어문 • 'A跟B一样' 비교문	三人行，必有我师 세 사람이 길을 가면 반드시 내 스승이 있다	
10	**数学比历史难多了。** 수학이 역사보다 훨씬 어려워요.			101
	个子, 矮, 历史, 体育, 数学, 自行车, 骑, 旧, 换, 地方, *中介, 主要, 环境, 附近	• '比' 비교문 • '没有' 비교문 • 어림수 (1)	不可同日而语 같이 논할 수 없다	

HSK 어휘	어법 포인트	속담

11 别忘了把空调关了。 에어컨 끄는 것을 잊지 마세요. 111

| 图书馆, 借, 把, 词典, 还, 灯, 关, 会议, 结束, 忘记, 空调, *左右, 地铁, 双, 筷子, 啤酒, 口, 瓶子, 笔记本电脑, 电子邮件, 习惯 | • '把'자문 (1)
• 어림수 (2) | 贵人多忘事
귀인은 깜박하기 마련이다 |

12 把重要的东西放在我这儿吧。 중요한 물건은 저에게 맡겨 두세요. 121

| 太阳, 西, 生气, 行李箱, 自己, 包, 发现, 护照, 起飞, 司机, 教, 画, 需要, 黑板 | • '就'와 '才'
• '把'자문 (2) | 习惯成自然
익숙해지면 당연한 것이 된다 |

13 我是走回来的。 저는 걸어 돌아왔어요. 131

| 终于, 爷爷, 礼物, 奶奶, 遇到, 一边, 过去, 一般, 愿意, 起来, 应该, *生活, 校长, 坏, 经常 | • 복합 방향보어
• 조동사 '应该'
• 一边A一边B | 礼轻情意重
선물은 가벼워도 정은 가볍지 않다 |

14 你把水果拿过来。 네가 과일을 가지고 와. 141

| 打扫, 干净, 然后, 冰箱, 洗澡, 节目, 月亮, 像, 盘子, 刮风, 叔叔, 阿姨, 故事, 声音, 菜单, 简单, 香蕉, *要是 | • '把'자문 (3)
• 先……, 再/又……, 然后…… | 先到先得
먼저 오는 사람이 임자다 |

15 其他都没什么问题。 다른 것은 모두 문제 없어요. 151

| 留学, 水平, 提高, 练习, 完成, 除了, 句子, 其他, 发, 要求, 注意, 上网, 新闻, 花, 极了, 节日, *举行, 世界, 街道, *各, 文化 | • 除了A以外, 都/还/也……
• 의문대사의 활용 (2)
• 정도 표현 '极了' | 一是一，二是二
하나는 하나고 둘은 둘이다 |

16 我现在累得下了班就想睡觉。 요즘 피곤해서 퇴근하면 바로 자고 싶어요. 161

| 城市, 如果, 认为, 皮鞋, 帽子, 长, 可爱, 米, 公斤, 鼻子, 头发, *出生, 检查, *大夫, 刷牙, 关系, 别人, *词语 | • 如果……(的话), 就……
• 정도보어
• 1음절 형용사 중첩 | 钱不是万能的
돈이면 다가 아니다 |

HSK 어휘	어법 포인트	속담

17 谁都有办法看好你的"病"。 누구라도 당신의 '병'을 진단할 수 있는 방법이 있어요. 171

| 请假, 一共, 邻居, 后来, 爱好, 办法, 饱, 为了, 决定, 选择, 冬天, *地点, 必须, 根据, *情况, 渴 | • 동사 중첩
• 의문대사의 활용 (3) | 早睡早起身体好
일찍 자고 일찍 일어나면 건강에 좋아요 |

18 我相信他们会同意的。 저는 그들이 동의할 것이라고 믿어요. 181

| 向, *只要, 万, 只, 嘴, 动物, 段, 不但……而且……, 有名, 同意, 相信, 关于, 机会, 国家, 种, *特点, 奇怪, 经过, 地 | • 只要……, 就……
• 개사 '关于'
• 구조조사 '地' | 见怪不怪
이상한 것도 보다 보면 이상할 것 없다 |

19 你没看出来吗? 못 알아보겠어? 191

| 耳朵, *使, 脸, 短, 马, 张, 位, 蓝, 秋天, 过, 鸟, 哭, 船, 照相 | • 방향보어의 확장 의미
• 사역동사 '让', '使', '叫' | 百闻不如一见
백문이 불여일견이다 |

20 我被他影响了。 저는 그에게 영향을 받았어요. 201

| 照相机, 被, 难过, 东, 信用卡, *差不多, 关心, 只有……才……, 成绩, 碗, 分, *父母, *相同, 解决, *得, 试, *真正, 多么 | • '被'자문
• 只有……, 才…… | 车到山前必有路
어디에든 길은 있기 마련이다 |

부록

- 본문 해석   212
- 모범 답안   221
- 단어 색인   241

이 책의 구성과 활용

1 본서

본서는 HSK 3급 어휘로 구성된 회화 교재입니다. 말하기·듣기·읽기·쓰기의 종합적인 중국어 의사소통능력을 향상시킬 수 있습니다.

미리 보기
사진을 보며 본문에서 배우게 될 단어를 가볍게 읽고,
간단한 연습문제를 통해 학습 포인트를 미리 확인합니다.

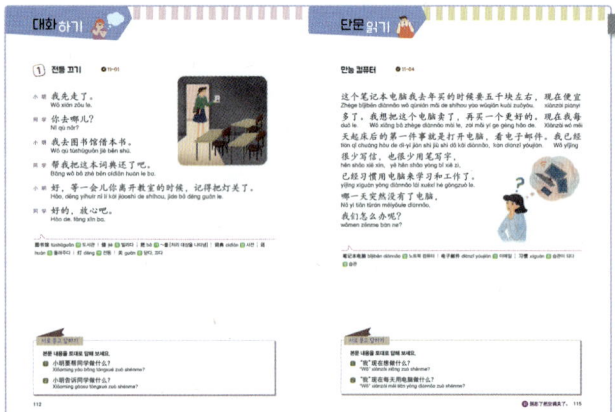

대화하기
01과~10과의 본문은 4개의 대화문으로 구성되며, 11과~20과는 3개의 대화문으로 구성됩니다. HSK 3급 어휘로 구성된 대화문을 학습하며 중국어 회화 실력과 함께 HSK 실력도 높여 보세요.

단문 읽기
11과부터 20과의 본문에 1개의 단문이 포함됩니다. 다양한 주제의 문장을 읽으면서 독해 능력을 길러 보세요.

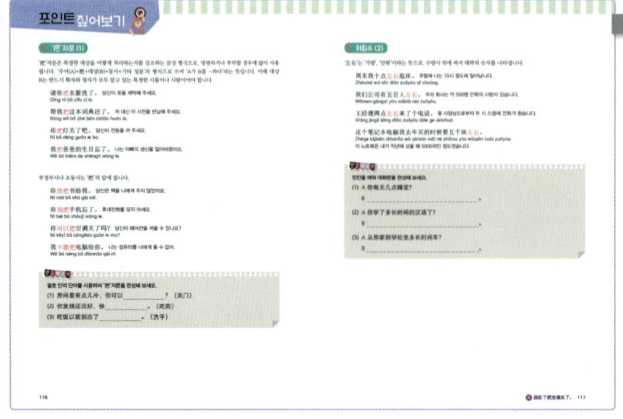

포인트 짚어보기
본문에 출현한 어법 포인트를 자세한 설명과 예문을 통해 학습할 수 있습니다.

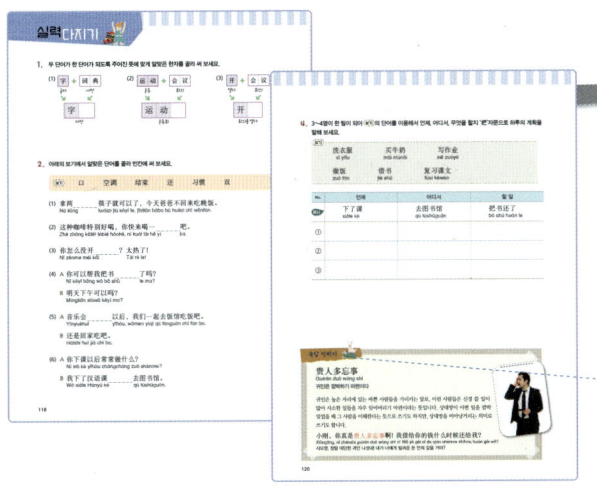

실력 다지기
알맞은 한자 쓰기, 단어 고르기, 문장 완성하기 등 다양한 유형의 연습문제를 풀며 학습 내용을 점검합니다.

속담 익히기: 중국 속담과 예문을 읽으며 중국인이 자주 쓰는 생생한 표현을 익혀 보세요.

② 워크북

워크북은 본서와 연계된 HSK 3급 문제 형식의 연습 교재입니다. 본서와 동일한 단원으로 구성되어 있으며, 본서의 어휘와 어법을 활용한 HSK 문제를 풀어볼 수 있습니다.

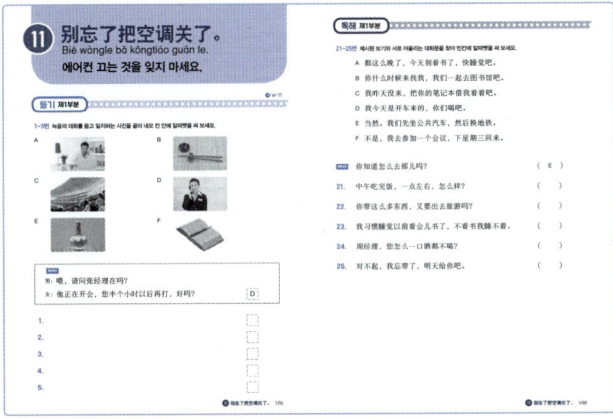

워크북 활용법
- 본서의 매 단원 학습이 끝나면 워크북에 있는 해당 단원의 문제를 풀며 HSK 형식에 익숙해지도록 합니다.
- 본 시리즈로 지도하시는 선생님께서는 워크북을 학생들의 숙제로 활용하셔도 좋습니다.
- 워크북의 정답과 녹음 대본은 **다락원 홈페이지(www.darakwon.co.kr)**의 '**학습자료▶중국어**'에서 다운로드 받으실 수 있습니다.

MP3

+ 본서와 워크북의 녹음 해당 부분에 MP3 트랙 번호가 기재되어 있습니다. ◎ 01-01

+ MP3 음원은 '다락원 홈페이지 (www.darakwon.co.kr)'를 통해서 무료로 다운로드 받으실 수 있습니다. 스마트폰으로 QR 코드를 스캔하면 MP3 다운로드 및 실시간 재생 가능한 페이지로 바로 연결됩니다.

일러두기

① 중국의 지명, 건물, 기관, 관광명소 등은 중국어 발음을 한국어로 표기했습니다.
   예) 北京 베이징   上海 상하이

② 인명은 각 나라에서 실제 사용하는 발음을 기준으로 하여 한국어로 표기했습니다.
   예) 小刚 샤오깡   有真 유진   马可 마르코

③ 대화하기 및 단문 읽기에 사용된 단어 중 HSK 3급에 해당하지 않는 단어에는 *을 달아 구분하였습니다.
   예) *秘书 mìshū 명 비서

④ 중국어의 품사는 다음과 같이 약어로 표기하였습니다.

품사명	약어	품사명	약어	품사명	약어
명사	명	양사	양	조사	조
고유명사	고유	수량사	수량	감탄사	감
동사	동	조동사	조동	의성사	의성
형용사	형	부사	부	접두사	접두
대사	대	개사	개	접미사	접미
수사	수	접속사	접		

周末你有什么打算?
Zhōumò nǐ yǒu shénme dǎsuàn?

주말에 무슨 계획 있어요?

미리 보기

1 사진을 보며 단어를 익혀 보세요.

A

地图
dìtú

B

面包
miànbāo

C

周末
zhōumò

2 사진의 내용과 관계 있는 것을 골라 빈칸에 써 보세요.

| 보기 | A 咖啡 | B 旅游 | C 手机 |

① _____ ② _____ ③ _____

대화하기

1 주말 계획 🔊 01-01

小丽: 周末你有什么打算?
Zhōumò nǐ yǒu shénme dǎsuàn?

小刚: 我早就想好了，请你吃饭、
Wǒ zǎo jiù xiǎnghǎo le, qǐng nǐ chī fàn、
看电影、喝咖啡。
kàn diànyǐng、hē kāfēi.

小丽: 请我?
Qǐng wǒ?

小刚: 是啊，我已经找好饭馆了，电影票也买好了。
Shì a, wǒ yǐjīng zhǎohǎo fànguǎn le, diànyǐngpiào yě mǎihǎo le.

小丽: 我还没想好要不要跟你去呢。
Wǒ hái méi xiǎnghǎo yào bu yào gēn nǐ qù ne.

周末 zhōumò 명 주말 | **打算** dǎsuàn 명 계획 동 계획하다 | **啊** a 조 문장 끝에 쓰여 긍정 또는 방어적인 어감을 나타냄 | **跟** gēn 개 ~와 | 고유 **小丽** Xiǎolì 샤오리 [인명], **小刚** Xiǎogāng 샤오깡 [인명]

서로 묻고 답하기

본문 내용을 토대로 답해 보세요.

1. 周末小刚打算做什么?
   Zhōumò Xiǎogāng dǎsuàn zuò shénme?

2. 小丽要不要跟小刚一起去?
   Xiǎolì yào bu yào gēn Xiǎogāng yìqǐ qù?

2 엄마와 아들   🔊 01-02

妈妈 你一直玩儿电脑游戏，作业写完了吗？
Nǐ yìzhí wánr diànnǎo yóuxì, zuòyè xiěwán le ma?

儿子 都写完了。
Dōu xiěwán le.

妈妈 明天不是有考试吗？你怎么一点儿也不着急？
Míngtiān bú shì yǒu kǎoshì ma? Nǐ zěnme yìdiǎnr yě bù zháojí?

儿子 我早就复习好了。
Wǒ zǎo jiù fùxí hǎo le.

妈妈 那也不能一直玩儿啊。
Nà yě bù néng yìzhí wánr a.

一直 yìzhí 부 계속, 줄곧 | **游戏** yóuxì 명 게임, 놀이 | **作业** zuòyè 명 숙제 | **着急** zháojí 형 (마음이) 급하다, (행동을) 서두르다 | **复习** fùxí 동 복습하다

서로 묻고 답하기

본문 내용을 토대로 답해 보세요.

1. 儿子在做什么？
   Érzi zài zuò shénme?

2. 他准备好考试了吗？
   Tā zhǔnbèi hǎo kǎoshì le ma?

3 여행 계획   🔊 01-03

小丽 　**下个月我去旅游，你能跟我一起去吗？**
　　　Xià ge yuè wǒ qù lǚyóu, nǐ néng gēn wǒ yìqǐ qù ma?

小刚 　**我还没想好呢。你觉得哪儿最好玩儿？**
　　　Wǒ hái méi xiǎnghǎo ne. Nǐ juéde nǎr zuì hǎowánr?

小丽 　**南方啊，我们去年就是这个时候去的。**
　　　Nánfāng a, wǒmen qùnián jiù shì zhège shíhou qù de.

小刚 　**南方太热了，北方好一些，不冷也不热。**
　　　Nánfāng tài rè le, běifāng hǎo yìxiē, bù lěng yě bú rè.

南方 nánfāng 명 남쪽 지방 | 北方 běifāng 명 북쪽 지방

서로 묻고 답하기

본문 내용을 토대로 답해 보세요.

1. 小丽什么时候去旅游？
   Xiǎolì shénme shíhou qù lǚyóu?

2. 小刚觉得哪儿最好玩儿？为什么？
   Xiǎogāng juéde nǎr zuì hǎowánr? Wèi shénme?

4 짐 싸기 🔊 01-04

小刚　水果、面包、茶都准备好了，我们还带什么？
　　　Shuǐguǒ、miànbāo、chá dōu zhǔnbèi hǎo le, wǒmen hái dài shénme?

小丽　手机、电脑、地图，一个也不能少。
　　　Shǒujī、diànnǎo、dìtú, yí ge yě bù néng shǎo.

小刚　这些我昨天下午就准备好了。
　　　Zhèxiē wǒ zuótiān xiàwǔ jiù zhǔnbèi hǎo le.

小丽　再多带几件衣服吧。
　　　Zài duō dài jǐ jiàn yīfu ba.

小刚　我们是去旅游，不是搬家，
　　　Wǒmen shì qù lǚyóu, bú shì bān jiā,
　　　还是少带一些吧。
　　　háishi shǎo dài yìxiē ba.

面包 miànbāo 명 빵 | 带 dài 동 지니다, 휴대하다 | 地图 dìtú 명 지도 | 搬 bān 동 옮기다

서로 묻고 답하기

본문 내용을 토대로 답해 보세요.

1. 小刚和小丽带了什么东西？
   Xiǎogāng hé Xiǎolì dàile shénme dōngxi?

2. 小刚和小丽是不是要搬家？
   Xiǎogāng hé Xiǎolì shì bu shì yào bān jiā?

포인트 짚어보기

★ 결과보어 '好'

결과보어 '好'는 동사 뒤에 붙어 동작이 완성되었고 이에 만족한다는 뜻을 나타냅니다. 반면 결과보어 '完'은 동작의 완성만을 나타냅니다.

今晚的电影小刚已经买好票了。　오늘 저녁 영화는 샤오깡이 이미 표를 사 뒀어.
Jīn wǎn de diànyǐng Xiǎogāng yǐjīng mǎihǎo piào le.

饭还没做好，请你等一会儿。　밥은 아직 다 하지 못했어요. 잠시만 기다려 줘요.
Fàn hái méi zuòhǎo, qǐng nǐ děng yíhuìr.

去旅游的东西准备好了吗？　여행 갈 물건들은 모두 준비 됐어요?
Qù lǚyóu de dōngxi zhǔnbèi hǎo le ma?

> 今晚 jīn wǎn 오늘 저녁

연습해 보기

빈칸을 채워 문장을 완성해 보세요.
(1) 我不能跟你出去玩儿，明天的汉语课我还没_____。
(2) 我们打算去旅游，我已经_____票了。

★ 一……也/都+不/没……

'一+양사+명사+也/都+不/没+동사' 형식은 '조금도 ~하지 않다'라는 완전 부정의 뜻을 나타냅니다.

我一个苹果也不想吃。　나는 사과를 하나도 먹고 싶지 않아요.
Wǒ yí ge píngguǒ yě bù xiǎng chī.

小丽一杯茶也没喝。　샤오리는 차 한 잔도 마시지 않았어요.
Xiǎolì yì bēi chá yě méi hē.

양사 대신에 '点儿'을 써서 '一+点儿+명사+也/都+不/没+동사' 형식으로 쓸 수 있습니다.

这个星期我很忙，一点儿时间也没有。
Zhège xīngqī wǒ hěn máng, yìdiǎnr shíjiān yě méiyǒu.
이번 주에 나는 아주 바빠서 시간이 조금도 없어요.

我一点儿钱都没带，所以不能买衣服。
Wǒ yìdiǎnr qián dōu méi dài, suǒyǐ bù néng mǎi yīfu.
나는 돈을 조금도 가져오지 않아서 옷을 살 수 없어요.

동사 대신 형용사가 올 경우에는 보통 '点儿'을 씁니다.

南方一点儿都不冷。 남쪽 지방은 조금도 춥지 않아요.
Nánfāng yìdiǎnr dōu bù lěng.

那个地方一点儿也不远。 그곳은 조금도 멀지 않아요.
Nàge dìfang yìdiǎnr yě bù yuǎn.

연습해보기

괄호 안의 단어를 사용하여 문장을 완성해 보세요.
(1) 这些汉字太难了，我_____。（不认识）
(2) 这件衣服真便宜，_____。（不贵）
(3) 我没带钱，_____。（没买）

★ 접속사 '那'

'那'가 접속사로 쓰이면 '그러면', '그렇다면'이라는 뜻으로, 앞 문장의 내용을 근거로 결론이나 판단을 내릴 때 씁니다.

A 我不想去看电影。 나는 영화를 보러 가고 싶지 않아.
　Wǒ bù xiǎng qù kàn diànyǐng.

B 那我也不去了。 그러면 나도 안 갈래.
　Nà wǒ yě bú qù le.

A (明天的考试)我早就复习好了。 (내일 시험은) 벌써 복습 다 했어요.
　(Míngtiān de kǎoshì) wǒ zǎo jiù fùxí hǎo le.

B 那也不能一直玩儿啊。 그렇다고 계속 놀면 안 되지.
　Nà yě bù néng yìzhí wánr a.

연습해보기

빈칸을 채워 대화문을 완성해 보세요.
(1) A 周末我不想去商店买东西。
　　B _____。

(2) A 下大雨了，不能去踢足球了。
　　B _____。

1. 두 단어가 한 단어가 되도록 주어진 뜻에 맞게 알맞은 한자를 골라 써 보세요.

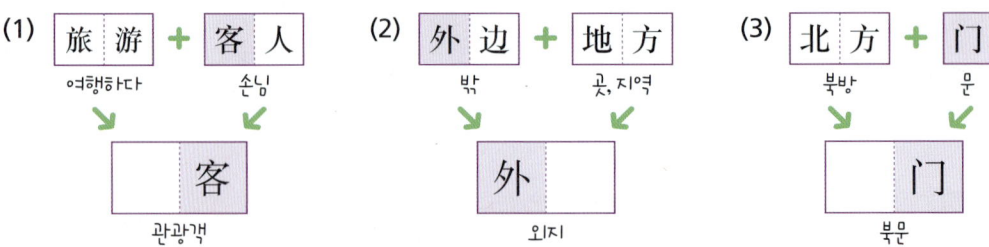

2. 아래의 보기에서 알맞은 단어를 골라 빈칸에 써 보세요.

보기   游戏   跟   作业   搬   地图   打算

(1) 你写完_____了吗?
Nǐ xiěwán   le ma?

(2) 别玩儿_____了，快去睡觉。
Bié wánr   le, kuài qù shuì jiào.

(3) 明天我要上课，不能_____你们一起去玩儿。
Míngtiān wǒ yào shàng kè, bù néng   nǐmen yìqǐ qù wánr.

(4) A 考完试你有什么_____?
Kǎowán shì nǐ yǒu shénme

B 我还没想好。
Wǒ hái méi xiǎnghǎo.

(5) A 你好，我要买一张_____。
Nǐ hǎo, wǒ yào mǎi yì zhāng

B 三块钱。
Sān kuài qián.

(6) A 你是什么时候_____家的？我怎么不知道？
Nǐ shì shénme shíhou   jiā de? Wǒ zěnme bù zhīdào?

B 上个月。
Shàng ge yuè.

张 zhāng 양 장 [종이를 세는 단위]

3. 다음 사진을 보고 학습한 단어를 이용하여 문장을 완성해 보세요.

(1)

A 衣服都_____了吗?
Yīfu dōu　　　　　　le ma?

B 我一_____也_____。
Wǒ yì　　　　　　yě

(2) A 我的狗生病了，一_____
Wǒ de gǒu shēng bìng le, yì

也_____。
yě

B 那_____你的狗去医院吧。
Nà　　　　　nǐ de gǒu qù yīyuàn ba.

(3)

A 我们休息一下再_____吧。
Wǒmen xiūxi yíxià zài　　　　　ba.

B 没关系，我一_____。
Méi guānxi, wǒ yì

(4) A 你什么时候回家?
Nǐ shénme shíhou huí jiā?

B 我还没_____飞机票呢,
Wǒ hái méi　　　　　fēijī piào ne,

你知道在哪儿买票吗?
nǐ zhīdào zài nǎr mǎi piào ma?

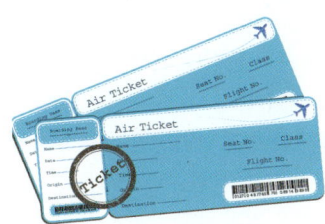

4. 3~4명이 한 팀이 되어 여행 장소, 교통 수단, 여행 전 준비 사항에 대해 이야기해 보세요. 그리고 아래 표에 쓰고 발표해 보세요.

No.	여행 장소	교통 수단	여행 전 준비 사항
예시	打算去北京旅游 dǎsuàn qù Běijīng lǚyóu	坐飞机 zuò fēijī	买好飞机票、找好宾馆 mǎihǎo fēijī piào, zhǎohǎo bīnguǎn
①			
②			
③			
④			

속담 익히기

不到长城非好汉
Bú dào Chángchéng fēi hǎohàn
만리장성에 오르지 않았다면 사나이가 아니다

이 말은 원래 중국 공산당 지도자 마오쩌둥(毛泽东, Máo Zédōng)이 1935년 쓴 시의 한 구절입니다. 당시 그는 군대를 이끌고 적의 포위와 추격을 뿌리치고 수천 킬로미터를 행군하여 옛 만리장성의 유적이 있는 산맥을 넘으면서 자신의 심경을 시로 표현했습니다. 오늘날에는 '끝까지 해보지 않고 포기하면 안 된다'는 뜻으로 어려움 속에서도 희망을 잃지 말고 끝까지 극복하라는 격려의 말로 씁니다.

不到长城非好汉，我会做好。
Bú dào Chángchéng fēi hǎohàn, wǒ huì zuòhǎo.
끝까지 해보지도 않고 포기하면 안 되지. 난 잘할 수 있어.

02

他什么时候回来?
Tā shénme shíhou huílai?

그는 언제 돌아와요?

미리 보기

1 사진을 보며 단어를 익혀 보세요.

A
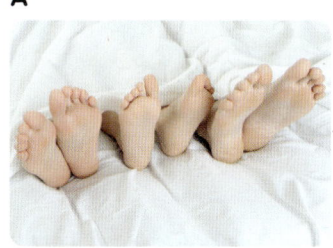
脚
jiǎo

B

办公室
bàngōngshì

C

楼
lóu

2 아래 표의 행동 1을 한 후에 할 수 있는 일을 말해 보고 행동 2를 써 보세요.

No.	행동 1	행동 2
예시	起床 qǐ chuáng	吃早饭 chī zǎofàn
①	吃饭 chī fàn	
②	写作业 xiě zuòyè	
③	下课 xià kè	

대화하기

1 등산길에서 🔊 02-01

小丽 **休息一下吧。**
Xiūxi yíxià ba.

小刚 **怎么了？**
Zěnme le?

小丽 **我现在腿也疼，脚也疼。**
Wǒ xiànzài tuǐ yě téng, jiǎo yě téng.

小刚 **好，那边树多，我们过去坐一下吧。**
Hǎo, nàbian shù duō, wǒmen guòqu zuò yíxià ba.

小丽 **上来的时候我怎么没觉得这么累？**
Shànglai de shíhou wǒ zěnme méi juéde zhème lèi?

小刚 **上山容易下山难，你不知道？**
Shàng shān róngyì xià shān nán, nǐ bù zhīdào?

腿 tuǐ 명 다리 | 疼 téng 형 아프다 | 脚 jiǎo 명 발 | 树 shù 명 나무 | 容易 róngyì 형 쉽다 | 难 nán 형 어렵다

서로 묻고 답하기

본문 내용을 토대로 답해 보세요.

1. 小丽现在怎么了？
   Xiǎolì xiànzài zěnme le?

2. 小丽上来的时候怎么没觉得累？
   Xiǎolì shànglai de shíhou zěnme méi juéde lèi?

2 전화 통화 🔊 02-02

周太太 喂，你好，请问周明在吗？
Wèi, nǐ hǎo, qǐngwèn Zhōu Míng zài ma?

秘 书 周经理出去了，不在办公室。
Zhōu jīnglǐ chūqu le, bú zài bàngōngshì.

周太太 他去哪儿了？什么时候回来？
Tā qù nǎr le? Shénme shíhou huílai?

秘 书 他出去办事了，下午回来。
Tā chūqu bàn shì le, xiàwǔ huílai.

周太太 回来了就让他给我打个电话。
Huílai le jiù ràng tā gěi wǒ dǎ ge diànhuà.

秘 书 好的，他到了办公室我就告诉他。
Hǎo de, tā dàole bàngōngshì wǒ jiù gàosu tā.

---

*太太 tàitai 명 아주머니, 부인 | *秘书 mìshū 명 비서 | 经理 jīnglǐ 명 팀장, 사장 | 办公室 bàngōngshì 명 사무실 |
고유 周 Zhōu 저우 [성씨], 周明 Zhōu Míng 저우밍 [인명]

서로 묻고 답하기

본문 내용을 토대로 답해 보세요.

1 周经理去哪儿了？
Zhōu jīnglǐ qù nǎr le?

2 周经理什么时候回来？
Zhōu jīnglǐ shénme shíhou huílai?

3 비 오는 날   🔊 02-03

小刚 雨下得真大。你怎么回去？我送你吧。
　　　Yǔ xià de zhēn dà. Nǐ zěnme huíqu? Wǒ sòng nǐ ba.

小丽 没事，我出去叫辆出租车就行了。
　　　Méi shì, wǒ chūqu jiào liàng chūzūchē jiù xíng le.

小刚 那你等等，我上楼去给你拿把伞。
　　　Nà nǐ děngdeng, wǒ shàng lóu qù gěi nǐ ná bǎ sǎn.

小丽 好的。我跟你一起上去吧。
　　　Hǎo de. Wǒ gēn nǐ yìqǐ shàngqu ba.

小刚 你在这儿等吧，我拿了伞就下来。
　　　Nǐ zài zhèr děng ba, wǒ nále sǎn jiù xiàlai.

辆 liàng 양 대 [자동차 등을 세는 단위] | **楼** lóu 명 건물, 층 | **拿** ná 동 잡다, 들다 | **把** bǎ 양 자루 [우산 등 손잡이가 있는 물건을 세는 단위] | **伞** sǎn 명 우산

서로 묻고 답하기

본문 내용을 토대로 답해 보세요.

1. 小丽怎么回去?
   Xiǎolì zěnme huíqu?

2. 小刚上楼去做什么?
   Xiǎogāng shàng lóu qù zuò shénme?

4 부부의 대화 🔊 02-04

周太太 **你看，我这么胖，怎么办呢？**
Nǐ kàn, wǒ zhème pàng, zěnme bàn ne?

周　明 **你每天晚上吃了饭就睡觉，**
Nǐ měi tiān wǎnshang chīle fàn jiù shuì jiào,
也不出去走走，能不胖吗？
yě bù chūqu zǒuzou, néng bú pàng ma?

周太太 **其实我每天都运动。**
Qíshí wǒ měi tiān dōu yùndòng.

周　明 **但是你一点儿也没瘦！你做什么运动了？**
Dànshì nǐ yìdiǎnr yě méi shòu! Nǐ zuò shénme yùndòng le?

周太太 **做饭啊。**
Zuò fàn a.

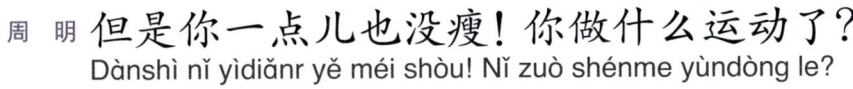

胖 pàng 형 뚱뚱하다 | **办** bàn 동 처리하다, 다루다 | **其实** qíshí 부 사실 | **瘦** shòu 형 마르다, 여위다

서로 묻고 답하기

본문 내용을 토대로 답해 보세요.

1 **周太太为什么这么胖？**
Zhōu tàitai wèi shénme zhème pàng?

2 **周太太每天做运动吗？**
Zhōu tàitai měi tiān zuò yùndòng ma?

포인트 짚어보기

★ 단순 방향보어

방향보어는 동작의 방향을 나타내는 보어입니다. 단순 방향보어는 동사 뒤에 '来'나 '去'가 붙어 동작의 방향을 나타내는데, '동사+来'는 '~오다'로 화자가 있는 쪽으로 다가옴을 나타내고, '동사+去'는 '~가다'로 동작이 화자에게서 멀어짐을 나타냅니다. 동사로는 주로 '上', '下', '进', '出', '回', '过', '起'가 쓰이며 '买', '带', '搬' 뒤에도 '来'나 '去'가 올 수 있습니다.

我们在楼上等你呢，你上来吧。 ─ 화자는 위에 있음
Wǒmen zài lóu shang děng nǐ ne, nǐ shànglai ba.
우리는 위층에서 당신을 기다리고 있어요. 올라오세요.

谁在外边？你出去看看吧。 ─ 화자는 안에 있음
Shéi zài wàibian? Nǐ chūqu kànkan ba.
누가 밖에 있나요? 당신이 나가서 한번 보세요.

목적어가 사물 명사인 경우, 목적어는 '来'나 '去' 앞뒤 모두에 올 수 있습니다.

帮我买来点儿面包。 나를 도와서 빵을 좀 사오세요.
Bāng wǒ mǎilai diǎnr miànbāo.

你搬这把椅子去吧。 당신이 이 의자를 옮겨 가요.
Nǐ bān zhè bǎ yǐzi qù ba.

목적어가 장소 명사인 경우, 목적어는 '来'나 '去' 앞에 와야 합니다.

小狗下楼来了。 강아지가 건물을 내려왔어요.
Xiǎogǒu xià lóu lai le.

老师进教室来了。 선생님이 교실에 들어오셨어요.
Lǎoshī jìn jiàoshì lai le.

연습해보기

빈칸을 채워 문장을 완성해 보세요.
(1) 已经9点半了，快点儿_____，别睡了。
(2) 明天去朋友家，我想_____一些水果。

★ 두 가지 동작의 연속 발생

어떤 동작이 발생한 이후 바로 이어서 다음 동작이 발생할 때 '동사 1+了……就+동사 2……'의 형식을 쓸 수 있습니다. 문장 안에 주어가 두 개일 경우는 '就' 앞에 두 번째 주어가 위치합니다.

我下了课就吃饭。 나는 수업이 끝나자마자 밥을 먹습니다.
Wǒ xiàle kè jiù chī fàn.

妈妈起了床就做早饭。 엄마는 일어나자마자 아침밥을 하십니다.
Māma qǐle chuáng jiù zuò zǎofàn.

你下了课我们就去书店。 네가 수업이 끝나면 우리 바로 서점에 가자.
Nǐ xiàle kè wǒmen jiù qù shūdiàn.

연습해 보기

괄호 안의 단어를 사용하여 문장을 완성해 보세요.
(1) 我打算_____。(吃晚饭)
(2) 你怎么_____？(到家，睡觉)

★ 반어문 '能……吗?'

'能……吗?'는 '~할 수 있겠어요?'라는 뜻으로, 반문할 때 쓰는 표현입니다. '能'과 '吗'의 사이에 긍정 형식이 오면 부정의 의미를 나타내고, 부정 형식이 오면 긍정의 의미를 나타냅니다.

A 为什么我的汉语学得不好？ 왜 나는 중국어를 잘 못하는 거지?
　Wèi shénme wǒ de Hànyǔ xué de bù hǎo?

B 你不做作业，也不练习，能学好吗？ ─ 不能学好
　Nǐ bú zuò zuòyè, yě bú liànxí, néng xuéhǎo ma?
　숙제도 안 하고, 연습도 안 하는데, 잘할 수 있겠니?

练习 liànxí 동 연습하다

A 你看我这么胖，怎么办呢？ 나 이렇게 살찐 것 좀 봐. 어떻게 하지?
　Nǐ kàn wǒ zhème pàng, zěnme bàn ne?

B 你每天晚上吃了饭就睡觉，也不出去走走，能不胖吗？ ─ 会胖
　Nǐ měi tiān wǎnshang chīle fàn jiù shuì jiào, yě bù chūqu zǒuzou, néng bú pàng ma?
　매일 저녁밥 먹고 바로 자고, 나가서 걷지도 않는데, 살이 안 찌겠어?

연습해 보기

빈칸을 채워 문장을 완성해 보세요.
(1) 你今天跑步跑得那么快，_____？
(2) 天气这么冷，你穿得这么少，_____？

1. 두 단어가 한 단어가 되도록 주어진 뜻에 맞게 알맞은 한자를 골라 써 보세요.

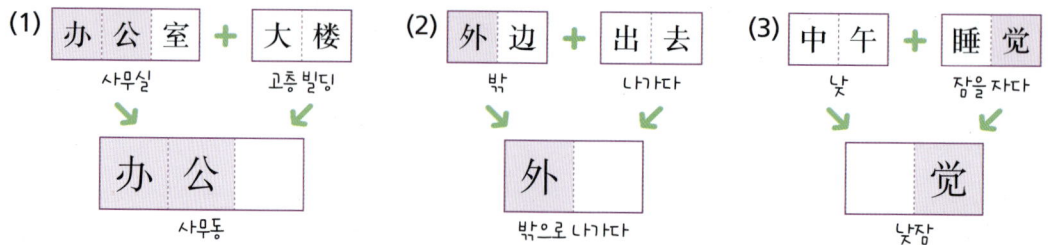

2. 아래의 보기에서 알맞은 단어를 골라 빈칸에 써 보세요.

   보기   树   胖   辆   把   其实   楼

   (1) 我在505教室上课，我现在要上_____去。
   　　Wǒ zài　　jiàoshì shàng kè, wǒ xiànzài yào shàng　　qù.

   (2) 你看，小狗在_____下做什么呢？
   　　Nǐ kàn, xiǎogǒu zài　　xià zuò shénme ne?

   (3) 我太_____了，不能吃那么多饭。
   　　Wǒ tài　　le, bù néng chī nàme duō fàn.

   (4) A 你真爱看书，买了这么多！
   　　　Nǐ zhēn ài kàn shū, mǎile zhème duō!

   　　B _____我一点儿也不喜欢看书，这是给我弟弟买的。
   　　　　wǒ yìdiǎnr yě bù xǐhuan kàn shū, zhè shì gěi wǒ dìdi mǎi de.

   (5) A 下雨了！我没带伞，怎么办？
   　　　Xià yǔ le! Wǒ méi dài sǎn, zěnme bàn?

   　　B 去商店买一_____吧。
   　　　Qù shāngdiàn mǎi yì　　ba.

   (6) A 我想买这_____车。
   　　　Wǒ xiǎng mǎi zhè　　chē.

   　　B 太贵了，你有那么多钱吗？
   　　　Tài guì le, nǐ yǒu nàme duō qián ma?

3. 다음 사진을 보고 학습한 단어를 이용하여 문장을 완성해 보세요.

(1)

A 周经理真忙！他到了办公室就_____。
Zhōu jīnglǐ zhēn máng! Tā dàole bàngōngshì jiù

B 那么多工作，他能_____吗？
Nàme duō gōngzuò, tā néng ma?

(2) A 电影就要开始了，你怎么还不_____？
Diànyǐng jiù yào kāishǐ le, nǐ zěnme hái bú

B 我在外边等朋友呢，他来了_____。
Wǒ zài wàibian děng péngyou ne, tā láile

(3)

A 你现在不胖了。
Nǐ xiànzài bú pàng le.

B 我现在每天都运动，能_____？
Wǒ xiànzài měi tiān dōu yùndòng, néng

(4) A 哥哥去哪儿了？
Gēge qù nǎr le?

B 他_____看朋友了。
Tā kàn péngyou le.

4. 2명이 한 팀이 되어 한 명이 방향보어를 이용해 문장을 말하면, 다른 한 명은 그 지시대로 행동해 보세요. 다음에는 서로 역할을 바꿔서 해 보세요.

> **예시**
>
> 出去 ↔ 进来
> chūqu　　jìnlai
>
> 出门去 ↔ 进门来
> chū mén qu　jìn mén lai
>
> 下楼去 ↔ 上楼来
> xià lóu qu　shàng lóu lai

속담 익히기

饭后百步走，活到九十九
Fàn hòu bǎi bù zǒu, huódào jiǔshíjiǔ
식후 100 걸음씩 걸으면 99세까지 산다

식사 후에 적당한 운동이 건강에 도움이 된다는 뜻입니다. 예전에는 중국 대부분의 노동자들이 오후 5시면 퇴근을 하여 가족들과 함께 저녁을 먹고, 함께 산책하거나 운동을 하는 여유가 있었습니다. 하지만 경제가 발전하면서 물질적으로는 풍요로워졌지만, 다른 한편으로는 퇴근이 늦어지고, 운동 등 건강 관리를 할 시간은 부족해지고 있다고 합니다.

饭后百步走，活到九十九，我们出去跑跑吧。
Fàn hòu bǎi bù zǒu, huódào jiǔshíjiǔ, wǒmen chūqu pǎopao ba.
식후 100 걸음을 걸으면 99세까지 산다잖아. 우리 좀 뛰러 나가자.

桌子上放着很多饮料。
Zhuōzi shang fàngzhe hěn duō yǐnliào.
탁자 위에 음료가 많이 놓여 있어요.

미리 보기

1 사진을 보며 단어를 익혀 보세요.

A

衬衫
chènshān

B

裤子
kùzi

C

饮料
yǐnliào

2 사진의 내용과 관계 있는 것을 골라 빈칸에 써 보세요.

보기	车里	桌子上	椅子下

① _____   ② _____   ③ _____

03 桌子上放着很多饮料。 31

대화하기

1 샤오리의 집 🔊 03-01

小刚　明天是晴天还是阴天?
　　　Míngtiān shì qíngtiān háishi yīntiān?

小丽　阴天，电视上说多云。怎么了? 有事?
　　　Yīntiān, diànshì shang shuō duō yún. Zěnme le? Yǒu shì?

小刚　没事，我们明天要去爬山。
　　　Méi shì, wǒmen míngtiān yào qù pá shān.

小丽　爬山的时候要小心点儿。
　　　Pá shān de shíhou yào xiǎoxīn diǎnr.

小刚　好，你也去吗?
　　　Hǎo, nǐ yě qù ma?

小丽　我不去，我有事。
　　　Wǒ bú qù, wǒ yǒu shì.

还是 háishi 접 아니면 | *云 yún 명 구름 | 爬山 pá shān 동 등산하다 | 小心 xiǎoxīn 형 조심하다

서로 묻고 답하기

본문 내용을 토대로 답해 보세요.

1. 明天小刚去做什么?
   Míngtiān Xiǎogāng qù zuò shénme?

2. 小丽也去吗?
   Xiǎolì yě qù ma?

2 쇼핑하기 🔊 03-02

周太太 **你觉得这条裤子怎么样？**
Nǐ juéde zhè tiáo kùzi zěnmeyàng?

周　明 **我记得你已经有两条这样的裤子了。**
Wǒ jìde nǐ yǐjīng yǒu liǎng tiáo zhèyàng de kùzi le.

周太太 **那我们再看看别的。**
Nà wǒmen zài kànkan biéde.

周　明 **这件衬衫怎么样？**
Zhè jiàn chènshān zěnmeyàng?

周太太 **还不错，多少钱？**
Hái búcuò, duōshao qián?

周　明 **这上面写着320元。**
Zhè shàngmiàn xiězhe sānbǎi èrshí yuán.

周太太 **买一件。**
Mǎi yí jiàn.

条 tiáo 양 벌, 마리 [치마, 바지 혹은 물고기 등을 세는 단위] | **裤子** kùzi 명 바지 | **记得** jìde 동 기억하다 | **衬衫** chènshān 명 셔츠 | **元** yuán 양 위안 [중국의 화폐 단위]

서로 묻고 답하기

본문 내용을 토대로 답해 보세요.

1. **周太太买裤子了吗？为什么？**
   Zhōu tàitai mǎi kùzi le ma? Wèi shénme?

2. **周太太买什么了？多少钱？**
   Zhōu tàitai mǎi shénme le? Duōshao qián?

3 과일 가게 🔊 03-03

周太太 这些水果真新鲜，我们买西瓜还是苹果？
　　　Zhèxiē shuǐguǒ zhēn xīnxiān, wǒmen mǎi xīguā háishi píngguǒ?

周　明 西瓜吧。你看，这上面写着"西瓜不甜不要钱"。
　　　Xīguā ba. Nǐ kàn, zhè shàngmiàn xiězhe "xīguā bù tián bú yào qián".

周太太 那我们买一个大点儿的吧。
　　　Nà wǒmen mǎi yí ge dà diǎnr de ba.

周　明 再买几个苹果。
　　　Zài mǎi jǐ ge píngguǒ.

周太太 好啊，今天晚上只吃水果不吃饭！
　　　Hǎo a, jīntiān wǎnshang zhǐ chī shuǐguǒ bù chī fàn!

新鲜 xīnxiān 형 신선하다 | 甜 tián 형 달다 | 只 zhǐ 부 그저, 단지

서로 묻고 답하기

본문 내용을 토대로 답해 보세요.

1. 周明和太太买了什么水果？
   Zhōu Míng hé tàitai mǎile shénme shuǐguǒ?

2. 今天晚上周明和太太吃什么？为什么？
   Jīntiān wǎnshang Zhōu Míng hé tàitai chī shénme? Wèi shénme?

4 휴게실에서 　🔊 03-04

小丽　**桌子上放着很多饮料，你喝什么？**
　　　Zhuōzi shang fàngzhe hěn duō yǐnliào, nǐ hē shénme?

小刚　**茶或者咖啡都可以。你呢？你喝什么？**
　　　Chá huòzhě kāfēi dōu kěyǐ. Nǐ ne? Nǐ hē shénme?

小丽　**我喝茶，茶是我的最爱。**
　　　Wǒ hē chá, chá shì wǒ de zuì ài.
　　　天冷了或者工作累了的时候，喝杯热茶会很舒服。
　　　Tiān lěng le huòzhě gōngzuò lèi le de shíhou, hē bēi rè chá huì hěn shūfu.

小刚　**你喜欢喝什么茶？**
　　　Nǐ xǐhuan hē shénme chá?

小丽　**花茶、绿茶、红茶，我都喜欢。**
　　　Huāchá, lǜchá, hóngchá, wǒ dōu xǐhuan.

放 fàng 동 놓다 | 饮料 yǐnliào 명 음료 | 或者 huòzhě 접 혹은, 아니면 | 舒服 shūfu 형 편안하다 | 花 huā 명 꽃 | 绿 lǜ 형 푸르다

서로 묻고 답하기

본문 내용을 토대로 답해 보세요.

1. 小刚喜欢喝什么?
   Xiǎogāng xǐhuan hē shénme?

2. 小丽喜欢喝什么? 为什么?
   Xiǎolì xǐhuan hē shénme? Wèi shénme?

포인트 짚어보기

★ '还是'와 '或者'

'还是'와 '或者'를 이용하여 선택의 의미를 나타낼 수 있습니다. 'A还是B?'는 'A아니면 B'라는 뜻으로 선택 의문문을 만들고, 'A或者B'는 'A이거나 B이다'라는 뜻으로 평서문에서 선택의 의미를 나타냅니다.

你要喝咖啡还是喝茶? 커피를 마실래요, 아니면 차를 마실래요?
Nǐ yào hē kāfēi háishi hē chá?

今天晚上吃米饭或者面条都可以。
Jīntiān wǎnshang chī mǐfàn huòzhě miàntiáo dōu kěyǐ.
오늘 저녁에 밥을 먹든지 국수를 먹든지 다 괜찮아요.

평서문에 선택 의문문 형식의 절을 포함할 경우에는 '还是'를 써야 합니다.

小丽还没想好周末去爬山还是去看电影。
Xiǎolì hái méi xiǎnghǎo zhōumò qù pá shān háishi qù kàn diànyǐng.
샤오리는 주말에 등산하러 갈지 영화 보러 갈지 아직 결정하지 못했어요.

他的生日是10月还是11月，我不记得了。
Tā de shēngrì shì shí yuè háishi shíyī yuè, wǒ bú jìde le.
그의 생일이 10월인지 11월인지, 나는 기억하지 못해요.

연습해보기

빈칸을 채워 문장을 완성해 보세요.

(1) 你喜欢看书＿＿＿＿＿玩儿游戏?

(2) 我们出去吧，买东西＿＿＿＿＿看电影。

(3) 我还没想好穿红色的裤子＿＿＿＿＿咖啡色的裤子。

★ 존재를 나타내는 구문

어떤 장소에 어떤 사람이나 사물이 존재함을 나타낼 때 '장소 주어+동사+着+목적어'의 형식을 쓸 수 있습니다. 이때 목적어 자리에는 불확실한 사물이 와야 합니다.

桌子上放着一杯咖啡。 탁자 위에 커피 한 잔이 놓여 있습니다.
Zhuōzi shang fàngzhe yì bēi kāfēi.

我家楼上住着一个老师。 우리 집 위층에 선생님 한 분이 살고 있습니다.
Wǒ jiā lóu shang zhùzhe yí ge lǎoshī.

上面写着320元。 위쪽에 320위안이라고 쓰여 있습니다.
Shàngmiàn xiězhe sānbǎi èrshí yuán.

부정 형식은 '장소 주어+没+동사(+着)+목적어'이고, 이때 목적어 앞에 수량사를 쓸 수 없습니다.

桌子上没放着饮料。 탁자 위에 음료가 놓여 있지 않습니다.
Zhuōzi shang méi fàngzhe yǐnliào.

我家楼上没住着老师。 우리 집 위층에 선생님이 살고 있지 않습니다.
Wǒ jiā lóu shang méi zhùzhe lǎoshī.

上面没写着多少钱。 위쪽에 얼마라고 쓰여 있지 않습니다.
Shàngmiàn méi xiězhe duōshao qián.

연습해보기

빈칸을 채워 문장을 완성해 보세요.
(1) 我家的桌子上放着_____。
(2) 公共汽车上坐着_____。
(3) 我的电脑旁边没放着_____。

只A不B

'只A不B'는 'A만 하고 B하지 않다'라는 뜻입니다. '不B只A'의 형식으로 쓸 수도 있습니다.

他只说不做。 그는 말만 하고 하지는 않아요.
Tā zhǐ shuō bú zuò.

你怎么只玩游戏不复习？ 너는 왜 게임만 하고 복습은 안 하는 거니?
Nǐ zěnme zhǐ wán yóuxì bú fùxí?

小丽不会说法语只会说汉语。 샤오리는 프랑스어는 못하고 중국어만 할 줄 알아요.
Xiǎolì bú huì shuō Fǎyǔ zhǐ huì shuō Hànyǔ.

연습해보기

괄호 안의 단어를 사용하여 문장을 완성해 보세요.
(1) 每个星期天，我_____。（看书，出去玩儿）
(2) 我的猫病了，_____了。（睡觉，吃东西）

1. 두 단어가 한 단어가 되도록 주어진 뜻에 맞게 알맞은 한자를 골라 써 보세요.

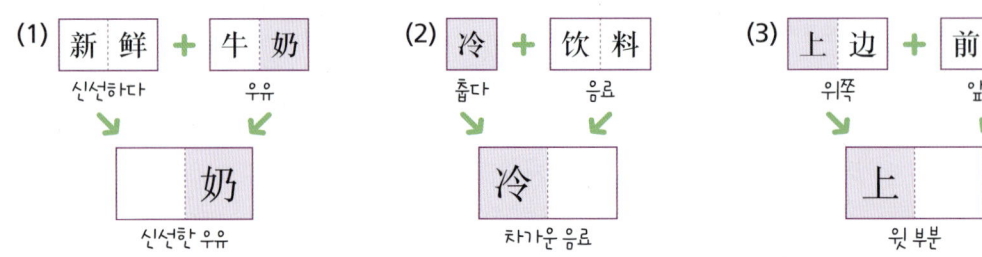

2. 아래의 보기에서 알맞은 단어를 골라 빈칸에 써 보세요.

> 보기   衬衫   小心   裤子   还是   只   放

(1) 你想喝点儿什么? 茶_____咖啡?
　　Nǐ xiǎng hē diǎnr shénme? Chá　　kāfēi?

(2) 这条_____一点儿也不贵，买吧。
　　Zhè tiáo　　yìdiǎnr yě bú guì, mǎi ba.

(3) 你穿昨天新买的那件_____吧。
　　Nǐ chuān zuótiān xīn mǎi de nà jiàn　　ba.

(4) A 你跟我一起出去走走吧。
　　　Nǐ gēn wǒ yìqǐ chūqu zǒuzou ba.

　　B 我现在_____想睡觉。
　　　Wǒ xiànzài　　xiǎng shuì jiào.

(5) A 饭菜做好了吗?
　　　Fàn cài zuòhǎo le ma?

　　B 做好了，已经_____饭桌上了。
　　　Zuòhǎo le, yǐjīng　　fànzhuō shang le.

(6) A 您慢走，路上_____点儿。
　　　Nín mànzǒu, lù shang　　diǎnr.

　　B 谢谢你，再见。
　　　Xièxie nǐ, zàijiàn.

> 饭桌 fànzhuō 명 식탁
> 慢走 mànzǒu 동 조심해서 가세요

3. 다음 사진을 보고 학습한 단어를 이용하여 문장을 완성해 보세요.

(1)

A 桌子上_____这么多好吃的，
Zhuōzi shang　　　　　zhème duō hǎochī de,
你说我吃什么好？
nǐ shuō wǒ chī shénme hǎo?

B 水果_____面包都会对你的身体好。
Shuǐguǒ　　　　　miànbāo dōu huì duì nǐ de shēntǐ hǎo.

(2) A 我们什么时候去上海？
Wǒmen shénme shíhou qù Shànghǎi?

B 机票上_____12月4号。
Jīpiào shang　　　　　shí'èr yuè sì hào.

(3)

A 我的笔呢？你看见了吗？
Wǒ de bǐ ne? Nǐ kànjiàn le ma?

B 红的_____黑的？
Hóng de　　　　　hēi de?

(4) A 你家楼上_____很多人吗？
Nǐ jiā lóu shang　　　　　hěn duō rén ma?

B 不，只有两个学生。
Bù, zhǐ yǒu liǎng ge xuésheng.

4. 2명이 한 팀이 되어 '还是'를 이용하여 서로의 상황을 묻고 대답해 보세요.

A 你喜欢早睡早起还是晚睡晚起?
Nǐ xǐhuan zǎo shuì zǎo qǐ háishi wǎn shuì wǎn qǐ?

B

A 早饭你经常喝咖啡还是牛奶?
Zǎofàn nǐ jīngcháng hē kāfēi háishi niúnǎi?

B

A 你喜欢走路还是坐车?
Nǐ xǐhuan zǒu lù háishi zuò chē?

B

A 你喜欢看电视还是看电影?
Nǐ xǐhuan kàn diànshì háishi kàn diànyǐng?

B

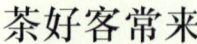

茶好客常来
Chá hǎo kè cháng lái
차가 맛있으면 손님이 자주 온다

물건이 좋으면 손님들은 알아서 찾아온다는 뜻으로 물건이 좋으면 상점의 위치가 어디이든 상관없이 손님들이 끊임없이 찾아온다는 말입니다.

茶好客常来, 我们要做最好的服务。
Chá hǎo kè cháng lái, wǒmen yào zuò zuì hǎo de fúwù.
'차가 맛있으면 손님이 자주 온다'고 하잖아. 우리는 최고의 서비스를 해야 해.

04
她总是笑着跟客人说话。
Tā zǒngshì xiàozhe gēn kèrén shuō huà.

그녀는 늘 웃으며 손님과 이야기해요.

미리 보기

1 사진을 보며 단어를 익혀 보세요.

A

比赛
bǐsài

B

超市
chāoshì

C

照片
zhàopiàn

2 사진 안의 인물이 하고 있는 두 가지 동작을 아래 빈칸에 써 보세요.

① 喝饮料 + _____ ② 笑 + _____ ③ 打电话 + _____

04 她总是笑着跟客人说话。　41

대화하기

1 사진을 보면서　　🔊 04-01

小明 这是你们比赛的照片吗?
Zhè shì nǐmen bǐsài de zhàopiàn ma?

马可 是，这是我们比赛后照的。
Shì, zhè shì wǒmen bǐsài hòu zhào de.

小明 照得不错，你们都是一个年级的吗?
Zhào de búcuò, nǐmen dōu shì yí ge niánjí de ma?

马可 不是。那个又高又漂亮的女孩儿是二年级的。
Bú shì. Nàge yòu gāo yòu piàoliang de nǚháir shì èr niánjí de.

小明 旁边那个拿着书笑的人是谁?
Pángbiān nàge názhe shū xiào de rén shì shéi?

马可 那是我!
Nà shì wǒ!

比赛 bǐsài 동 시합하다 명 시합 | 照片 zhàopiàn 명 사진 | 年级 niánjí 명 학년 | 又 yòu 부 또, 한편 | [고유] 小明 Xiǎomíng 샤오밍 [인명], 马可 Mǎkě 마르코 [인명]

서로 묻고 답하기

본문 내용을 토대로 답해 보세요.

1. 那张照片是什么时候照的?
   Nà zhāng zhàopiàn shì shénme shíhou zhào de?

2. 照片里马可在做什么?
   Zhàopiàn li Mǎkě zài zuò shénme?

2 인기 많은 그녀 🔊 04-02

小丽: 你觉得小红怎么样?
Nǐ juéde Xiǎohóng zěnmeyàng?

同学: 她又聪明又热情, 也很努力。
Tā yòu cōngming yòu rèqíng, yě hěn nǔlì.

小丽: 我看她总是笑着回答老师的问题。
Wǒ kàn tā zǒngshì xiàozhe huídá lǎoshī de wèntí.

同学: 她对每个人都笑, 也常常对我笑。
Tā duì měi ge rén dōu xiào, yě chángcháng duì wǒ xiào.

小丽: 你是不是喜欢她啊?
Nǐ shì bu shì xǐhuan tā a?

同学: 喜欢她的人太多了, 你看那些拿着鲜花站在门口的,
Xǐhuan tā de rén tài duō le, nǐ kàn nàxiē názhe xiānhuā zhàn zài ménkǒu de,
都是等她的。
dōu shì děng tā de.

聪明 cōngming 형 똑똑하다 | **热情** rèqíng 형 친절하다, 열정적이다 | **努力** nǔlì 형 노력하다 | **总是** zǒngshì 부 늘 | **回答** huídá 동 대답하다 | **站** zhàn 동 서다

서로 묻고 답하기

본문 내용을 토대로 답해 보세요.

1. 喜欢小红的人多不多?
   Xǐhuan Xiǎohóng de rén duō bu duō?

2. 小红她怎么样?
   Xiǎohóng tā zěnmeyàng?

3 슈퍼마켓에서 🔊 04-03

小刚 我有点儿饿了，我们进超市买点儿东西吧。
Wǒ yǒudiǎnr è le, wǒmen jìn chāoshì mǎi diǎnr dōngxi ba.

小丽 好啊，这家超市的蛋糕又便宜又好吃，
Hǎo a, zhè jiā chāoshì de dàngāo yòu piányi yòu hǎochī,
一块只要2.99元。
yí kuài zhǐ yào èr diǎn jiǔ jiǔ yuán.

小刚 我们买两块，回家吃着蛋糕看电视，怎么样？
Wǒmen mǎi liǎng kuài, huí jiā chīzhe dàngāo kàn diànshì, zěnmeyàng?

小丽 好啊，我再去买一些喝的。
Hǎo a, wǒ zài qù mǎi yìxiē hē de.

小刚 喝着咖啡吃蛋糕，太好了！
Hēzhe kāfēi chī dàngāo, tài hǎo le!

饿 è 형 배고프다 | 超市 chāoshì 명 슈퍼마켓, 마트 | 蛋糕 dàngāo
명 케이크 | 点 diǎn 명 소수점

서로 묻고 답하기

본문 내용을 토대로 답해 보세요.

1. 小刚和小丽打算买什么？
   Xiǎogāng hé Xiǎolì dǎsuàn mǎi shénme?

2. 小刚和小丽回家后打算做什么？
   Xiǎogāng hé Xiǎolì huí jiā hòu dǎsuàn zuò shénme?

4 사람 찾기 🔊 04-04

经理　您好！您找谁？
　　　Nín hǎo! Nín zhǎo shéi?

客人　你们这儿是不是有一个又年轻又漂亮的服务员？
　　　Nǐmen zhèr shì bu shì yǒu yí ge yòu niánqīng yòu piàoliang de fúwùyuán?

经理　我们这儿年轻、漂亮的服务员有很多。
　　　Wǒmen zhèr niánqīng、piàoliang de fúwùyuán yǒu hěn duō.

客人　她工作又认真又热情。
　　　Tā gōngzuò yòu rènzhēn yòu rèqíng.

经理　您能再说说吗？
　　　Nín néng zài shuōshuo ma?

客人　她总是笑着跟客人说话。
　　　Tā zǒngshì xiàozhe gēn kèrén shuō huà.

经理　啊，我知道了，你说的是李小美吧？
　　　À, wǒ zhīdào le, nǐ shuō de shì Lǐ Xiǎoměi ba?

年轻 niánqīng 형 젊다 | **认真** rènzhēn 형 진지하다, 성실하다 | **客人** kèrén 명 손님 | 고유 **李小美** Lǐ Xiǎoměi 리샤오메이 [인명]

서로 묻고 답하기

본문 내용을 토대로 답해 보세요.

1 客人要找谁？
　Kèrén yào zhǎo shéi?

2 客人要找的人怎么样？
　Kèrén yào zhǎo de rén zěnmeyàng?

포인트 짚어보기

★ 又……又……

'又……又……' 형식은 '~이기도 하고 ~이기도 하다'라는 뜻으로, 사람이나 사물이 동시에 두 가지 특징을 가지고 있음을 나타냅니다. '又' 뒤에는 주로 형용사가 옵니다.

> 这个西瓜又大又甜。 이 수박은 크고 또 달아요.
> Zhège xīguā yòu dà yòu tián.

> 外边又黑又冷。 밖은 어둡고 또 추워요.
> Wàibian yòu hēi yòu lěng.

> 服务员又年轻又漂亮。 직원은 젊고 또 예쁩니다.
> Fúwùyuán yòu niánqīng yòu piàoliang.

> 她工作又认真又热情。 그녀는 일을 성실하고 또 열정적으로 합니다.
> Tā gōngzuò yòu rènzhēn yòu rèqíng.

연습해 보기

빈칸을 채워 문장을 완성해 보세요.
(1) 这家超市的东西_____。
(2) 他做饭做得_____。
(3) 我喜欢_____的衣服。

★ 동사1+着+동사2

두 가지 동작이 동시에 진행될 때 첫 번째 동사 뒤에 '着'를 붙여 나타낼 수 있습니다. 이때 동사 1은 동사 2의 상태나 방식을 나타냅니다. 예를 들어 '他们站着聊天儿。'에서 '站着'는 '聊天儿'의 상태가 됩니다. 따라서 '그들은 서서 이야기합니다.'로 해석할 수 있습니다.

> 弟弟吃着苹果写作业。 남동생은 사과를 먹으면서 숙제를 합니다.
> Dìdi chīzhe píngguǒ xiě zuòyè.

> 周先生和周太太坐着看电视。 저우 선생과 저우 부인은 앉아서 텔레비전을 봅니다.
> Zhōu xiānsheng hé Zhōu tàitai zuòzhe kàn diànshì.

> 很多人拿着鲜花站在门口。 많은 사람들이 생화를 들고 입구에 서 있습니다.
> Hěn duō rén názhe xiānhuā zhàn zài ménkǒu.

> 她总是笑着跟客人说话。 그녀는 늘 웃으면서 손님들과 이야기합니다.
> Tā zǒngshì xiàozhe gēn kèrén shuō huà.

연습해보기

빈칸을 채워 문장을 완성해 보세요.

(1) 我喜欢听着歌_____。

(2) 我们不能_____开车。

(3) 我们的老师_____上课。

★ 병렬부사 '也'

부사 '也'는 '역시', '또'라는 뜻으로, 두 번째 술어 앞에 씁니다. '也'로 연결하는 두 서술어는 의미가 같거나 비슷해야 합니다.

马可会跳舞，也会唱歌。　마르코는 춤을 잘 추고, 노래도 잘 해요.
Mǎkě huì tiào wǔ, yě huì chàng gē.

今天天气不冷也不热。　오늘 날씨는 춥지도 않고 또 덥지도 않아요.
Jīntiān tiānqì bù lěng yě bú rè.

她对每个人都笑，也常常对我笑。
Tā duì měi ge rén dōu xiào, yě chángcháng duì wǒ xiào.
그녀는 모든 사람에게 웃는 얼굴이야. 나한테도 잘 웃어.

연습해보기

빈칸을 채워 문장을 완성해 보세요.

(1) 这个咖啡馆有咖啡，_____。

(2) 这次我要去上海，_____。

(3) 他对我很好，_____。

1. 두 단어가 한 단어가 되도록 주어진 뜻에 맞게 알맞은 한자를 골라 써 보세요.

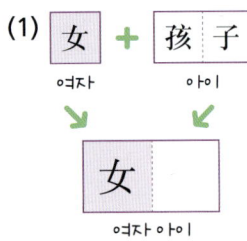
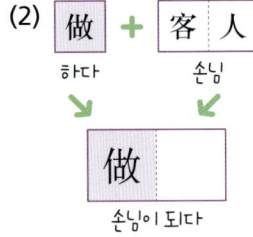
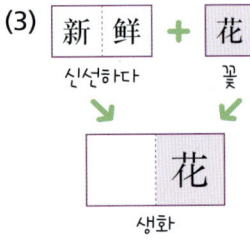

2. 아래의 보기에서 알맞은 단어를 골라 빈칸에 써 보세요.

| 보기 | 努力 | 客人 | 蛋糕 | 饿 | 总是 | 比赛 |

(1) ＿＿＿＿快到了，快去洗水果。
　　　　kuài dào le, kuài qù xǐ shuǐguǒ.

(2) 工作到下午三点的时候，我常常很＿＿＿＿。
　　Gōngzuò dào xiàwǔ sān diǎn de shíhou, wǒ chángcháng hěn

(3) 这是什么＿＿＿＿？你能给我介绍一下吗？
　　Zhè shì shénme　　　　Nǐ néng gěi wǒ jièshào yíxià ma?

(4) A 你怎么还看电视？不＿＿＿＿学习，怎么能找到好工作呢？
　　　Nǐ zěnme hái kàn diànshì? Bù　　xuéxí, zěnme néng zhǎodào hǎo gōngzuò ne?

　　B 我只看了半个小时。
　　　Wǒ zhǐ kànle bàn ge xiǎoshí.

(5) A 你怎么＿＿＿＿想睡觉？
　　　Nǐ zěnme　　xiǎng shuì jiào?

　　B 我工作太累了，起得早，睡得晚。
　　　Wǒ gōngzuò tài lèi le, qǐ de zǎo, shuì de wǎn.

(6) A 您来几块＿＿＿＿？
　　　Nín lái jǐ kuài

　　B 两块。
　　　Liǎng kuài.

3. 다음 사진을 보고 학습한 단어를 이용하여 문장을 완성해 보세요.

(1)

A 哪个女孩儿是马丽?
　Nǎge nǚháir shì Mǎlì?

B 你看，那个拿着_____就是。
　Nǐ kàn, nàge názhe　　　　　jiù shì.

(2) A 我现在又_____，不想爬了。
　　 Wǒ xiànzài yòu　　　　　bù xiǎng pá le.

B 休息一下再爬吧。
　Xiūxi yíxià zài pá ba.

(3)

A 今天天气真不好!
　Jīntiān tiānqì zhēn bù hǎo!

B 我们去旁边的咖啡店坐_____再走吧。
　Wǒmen qù pángbiān de kāfēidiàn zuò　　　　　zài zǒu ba.

(4) A 为什么你的作业写得又快_____?
　　 Wèi shénme nǐ de zuòyè xiě de yòu kuài

B 因为我写作业的时候很认真。
　Yīnwèi wǒ xiě zuòyè de shíhou hěn rènzhēn.

4. 2명이 한 팀이 되어 서로의 상황을 묻고 '又A又B'의 형식으로 대답해 보세요.

A 你喜欢你住的地方吗？为什么？
　　Nǐ xǐhuan nǐ zhù de dìfang ma? Wèi shénme?

B

A 休息的时候，你喜欢去哪儿？为什么？
　　Xiūxi de shíhou, nǐ xǐhuan qù nǎr? Wèi shénme?

B

A 你的好朋友是谁？他/她是什么样的人？
　　Nǐ de hǎo péngyou shì shéi? Tā/tā shì shénme yàng de rén?

B

A 你喜欢去商店买衣服吗？为什么？
　　Nǐ xǐhuan qù shāngdiàn mǎi yīfu ma? Wèi shénme?

B

속담 익히기

五十步笑百步
Wǔshí bù xiào bǎi bù

오십 보로 백 보를 비웃다

전쟁에 패한 군대의 병사 둘이 정신 없이 도망을 가다가 한 병사가 자기보다 멀리 도망간 병사를 겁쟁이라고 비웃자, 그 병사가 돌아보며 '오십 걸음 도망간 자가 백 걸음 도망간 사람을 비웃고 있구나!'라고 비아냥거렸다고 합니다. 자신의 문제는 파악하지 못하고 남을 흉보는 것을 비유할 때 쓰는 말입니다.

你也一点都没复习好，还在<u>五十步笑百步</u>。
Nǐ yě yìdiǎn dōu méi fùxí hǎo, hái zài wǔshí bù xiào bǎi bù.
너도 시험 공부 조금도 안 했잖아. 오십 보로 백 보를 비웃는 격이네.

05
我最近越来越胖了。
Wǒ zuìjìn yuè lái yuè pàng le.

나는 요즘 갈수록 뚱뚱해지고 있어.

미리 보기

1 사진을 보며 단어를 익혀 보세요.

A

夏天
xiàtiān

B

裙子
qúnzi

C

感冒
gǎnmào

2 사진의 내용과 관계 있는 것을 골라 빈칸에 써 보세요.

| 보기 | 很好吃 | 很冷 | 很绿 |

① _____   ② _____   ③ _____

대화하기

1 차보다 물 ● 05-01

朋 友　我听说你身体不舒服，怎么了？
　　　Wǒ tīngshuō nǐ shēntǐ bù shūfu, zěnme le?

小 丽　前几天有点儿发烧，现在好多了。
　　　Qián jǐ tiān yǒudiǎnr fā shāo, xiànzài hǎoduō le.

朋 友　喝杯茶吧，这是我为你买的绿茶，很不错。
　　　Hē bēi chá ba, zhè shì wǒ wèi nǐ mǎi de lǜchá, hěn búcuò.

小 丽　谢谢，我要吃药，不喝茶了。
　　　Xièxie, wǒ yào chī yào, bù hē chá le.

朋 友　那喝杯水吧。
　　　Nà hē bēi shuǐ ba.

小 丽　好的。
　　　Hǎo de.

发烧 fā shāo 통 열이 나다 ｜ 为 wèi 개 ~를 위해서

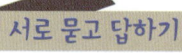

본문 내용을 토대로 답해 보세요.

1 小丽怎么不舒服了？
　Xiǎolì zěnme bù shūfu le?

2 现在小丽要做什么？
　Xiànzài Xiǎolì yào zuò shénme?

2 아들의 감기 ● 05-02

周太太 对不起，我明天不能和你们出去玩儿了。
　　　 Duìbuqǐ, wǒ míngtiān bù néng hé nǐmen chūqu wánr le.

张太太 为什么？怎么了？
　　　 Wèi shénme? Zěnme le?

周太太 我儿子生病了，我要在家照顾他。
　　　 Wǒ érzi shēng bìng le, wǒ yào zài jiā zhàogù tā.

张太太 他吃药了吗？要不要去医院？
　　　 Tā chī yào le ma? Yào bu yào qù yīyuàn?

周太太 不用去医院，昨天吃了感冒药，
　　　 Búyòng qù yīyuàn, zuótiān chīle gǎnmào yào,
　　　 现在好一些了。
　　　 xiànzài hǎo yìxiē le.

张太太 那我们下次再一起出去玩儿吧。
　　　 Nà wǒmen xià cì zài yìqǐ chūqu wánr ba.

照顾 zhàogù 동 돌보다, 보살피다 | 用 yòng 동 필요하다 | 感冒 gǎnmào 동 감기 걸리다 명 감기 | 고유 张 Zhāng 장 [성씨]

서로 묻고 답하기

본문 내용을 토대로 답해 보세요.

1. 周太太能出去玩儿吗？为什么？
　 Zhōu tàitai néng chūqu wánr ma? Wèi shénme?

2. 周太太的儿子现在身体怎么样？
　 Zhōu tàitai de érzi xiànzài shēntǐ zěnmeyàng?

3 좋아하는 계절 🔊 05-03

小丽 　你最喜欢哪个季节？
　　　Nǐ zuì xǐhuan nǎge jìjié?

小刚 　当然是春天，天气不那么冷了，
　　　Dāngrán shì chūntiān, tiānqì bú nàme lěng le,
　　　草和树都绿了，花也开了。
　　　cǎo hé shù dōu lǜ le, huā yě kāi le.

小丽 　我最喜欢夏天，因为我可以穿漂亮的裙子了。
　　　Wǒ zuì xǐhuan xiàtiān, yīnwèi wǒ kěyǐ chuān piàoliang de qúnzi le.

小刚 　那我也喜欢夏天了。
　　　Nà wǒ yě xǐhuan xiàtiān le.

小丽 　怎么？你也有漂亮的裙子？
　　　Zěnme? Nǐ yě yǒu piàoliang de qúnzi?

小刚 　不，我喜欢看你穿漂亮的裙子。
　　　Bù, wǒ xǐhuan kàn nǐ chuān piàoliang de qúnzi.

季节 jìjié 명 계절 | **当然** dāngrán 부 당연히 | **春天** chūntiān 명 봄 | **草** cǎo 명 풀 | **夏天** xiàtiān 명 여름 | **裙子** qúnzi 명 치마

서로 묻고 답하기

본문 내용을 토대로 답해 보세요.

1. 小丽喜欢哪个季节？为什么？
   Xiǎolì xǐhuan nǎge jìjié? Wèi shénme?

2. 小刚喜欢哪个季节？为什么？
   Xiǎogāng xǐhuan nǎge jìjié? Wèi shénme?

4 작아진 치마 🔊 05-04

小丽 **我最近越来越胖了。**
　　 Wǒ zuìjìn yuè lái yuè pàng le.

小刚 **谁说的？我觉得你越来越漂亮了。**
　　 Shéi shuō de? Wǒ juéde nǐ yuè lái yuè piàoliang le.

小丽 **你看，这条裙子是去年买的，今年就不能穿了。**
　　 Nǐ kàn, zhè tiáo qúnzi shì qùnián mǎi de, jīnnián jiù bù néng chuān le.

小刚 **那是因为你吃得太多了，少吃点儿吧。**
　　 Nà shì yīnwèi nǐ chī de tài duō le, shǎo chī diǎnr ba.

小丽 **我做的饭越来越好吃，我能少吃吗？**
　　 Wǒ zuò de fàn yuè lái yuè hǎochī, wǒ néng shǎo chī ma?

最近 zuìjìn 🟩 최근 | **越** yuè 🟩 점점, 갈수록

서로 묻고 답하기

본문 내용을 토대로 답해 보세요.

1. 小丽最近怎么了？为什么？
   Xiǎolì zuìjìn zěnme le? Wèi shénme?

2. 小丽为什么吃得多？
   Xiǎolì wèi shénme chī de duō?

포인트 짚어보기

⭐ 변화를 나타내는 어기조사 '了'

평서문 끝에 어기조사 '了'를 붙여 상황의 변화나 새로운 상황의 발생을 나타냅니다.

上个月很冷，现在天气不那么冷了。
Shàng ge yuè hěn lěng, xiànzài tiānqì bú nàme lěng le.
지난달은 추웠는데, 지금은 날씨가 그렇게 춥지는 않아요.

我前几天有点儿发烧，现在好多了。
Wǒ qián jǐ tiān yǒudiǎnr fā shāo, xiànzài hǎoduō le.
저는 며칠 전에 열이 조금 났어요. 지금은 많이 좋아졌습니다.

我现在喜欢夏天了。 지금은 여름이 좋아졌습니다.
Wǒ xiànzài xǐhuan xiàtiān le.

这条裙子是去年买的，今年就不能穿了。
Zhè tiáo qúnzi shì qùnián mǎi de, jīnnián jiù bù néng chuān le.
이 치마는 작년에 산 것인데, 올해 입을 수 없어졌어요.

연습해보기

괄호 안의 단어를 사용하여 문장을 완성해 보세요.

(1) 上个月草和树还没绿，现在花_____。(开)

(2) 昨天腿有点儿疼，今天早上_____。(好)

(3) 这些水果是我上个星期买的，现在都_____。(不能吃)

⭐ '一'의 생략

목적어 앞에 '一+양사'가 올 때, 숫자 '一'는 생략할 수 있습니다.

我昨天买了(一)本书。 나는 어제 책 한 권을 샀어요.
Wǒ zuótiān mǎile (yì) běn shū.

大卫有(一)个弟弟，今年15岁了。
Dàwèi yǒu (yí) ge dìdi, jīnnián shíwǔ suì le.
데이비드는 동생 하나가 있어요. 올해 열다섯 살이 되었어요.

你喝(一)杯茶吧。 너 차 한 잔 마셔.
Nǐ hē (yì) bēi chá ba.

연습해보기

괄호 안의 단어를 사용하여 문장을 완성해 보세요.

(1) 上个星期，我认识了＿＿＿＿＿＿。（新同学）

(2) 你买＿＿＿＿＿＿来。（水果）

(3) 早上你给小美打＿＿＿＿＿＿问问。（电话）

★ 越来越……

'越来越……'는 '갈수록 ~하다'라는 뜻으로, 정도가 갈수록 심해짐을 나타내는 표현입니다. 뒤에 형용사나 '喜欢'과 같은 심리동사가 올 수 있습니다.

我认识的汉字**越来越**多。　아는 한자가 갈수록 많아져요.
Wǒ rènshi de Hànzì yuè lái yuè duō.

你**越来越**漂亮。　당신은 갈수록 예뻐지네요.
Nǐ yuè lái yuè piàoliang.

我**越来越**喜欢运动。　나는 운동이 점점 좋아져요.
Wǒ yuè lái yuè xǐhuan yùndòng.

我做的饭**越来越**好吃。　내가 만든 음식이 점점 맛있어져요.
Wǒ zuò de fàn yuè lái yuè hǎochī.

 '越来越……'에는 정도가 점점 더해진다는 뜻이 이미 있기 때문에, 정도를 나타내는 정도부사와 같이 쓸 수 없습니다.
最近越来越很热。(×)　　我越来越非常想。(×)

연습해보기

빈칸을 채워 문장을 완성해 보세요.

(1) 最近天气＿＿＿＿＿＿。

(2) 她每天都运动，现在＿＿＿＿＿＿。

(3) 快要考试了，我＿＿＿＿＿＿。

실력다지기

1. 두 단어가 한 단어가 되도록 주어진 뜻에 맞게 알맞은 한자를 골라 써 보세요.

(1) 听 + 说
듣다　말하다
→　→
□□
말하는 것을 듣다

(2) 有 + 一点儿
있다　조금
→　→
有□
조금, 약간

(3) 草 + 地方
풀　장소
→　→
草□
풀밭

2. 아래의 보기에서 알맞은 단어를 골라 빈칸에 써 보세요.

| 보기 | 季节　发烧　为　裙子　用　当然 |

(1) 我是不是＿＿＿了？怎么总是觉得冷？
　　Wǒ shì bu shì　　　le? Zěnme zǒngshì juéde lěng?

(2) 快来看一下，这是我＿＿＿你买的衣服。
　　Kuài lái kàn yíxià, zhè shì wǒ　　　nǐ mǎi de yīfu.

(3) 这条＿＿＿真漂亮，是新买的吗？
　　Zhè tiáo　　　zhēn piàoliang, shì xīn mǎi de ma?

(4) A 来一个西瓜。
　　　Lái yí ge xīguā.

　　B 这个＿＿＿的西瓜又大又甜，多来几个吧。
　　　Zhège　　　de xīguā yòu dà yòu tián, duō lái jǐ ge ba.

(5) A 明天天气不好，你还去看比赛吗？
　　　Míngtiān tiānqì bù hǎo, nǐ hái qù kàn bǐsài ma?

　　B 我＿＿＿要去，这是我最喜欢的比赛！
　　　Wǒ　　　yào qù, zhè shì wǒ zuì xǐhuan de bǐsài!

(6) A 明天考试，你现在就睡觉了？不再看看书了？
　　　Míngtiān kǎoshì, nǐ xiànzài jiù shuì jiào le? Bú zài kànkan shū le?

　　B 不＿＿＿看了，我已经复习好了。
　　　Bú　　　kàn le, wǒ yǐjīng fùxí hǎo le.

3. 다음 사진을 보고 학습한 단어를 이용하여 문장을 완성해 보세요.

(1)

A 儿子怎么没去上学?
Érzi zěnme méi qù shàng xué?

B 他_____。
Tā

(2) A 天_____，我们快点儿走吧。
Tiān　　　　　wǒmen kuài diǎnr zǒu ba.

B 好的。
Hǎo de.

(3)

A 你最近真是_____努力了。
Nǐ zuìjìn zhēn shì　　　　nǔlì le.

B 你看，我的汉语是不是_____?
Nǐ kàn, wǒ de Hànyǔ shì bu shì

(4) A 你现在回来得_____。
Nǐ xiànzài huílai de

B 最近_____不忙。
Zuìjìn　　　　bù máng.

4. 3~4명이 한 팀이 되어 각자 최근에 어떤 습관이 바뀌었는지 말해 보고 아래 표에 써 보세요. 그리고 발표해 보세요.

No.	이전	현재
예시	不喜欢喝咖啡。 Bù xǐhuan hē kāfēi.	喜欢喝咖啡了。 Xǐhuan hē kāfēi le.
①		
②		
③		

속담 익히기

药到病除
Yàodào bìngchú

약만 먹으면 병이 낫는다

의사의 실력이 뛰어나거나 약의 약효가 좋을 때 쓰는 말입니다. 지금은 문제의 핵심을 잘 파악하거나 문제를 잘 해결하는 사람을 비유적으로 가리킬 때 씁니다.

这些菜我都不会做，小丽来了就做好了，真是药到病除。
Zhèxiē cài wǒ dōu bú huì zuò, Xiǎolì láile jiù zuòhǎo le, zhēnshi yàodào bìngchú.
이 음식들을 난 다 할 줄 몰랐는데 샤오리는 오자마자 다 했어. 정말 뚝딱 해결했어.

怎么突然找不到了？
Zěnme tūrán zhǎo bu dào le?

어째서 갑자기 찾을 수 없는 걸까요?

미리 보기

1 사진을 보며 단어를 익혀 보세요.

A

离开
lí kāi

B

锻炼
duànliàn

C

帮忙
bāng máng

2 다음 동사에 어울리는 보어를 찾아 바르게 연결해 보세요.

동사   보어

① 看 kàn   ·   · 去 qù

② 听 tīng   ·   · 清楚 qīngchu

③ 上 shàng   ·   · 完 wán

④ 做 zuò   ·   · 见 jiàn

대화하기

1 안경 찾기 🔊 06-01

周明 我的眼镜呢？怎么突然找不到了？
Wǒ de yǎnjìng ne? Zěnme tūrán zhǎo bu dào le?
你看见了吗？
Nǐ kànjiàn le ma?

周太太 我没看见啊。
Wǒ méi kànjiàn a.

周明 我离不开眼镜，没有眼镜，
Wǒ lí bu kāi yǎnjìng, méiyǒu yǎnjìng,
我一个字也看不清楚。
wǒ yí ge zì yě kàn bu qīngchu.

周太太 你去房间找找，是不是刚才放在桌子上了？
Nǐ qù fángjiān zhǎozhao, shì bu shì gāngcái fàng zài zhuōzi shang le?

周明 我怎么看得到啊？你快过来帮忙啊。
Wǒ zěnme kàn de dào a? Nǐ kuài guòlai bāng máng a.

周太太 好吧，我帮你去找找。
Hǎo ba, wǒ bāng nǐ qù zhǎozhao.

*眼镜 yǎnjìng 명 안경 | 突然 tūrán 부 갑자기 | 离开 lí kāi 동 떠나다 | 清楚 qīngchu 형 뚜렷하다 | 刚才 gāngcái 명 방금 | 帮忙 bāng máng 동 돕다

서로 묻고 답하기

본문 내용을 토대로 답해 보세요.

1 周明要找什么？
Zhōu Míng yào zhǎo shénme?

2 没有眼镜，周明会怎么样？
Méiyǒu yǎnjìng, Zhōu Míng huì zěnmeyàng?

2 어려운 과제 🔊 06-02

同学 **今天的作业你做完了吗?**
Jīntiān de zuòyè nǐ zuòwán le ma?

儿子 **刚做完，你呢?**
Gāng zuòwán, nǐ ne?

同学 **今天这些题特别难，我看不懂，不会做，你能帮我吗?**
Jīntiān zhèxiē tí tèbié nán, wǒ kàn bu dǒng, bú huì zuò, nǐ néng bāng wǒ ma?

儿子 **电话里讲不明白，你来我家吧，我给你讲讲。**
Diànhuà li jiǎng bu míngbai, nǐ lái wǒ jiā ba, wǒ gěi nǐ jiǎngjiang.

同学 **好啊，我锻炼完了就过去。**
Hǎo a, wǒ duànliàn wán le jiù guòqu.

特别 tèbié 부 특히 | **讲** jiǎng 동 설명하다 | **明白** míngbai 형 분명하다 | **锻炼** duànliàn 동 단련하다

서로 묻고 답하기

본문 내용을 토대로 답해 보세요.

1. **周明的儿子做完作业了吗?**
Zhōu Míng de érzi zuòwán zuòyè le ma?

2. **周明儿子的同学一会儿要做什么?**
Zhōu Míng érzi de tóngxué yíhuìr yào zuò shénme?

3 변명 🔊 06-03

同事 你怎么有点儿不高兴?
Nǐ zěnme yǒudiǎnr bù gāoxìng?

小刚 我想请小丽吃饭，但是找不到好饭馆。
Wǒ xiǎng qǐng Xiǎolì chī fàn, dànshì zhǎo bu dào hǎo fànguǎn.

同事 那你请她听音乐会吧，她喜欢听音乐。
Nà nǐ qǐng tā tīng yīnyuèhuì ba, tā xǐhuan tīng yīnyuè.

小刚 音乐会人太多，买不到票。
Yīnyuèhuì rén tài duō, mǎi bu dào piào.

同事 那去公园走走，聊聊天儿吧。
Nà qù gōngyuán zǒuzou, liáoliao tiānr ba.

小刚 公园太大，多累啊。
Gōngyuán tài dà, duō lèi a.

音乐 yīnyuè 명 음악 | **公园** gōngyuán 명 공원 | **聊天儿** liáo tiānr 동 잡담하다, 이야기하다

서로 묻고 답하기

본문 내용을 토대로 답해 보세요.

1. 小刚今天怎么了? 为什么?
   Xiǎogāng jīntiān zěnme le? Wèi shénme?

2. 小刚为什么不想去听音乐会，也不想去公园走走?
   Xiǎogāng wèi shénme bù xiǎng qù tīng yīnyuèhuì, yě bù xiǎng qù gōngyuán zǒuzou?

4 커피보다 우유　🔊 06-04

周太太　你怎么还喝咖啡?
　　　　Nǐ zěnme hái hē kāfēi?

周　明　怎么了?
　　　　Zěnme le?

周太太　你不是说晚上睡不着觉吗?
　　　　Nǐ bú shì shuō wǎnshang shuì bu zháo jiào ma?

周　明　没事，我只喝一杯。
　　　　Méi shì, wǒ zhǐ hē yì bēi.

周太太　你还是喝杯牛奶吧，可以睡得更好些。
　　　　Nǐ háishi hē bēi niúnǎi ba, kěyǐ shuì de gèng hǎo xiē.

周　明　好吧，牛奶呢?
　　　　Hǎo ba, niúnǎi ne?

周太太　还没买呢。
　　　　Hái méi mǎi ne.

---

*睡着 shuì zháo 동 잠들다 ｜ 更 gèng 부 더욱, 더

서로 묻고 답하기

본문 내용을 토대로 답해 보세요.

1. 周明在喝什么?
　 Zhōu Míng zài hē shénme?

2. 周明喝牛奶了吗? 为什么?
　 Zhōu Míng hē niúnǎi le ma? Wèi shénme?

포인트 짚어보기

★ 가능보어

가능보어는 어떤 결과에 도달 가능한지나 목적의 실현이 가능한지의 여부를 나타냅니다. 긍정 형식은 '동사+得+보어'로, 부정 형식은 '동사+不+보어'로 씁니다. 보어의 자리에는 주로 결과보어나 방향보어가 오며 일부 동사나 형용사가 오기도 합니다.

我**看得清楚**那个汉字。 나는 그 한자를 분명히 볼 수 있어요.
Wǒ kàn de qīngchu nàge Hànzì.

楼太高了，我**上不去**。 건물이 너무 높아서 나는 올라갈 수 없어요.
Lóu tài gāo le, wǒ shàng bu qù.

我的手机突然**找不到**了。 내 휴대전화를 갑자기 찾을 수가 없어요.
Wǒ de shǒujī tūrán zhǎo bu dào le.

의문 형식은 문장 끝에 '吗'를 붙이거나 긍정 형식과 부정 형식을 나란히 써서 나타냅니다.

这么多菜你一个人**做得到**吗？ 이렇게 많은 요리를 당신 혼자 다 만들 수 있어요?
Zhème duō cài nǐ yí ge rén zuò de dào ma?

老师说的话你**听得见听不见**？ 선생님께서 하신 말씀이 너는 들리니, 안 들리니?
Lǎoshī shuō de huà nǐ tīng de jiàn tīng bu jiàn?

연습해 보기

빈칸을 채워 문장을 완성해 보세요.
(1) 你说话说得太快了，我＿＿＿＿＿＿。
(2) 那么多饭你＿＿＿＿＿＿？

★ 이합사

중국어에서는 '동사+목적어'로 구성된 2음절 단어를 한 개의 동사로 쓰기도 하는데, 이를 '이합동사' 또는 '이합사'라고 합니다. 이합사의 동사와 목적어 중간에 기타 성분이 삽입될 수 있으며 이합사의 바로 뒤에는 다른 목적어가 붙을 수 없습니다. 자주 쓰는 이합사로는 '起床', '上班', '聊天儿', '唱歌', '帮忙', '游泳', '跑步', '爬山' 등이 있습니다.

你**起**了**床**就去学校。 너는 일어나자마자 학교에 가야 해.
Nǐ qǐle chuáng jiù qù xuéxiào.

今天小王跟他**聊**了一次**天儿**。 오늘 샤오왕은 그와 이야기를 한 차례 했어요.
Jīntiān Xiǎo Wáng gēn tā liáole yí cì tiānr.

你快来**帮**我的**忙**。 빨리 와서 저를 좀 도와줘요.
Nǐ kuài lái bāng wǒ de máng.

연습해보기

괄호 안의 단어를 사용하여 문장을 완성해 보세요.

(1) 明天我_____就给你打电话。(上班，了)

(2) 我刚_____，太累了。(跑步，完)

★ '刚'과 '刚才'

'刚'과 '刚才'는 모두 '막', '방금'이라는 뜻이지만 용법과 의미가 다릅니다. '刚'은 부사로 동사 앞에 쓰고, '刚才'는 명사로 동사 앞이나 문장 앞에 씁니다. '刚才'는 보통 '몇 분 전'을 뜻하지만, '刚'은 말하는 사람이 느끼는 정도에 따라 '몇 분 전', '며칠 전', 심지어 '몇 달 전'까지도 의미합니다.

刚	刚才
爸爸刚出去。 Bàba gāng chūqu. 아빠는 막 나가셨어요.	爸爸刚才出去了。 Bàba gāngcái chūqu le. 아빠는 방금 나가셨어요.
我刚喝完一杯咖啡。 Wǒ gāng hēwán yì bēi kāfēi. 저는 막 커피 한 잔을 마셨어요.	刚才我喝了一杯咖啡。 Gāngcái wǒ hēle yì bēi kāfēi. 방금 저는 커피 한 잔을 마셨어요.
儿子刚做完作业。 Érzi gāng zuòwán zuòyè. 아들은 막 숙제를 다 했어요.	刚才儿子在做作业。 Gāngcái érzi zài zuò zuòyè. 아들은 방금 숙제를 하고 있었어요.
我刚来中国两个月。 Wǒ gāng lái Zhōngguó liǎng ge yuè. 저는 막 중국에 온 지 두 달 됐습니다.	我刚才来这儿了。 Wǒ gāngcái lái zhèr le. 저는 방금 이곳에 왔습니다.

연습해보기

'刚才'와 '刚'을 이용해서 다음의 빈칸을 채워 문장을 완성해 봅시다.

(1) _____你去哪儿了？

(2) 我_____做完作业，真累啊！

(3) 白先生_____到北京，还没休息呢。

1. 두 단어가 한 단어가 되도록 주어진 뜻에 맞게 알맞은 한자를 골라 써 보세요.

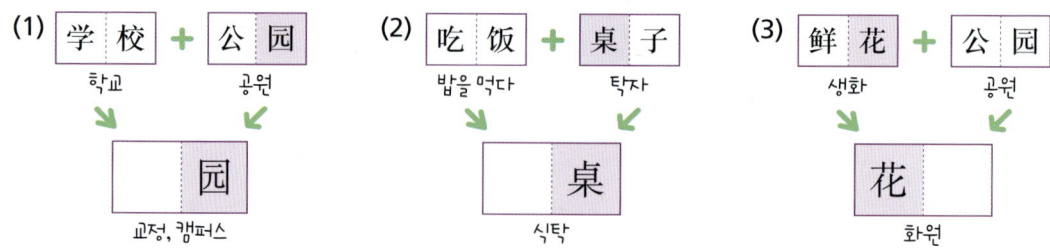

2. 아래의 보기에서 알맞은 단어를 골라 빈칸에 써 보세요.

| 보기 | 突然 | 刚才 | 清楚 | 聊天儿 | 公园 | 讲 |

(1) 刚才还是晴天，怎么现在_____就下雨了?
　　Gāngcái háishi qíngtiān, zěnme xiànzài　　jiù xià yǔ le?

(2) 今天的语法课我没去，你给我_____一下吧。
　　Jīntiān de yǔfǎ kè wǒ méi qù, nǐ gěi wǒ　　yíxià ba.

(3) 他说什么? 你听_____了吗?
　　Tā shuō shénme? Nǐ tīng　　le ma?

(4) A 请问，去_____怎么走?
　　　Qǐngwèn, qù　　zěnme zǒu?

　　B 一直往前走就是。
　　　Yìzhí wǎng qián zǒu jiù shì.

(5) A 你最喜欢做什么?
　　　Nǐ zuì xǐhuan zuò shénme?

　　B 跟朋友_____。
　　　Gēn péngyou

(6) A 你_____做什么去了?
　　　Nǐ　　zuò shénme qù le?

　　B 我帮小丽买了个面包。
　　　Wǒ bāng Xiǎolì mǎile ge miànbāo.

语法 yǔfǎ 명 어법

68

3. 다음 사진을 보고 학습한 단어를 이용하여 문장을 완성해 보세요.

(1)

A 周经理呢?
　　Zhōu jīnglǐ ne?

B 他＿＿＿＿出去。
　　Tā　　　　chūqu.

(2) A 我想请你＿＿＿＿个＿＿＿＿。
　　　Wǒ xiǎng qǐng nǐ　　　ge

B 今天的工作太多了，我也＿＿＿＿。
　　Jīntiān de gōngzuò tài duō le, wǒ yě

(3)

A 我们什么时候吃晚饭?
　　Wǒmen shénme shíhou chī wǎnfàn?

B 我＿＿＿＿到家，让我休息一下。
　　Wǒ　　　　dào jiā, ràng wǒ xiūxi yíxià.

(4) A 那个电影＿＿＿＿有意思，
　　　Nàge diànyǐng　　　yǒu yìsi,
　　　我们一起去看吧。
　　　wǒmen yìqǐ qù kàn ba.

B 那么多人看，＿＿＿＿票吗?
　　Nàme duō rén kàn,　　　piào ma?

4. 2명이 한 팀이 되어 '방금' 무엇을 했는지, 보기의 동사구를 이용하여 예시와 같이 묻고 대답해 보세요.

> 보기
>
> 买饮料　　吃面包　　喝咖啡　　打电话　　写作业
> mǎi yǐnliào　chī miànbāo　hē kāfēi　dǎ diànhuà　xiě zuòyè
>
> 休息　　跟朋友聊天儿
> xiūxi　gēn péngyou liáotiānr

예시

A 刚才你做什么了?
　Gāngcái nǐ zuò shénme le?

B 刚才我出去买饮料了。
　Gāngcái wǒ chūqu mǎi yǐnliào le.

속담 익히기

万事开头难
Wànshì kāitóu nán
모든 일은 시작이 어렵다

숫자 10,000(万)은 중국어에서 '많다'라는 뜻으로 쓸 수 있어서 '万事'라고 하면 '만사', '모든 일'이라는 뜻입니다. 따라서 이 말은 모든 일에 있어서 시작이 어렵다라는 뜻으로, 처음에는 일이 힘들지만 꾸준히 하면 쉬워질 것이라는 의미로 쓰이고 있습니다.

万事开头难, 你刚开始学习汉语, 会有很多看不懂, 听不懂的话。
Wànshì kāitóu nán, nǐ gāng kāishǐ xuéxí Hànyǔ, huì yǒu hěn duō kàn bu dǒng, tīng bu dǒng de huà.
모든 일은 시작이 어렵다고, 너는 이제 막 중국어를 배우기 시작했으니 잘 모르고 못 알아듣는 말이 많을 거야.

07

我跟她都认识五年了。
Wǒ gēn tā dōu rènshi wǔ nián le.

그녀와 안 지 벌써 5년 됐어.

미리 보기

1 사진을 보며 단어를 익혀 보세요.

A	B	C
结婚 jié hūn	银行 yínháng	欢迎 huānyíng

2 하루 동안 무엇을 했는지 말해 보고 아래 표에 써 보세요.

No.	한 일	몇 시부터 몇 시까지	시간
예시	做作业 zuò zuòyè	9点到11点 jiǔ diǎn dào shíyī diǎn	两个小时 liǎng ge xiǎoshí
①	吃晚饭 chī wǎnfàn		
②	睡觉 shuì jiào		

대화하기

1 새로 온 동료 ● 07-01

同事 那个漂亮的新同事是谁?
Nàge piàoliang de xīn tóngshì shì shéi?

小刚 那是小丽。
Nà shì Xiǎolì.

同事 她刚来北京吗?
Tā gāng lái Běijīng ma?

小刚 不,她在北京工作三年了。
Bù, tā zài Běijīng gōngzuò sān nián le.

同事 以前她在哪儿工作?
Yǐqián tā zài nǎr gōngzuò?

小刚 她在银行工作了两年以后来的我们公司。
Tā zài yínháng gōngzuòle liǎng nián yǐhòu lái de wǒmen gōngsī.

同事 tóngshì 명 동료 | 以前 yǐqián 명 이전, 예전 | 银行 yínháng 명 은행

서로 묻고 답하기

본문 내용을 토대로 답해 보세요.

1 小丽以前在哪儿工作?
Xiǎolì yǐqián zài nǎr gōngzuò?

2 小丽工作了多长时间?
Xiǎolì gōngzuòle duō cháng shíjiān?

2 주말 데이트　🔊 07-02

同事　周末你跟小丽去哪儿玩儿了？
Zhōumò nǐ gēn Xiǎolì qù nǎr wánr le?

小刚　我们去唱歌了。
Wǒmen qù chàng gē le.

同事　你们唱了多久？
Nǐmen chàngle duō jiǔ?

小刚　我们唱了两个小时歌，晚上还去听音乐会了。
Wǒmen chàngle liǎng ge xiǎoshí gē, wǎnshang hái qù tīng yīnyuèhuì le.

同事　你们都对音乐感兴趣吗？
Nǐmen dōu duì yīnyuè gǎn xìngqù ma?

小刚　她对音乐感兴趣，我对她更感兴趣。
Tā duì yīnyuè gǎn xìngqù, wǒ duì tā gèng gǎn xìngqù.

久 jiǔ 형 (시간이) 오래되다 | **感兴趣** gǎn xìngqù 관심이 있다, 흥미를 느끼다

서로 묻고 답하기

본문 내용을 토대로 답해 보세요.

1. 小刚和小丽周末做什么了？做了多长时间？
   Xiǎogāng hé Xiǎolì zhōumò zuò shénme le? Zuòle duō cháng shíjiān?

2. 小丽对什么很感兴趣？小刚呢？
   Xiǎolì duì shénme hěn gǎn xìngqù? Xiǎogāng ne?

3 결혼 발표 🔊 07-03

小刚 　我跟小丽下个月结婚，到时候欢迎你来。
　　　Wǒ gēn Xiǎolì xià ge yuè jié hūn, dào shíhou huānyíng nǐ lái.

同事 　什么？结婚？
　　　Shénme? Jié hūn?

小刚 　对啊，突然吗？
　　　Duì a, tūrán ma?

同事 　你们不是刚认识吗？
　　　Nǐmen bú shì gāng rènshi ma?

小刚 　我跟她都认识五年了。
　　　Wǒ gēn tā dōu rènshi wǔ nián le.

同事 　你跟她结婚，那我怎么办啊？
　　　Nǐ gēn tā jié hūn, nà wǒ zěnme bàn a?

结婚 jié hūn 통 결혼하다 ｜ **欢迎** huānyíng 통 환영하다

서로 묻고 답하기

본문 내용을 토대로 답해 보세요.

1. 小刚和小丽什么时候结婚?
   Xiǎogāng hé Xiǎolì shénme shíhou jié hūn?

2. 同事为什么觉得小刚结婚很突然?
   Tóngshì wèi shénme juéde Xiǎogāng jié hūn hěn tūrán?

4 고장 난 시계 🔊 07-04

小丽 你看看手表，怎么迟到了？
　　　Nǐ kànkan shǒubiǎo, zěnme chídào le?

小刚 没迟到啊。
　　　Méi chídào a.

小丽 你不是说七点半来接我吗？你迟到了一刻钟。
　　　Nǐ bú shì shuō qī diǎn bàn lái jiē wǒ ma? Nǐ chídàole yí kè zhōng.

小刚 现在不是七点半吗？
　　　Xiànzài bú shì qī diǎn bàn ma?

小丽 已经差一刻八点了！我都在这儿坐了半个小时了。
　　　Yǐjīng chà yí kè bā diǎn le! Wǒ dōu zài zhèr zuòle bàn ge xiǎoshí le.

小刚 不是我迟到了，是你的表快了一刻钟。
　　　Bú shì wǒ chídào le, shì nǐ de biǎo kuàile yí kè zhōng.

迟到 chídào 동 지각하다, 늦게 오다 | **半** bàn 수 반 | **接** jiē 동 마중하다, (전화를) 받다 | **刻** kè 양 15분 | **差** chà 동 모자라다, 부족하다

서로 묻고 답하기

본문 내용을 토대로 답해 보세요.

1 小刚几点去接小丽？
　 Xiǎogāng jǐ diǎn qù jiē Xiǎolì?

2 小刚为什么迟到了？
　 Xiǎogāng wèi shénme chídào le?

포인트 짚어보기

⭐ 시량보어

시량보어는 동작이나 상태가 지속된 시간을 나타내는 보어입니다. '동사+了+시량보어(+목적어)'의 형식으로 쓰며, 시량보어로는 '分钟', '小时', '天', '星期', '月', '年' 등의 시간을 나타내는 명사가 쓰입니다.

她工作了三年。 그녀는 삼 년간 일했어요.
Tā gōngzuòle sān nián.

我们坐了一个小时公共汽车。 저희는 버스를 한 시간 동안 탔어요.
Wǒmen zuòle yí ge xiǎoshí gōnggòng qìchē.

你怎么晚到了一刻钟？ 너 어떻게 15분이나 늦게 온 거야?
Nǐ zěnme wǎndào le yí kè zhōng?

문장 끝에 어기조사 '了'를 한 번 더 써서 현재까지 계속하여 진행 중임을 나타낼 수 있습니다.

我学习了一年汉语了。 저는 중국어를 1년간 배우고 있는 중이에요.
Wǒ xuéxíle yì nián Hànyǔ le.

她看了半个小时电视了。 그녀는 30분 동안 텔레비전을 보고 있는 중이에요.
Tā kànle bàn ge xiǎoshí diànshì le.

我都在这儿坐了半个小时了。 저는 여기에 30분째 앉아 있는 중이에요.
Wǒ dōu zài zhèr zuòle bàn ge xiǎoshí le.

연습해 보기

괄호 안에 주어진 단어를 순서대로 나열해 보세요.

(1) 我在这个地方_____。（住，了，十年）
(2) 你今天_____。（玩儿，了，电脑，一个小时）
(3) 老师_____就笑。（一会儿，了，看，我）

⭐ 对……感兴趣

'对……感兴趣' 또는 '对……有兴趣'는 '~에 관심이 있다'라는 뜻입니다. 부정 형식은 '对……不感兴趣', '对……没有兴趣'로 씁니다.

他们对电影感兴趣。 그들은 영화에 관심이 있어요.
Tāmen duì diànyǐng gǎn xìngqù.

我儿子对打篮球不感兴趣。 우리 아들은 농구에 관심이 없어요.
Wǒ érzi duì dǎ lánqiú bù gǎn xìngqù.

你们都对音乐感兴趣吗？ 너희들은 모두 음악에 관심이 있니?
Nǐmen dōu duì yīnyuè gǎn xìngqù ma?

정도부사를 사이에 넣어 '很感兴趣', '非常有兴趣'처럼 말할 수 있습니다.

我对她更感兴趣。 나는 그녀에게 더욱 관심이 있어요.
Wǒ duì tā gèng gǎn xìngqù.

연습해보기

빈칸을 채워 대화문을 완성해 보세요.
(1) A 你对什么运动感兴趣？
    B _____。

(2) A 你喜欢汉语吗？
    B _____。

(3) A _____？
    B 我不喜欢听音乐。

★ 시간 표현

'半'은 '30분'을 나타내고 '刻'는 '15분'을 나타냅니다. '差'는 '~전'이라는 뜻으로, 정각에 못 미치는 시간을 나타냅니다.

- 1시 30분 一点半 yī diǎn bàn
- 2시 45분 两点三刻 liǎng diǎn sān kè
          差一刻三点 chà yí kè sān diǎn
- 12시 15분 十二点一刻 shí'èr diǎn yí kè
- 11시 55분 差五分十二点 chà wǔ fēn shí'èr diǎn

 '一刻钟'은 '15분'의 지속 시간을 나타내는 표현입니다. 예를 들어 '我等了你一刻钟。'은 '나는 너를 15분 동안 기다렸어.'라는 뜻입니다.

연습해보기

아래의 시간을 중국어로 말해 보세요.
(1) 10시 30분 _____
(2) 12시 34분 _____
(3) 11시 59분 _____

1. 두 단어가 한 단어가 되도록 주어진 뜻에 맞게 알맞은 한자를 골라 써 보세요.

   (1) 以前 + 后边
       이전   뒤쪽
       → ☐后
       이후

   (2) 到 + 时候
       도착하다 때
       → 到☐☐
       도착했을 때

   (3) 欢迎 + 接
       환영하다 연결하다
       → ☐接
       맞이하다

2. 아래의 보기에서 알맞은 단어를 골라 빈칸에 써 보세요.

   보기: 银行   接   迟到   欢迎   结婚   兴趣

   (1) 小明每天都听歌，对音乐有_____。
       Xiǎomíng měi tiān dōu tīng gē, duì yīnyuè yǒu

   (2) _____你来我家玩儿。
       nǐ lái wǒ jiā wánr.

   (3) 下个月我们就要_____了。
       Xià ge yuè wǒmen jiù yào   le.

   (4) A 你今天怎么_____了?
         Nǐ jīntiān zěnme   le?
       B 对不起，我起晚了。
         Duìbuqǐ, wǒ qǐwǎn le.

   (5) A 你现在要去哪儿?
         Nǐ xiànzài yào qù nǎr?
       B 我去机场_____一个朋友。
         Wǒ qù jīchǎng   yí ge péngyou.

   (6) A 请问，哪儿有_____?
         Qǐngwèn, nǎr yǒu
       B 一直往前走，超市的旁边。
         Yìzhí wǎng qián zǒu, chāoshì de pángbiān.

3. 다음 사진을 보고 학습한 단어를 이용하여 문장을 완성해 보세요.

(1)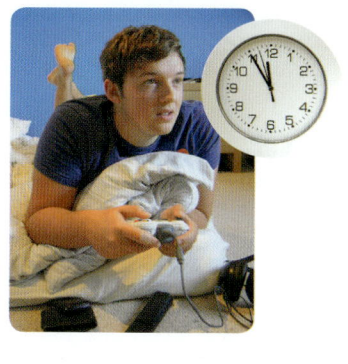

A 都_____了，不累吗？
　Dōu　　　　　　le, bú lèi ma?

B 我对_____，
　Wǒ duì

一点儿也不累。
yìdiǎnr yě bú lèi.

(2) A 你一直在这家公司工作吗?
　　　Nǐ yìzhí zài zhè jiā gōngsī gōngzuò ma?

B 对，我已经_____。
　Duì, wǒ yǐjīng

(3)

A 快点儿吧，我已经等了_____。
　Kuài diǎnr ba, wǒ yǐjīng děngle

B 好，你别着急，我快到了。
　Hǎo, nǐ bié zháojí, wǒ kuài dào le.

(4) A 你们结婚_____？
　　　Nǐmen jié hūn

B 快50年了。
　Kuài wǔshí nián le.

4. 2명이 한 팀이 되어 자신의 취미를 소개하고, 언제부터 이러한 취미를 가졌는지, 얼마나 오래 됐는지 이야기해 보세요. 그리고 아래 표에 써 보세요.

> **예시**
> 我对游泳很感兴趣，我是从5岁开始学习游泳的，
> Wǒ duì yóu yǒng hěn gǎn xìngqù, wǒ shì cóng wǔ suì kāishǐ xuéxí yóu yǒng de,
> 到现在已经游了20年了。
> dào xiànzài yǐjīng yóule èrshí nián le.

No.	취미	언제부터	지금까지의 기간
예시	游泳 yóu yǒng	5岁 wǔ suì	20年 èrshí nián
①			
②			
③			

속담 익히기

一步走错步步错
Yí bù zǒucuò bùbù cuò

한 수를 잘못 두면 모든 수가 문제다

'步'는 바둑, 장기 등에서 쓰는 '한 수'를 말하며 바둑이나 장기를 둘 때 한 수를 잘못 두면 연이어 잘못 두게 된다는 뜻을 나타냅니다. 첫 단추를 잘못 끼우면 모든 단추가 잘못 끼워지는 것도 이와 같은 이치입니다. 따라서 처음부터 신중하게 주의를 기울여야 한다는 깨달음을 주는 말입니다.

现在小美和小红都结婚了，我还是没有女朋友，真是一步走错步步错啊。
Xiànzài Xiǎoměi hé Xiǎohóng dōu jié hūn le, wǒ háishi méiyǒu nǚpéngyou, zhēnshi yí bù zǒucuò bùbù cuò a.
지금 샤오메이와 샤오홍은 모두 결혼했고, 나는 아직 여자 친구가 없다. 정말 한 수 잘못 두면 매 수가 문제라고 하더니.

08

你去哪儿我就去哪儿。
Nǐ qù nǎr wǒ jiù qù nǎr.

당신이 가는 곳이 어디든 저도 갈래요.

미리 보기

1 사진을 보며 단어를 익혀 보세요.

A

害怕
hài pà

B
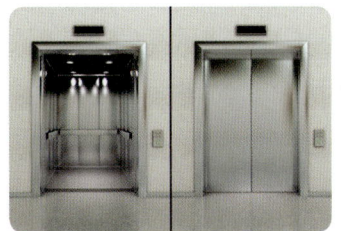
电梯
diàntī

C

安静
ānjìng

2 지금까지 배운 의문대사를 써 보세요.

예시: 谁

① _____ ② _____

③ _____ ④ _____ ⑤ _____

대화하기

1 집 구하기 🔊 08-01

同事 听说你最近打算买房子?
　　 Tīngshuō nǐ zuìjìn dǎsuàn mǎi fángzi?

小丽 是，昨天去看了看，今天又去看了看，
　　 Shì, zuótiān qù kànle kàn, jīntiān yòu qù kànle kàn,

　　 明天还要再去看看。
　　 míngtiān hái yào zài qù kànkan.

同事 都不满意吗?
　　 Dōu bù mǎnyì ma?

小丽 一个没有电梯，不方便。
　　 Yí ge méiyǒu diàntī, bù fāngbiàn.

　　 一个有电梯，但是在二十层。
　　 Yí ge yǒu diàntī, dànshì zài èrshí céng.

同事 二十层怎么了?
　　 Èrshí céng zěnme le?

小丽 太高了，往下看多害怕啊!
　　 Tài gāo le, wǎng xià kàn duō hài pà a!

满意 mǎnyì 동 만족하다 | 电梯 diàntī 명 엘리베이터 | 方便 fāngbiàn 형 편리하다 | 层 céng 양 층 | 害怕 hài pà 동 무서워하다

서로 묻고 답하기

본문 내용을 토대로 답해 보세요.

1 小丽最近在做什么?
　 Xiǎolì zuìjìn zài zuò shénme?

2 小丽为什么不满意?
　 Xiǎolì wèi shénme bù mǎnyì?

2 이별 선물 🔊 08-02

小明 **听说你下个星期就要回国了？**
Tīngshuō nǐ xià ge xīngqī jiù yào huí guó le?

马可 **是啊，真不想离开北京。**
Shì a, zhēn bù xiǎng lí kāi Běijīng.

小明 **我下星期不在北京，不能去机场送你了。**
Wǒ xià xīngqī bú zài Běijīng, bù néng qù jīchǎng sòng nǐ le.

马可 **没关系，你忙吧。**
Méi guānxi, nǐ máng ba.

小明 **这个小熊猫送给你，欢迎你以后再到中国来。**
Zhège xiǎo xióngmāo sòng gěi nǐ, huānyíng nǐ yǐhòu zài dào Zhōngguó lái.

马可 **谢谢。希望以后能再见面。**
Xièxie. Xīwàng yǐhòu néng zài jiàn miàn.

熊猫 xióngmāo 명 판다 | 见面 jiàn miàn 동 만나다

서로 묻고 답하기

본문 내용을 토대로 답해 보세요.

1 **小明送给了马可什么东西？**
Xiǎomíng sòng gěi le Mǎkě shénme dōngxi?

2 **他为什么送马可东西？**
Tā wèi shénme sòng Mǎkě dōngxi?

3 카페에서 🔊 08-03

小丽　小刚，我们坐哪儿？
　　　Xiǎogāng, wǒmen zuò nǎr?

小刚　你坐哪儿我就坐哪儿。
　　　Nǐ zuò nǎr wǒ jiù zuò nǎr.

小丽　坐这儿吧，这儿安静。你想喝什么饮料？
　　　Zuò zhèr ba, zhèr ānjìng. Nǐ xiǎng hē shénme yǐnliào?

小刚　你喝什么我就喝什么。
　　　Nǐ hē shénme wǒ jiù hē shénme.

小丽　喝可乐吧。你等我一会儿，我马上回来。
　　　Hē kělè ba. Nǐ děng wǒ yíhuìr, wǒ mǎshàng huílai.

小刚　小丽，你去哪儿？你去哪儿我就去哪儿。
　　　Xiǎolì, nǐ qù nǎr? Nǐ qù nǎr wǒ jiù qù nǎr.

小丽　我去洗手间。
　　　Wǒ qù xǐshǒujiān.

安静 ānjìng 형 조용하다　|　***可乐** kělè 명 콜라　|　**一会儿** yíhuìr 명 잠시 동안　|　**马上** mǎshàng 부 곧, 바로　|　**洗手间** xǐshǒujiān 명 화장실

서로 묻고 답하기

본문 내용을 토대로 답해 보세요.

1. 小丽和小刚在哪儿？做什么？
   Xiǎolì hé Xiǎogāng zài nǎr? Zuò shénme?

2. 小丽要去哪儿？小刚也去吗？
   Xiǎolì yào qù nǎr? Xiǎogāng yě qù ma?

4 동창과의 만남 🔊 08-04

老同学 快五年了，你几乎没变化。
　　　Kuài wǔ nián le, nǐ jīhū méi biànhuà.

周太太 谁说的？我胖了，以前的衣服都不能穿了。
　　　Shéi shuō de? Wǒ pàng le, yǐqián de yīfu dōu bù néng chuān le.

老同学 健康最重要，胖瘦没关系。
　　　Jiànkāng zuì zhòngyào, pàng shòu méi guānxi.

周太太 是呀，想吃什么就吃什么。
　　　Shì ya, xiǎng chī shénme jiù chī shénme.

老同学 你做饭还是周明做饭？
　　　Nǐ zuò fàn háishi Zhōu Míng zuò fàn?

周太太 我做，我想吃什么就做什么，
　　　Wǒ zuò, wǒ xiǎng chī shénme jiù zuò shénme,
　　　想吃多少就做多少。
　　　xiǎng chī duōshao jiù zuò duōshao.

老 lǎo 형 늙다, 오래되다 | 几乎 jīhū 부 거의 | 变化 biànhuà 동 변화하다 명 변화 | 健康 jiànkāng 형 건강하다 | 重要 zhòngyào 형 중요하다 | *呀 ya 조 '啊'가 앞 음절 모음의 영향을 받아 변화된 음을 표기하기 위한 글자

서로 묻고 답하기

본문 내용을 토대로 답해 보세요.

1 周太太为什么说自己胖了？
　Zhōu tàitai wèi shénme shuō zìjǐ pàng le?

2 周太太做饭还是周明做饭？
　Zhōu tàitai zuò fàn háishi Zhōu Míng zuò fàn?

포인트 짚어보기

★ 부사 '又'와 '再'

부사 '又'와 '再'는 모두 '또', '다시'의 뜻으로, 주로 동사 앞에 쓰여 동작이나 상황이 중복하여 출현함을 나타냅니다. '又'는 이미 발생한 동작이나 상황이 반복될 때 씁니다.

上个星期我买了一条裤子，昨天又买了一条。
Shàng ge xīngqī wǒ mǎile yì tiáo kùzi, zuótiān yòu mǎile yì tiáo.
지난주에 나는 바지 한 벌을 샀고, 어제 또 한 벌 샀어요.

你上午已经喝了一杯咖啡，下午怎么又喝了一杯?
Nǐ shàngwǔ yǐjīng hēle yì bēi kāfēi, xiàwǔ zěnme yòu hēle yì bēi?
당신은 오전에 이미 커피 한 잔을 마셨잖아요. 오후에 어떻게 또 한 잔을 마셔요?

小刚，你前天迟到，昨天迟到，今天怎么又迟到了?
Xiǎogāng, nǐ qiántiān chídào, zuótiān chídào, jīntiān zěnme yòu chídào le?
샤오깡, 너 그저께도 지각하고, 어제도 지각했는데 오늘 어떻게 또 늦을 수 있어?

> 前天 qiántiān 몡 그저께

'再'는 아직 실현되지 않은 동작이나 상황이 앞으로 반복하여 나타날 때 씁니다.

你只吃了一点儿饭，再吃一点儿吧。
Nǐ zhǐ chīle yìdiǎnr fàn, zài chī yìdiǎnr ba.
너는 밥을 조금만 먹었잖아. 좀 더 먹어.

家里只有一个面包了，我们再买一些吧。
Jiā li zhǐ yǒu yí ge miànbāo le, wǒmen zài mǎi yìxiē ba.
집에 빵 하나밖에 없어요. 우리 좀 더 사러 가요.

那个饭馆我昨天去了一次，明天还想再去一次。
Nàge fànguǎn wǒ zuótiān qùle yí cì, míngtiān hái xiǎng zài qù yí cì.
그 식당은 어제 한 번 갔었는데, 내일도 또 한 번 가고 싶어요.

연습해 보기

빈칸을 채워 문장을 완성해 보세요.

(1) 我上个星期去了那个中国饭馆，明天想＿＿＿＿＿去一次。

(2) 你怎么＿＿＿＿＿买了一条裤子? 不是已经有一条了吗?

(3) 刚才我去找他，他没在办公室，我一会儿＿＿＿＿＿去。

의문대사의 활용 (1)

의문대사는 의문문을 만드는 역할 외에, 불특정한 것을 가리키는 역할로도 활용할 수 있습니다.

都8点了，你吃点儿什么了吗？ 벌써 8시인데, 너는 뭐 좀 먹었니?
Dōu bā diǎn le, nǐ chī diǎnr shénme le ma?

今天谁来找我吗？ 오늘 나를 찾으러 온 사람이 있나요?
Jīntiān shéi lái zhǎo wǒ ma?

앞 절과 뒤 절에 동일한 의문대사를 쓰고 '就'로 연결할 수 있습니다. 이때 의문대사는 동일한 사물, 사람, 방식을 가리킵니다. 앞 절과 뒤 절의 주어가 동일하면 뒤의 주어는 생략이 가능하며, 주어가 다를 경우 뒤 절의 주어는 '就' 앞에 옵니다.

你哪天有时间就哪天来我家吧。 당신이 시간이 있는 날에 우리 집에 오세요.
Nǐ nǎ tiān yǒu shíjiān jiù nǎ tiān lái wǒ jiā ba.

你坐哪儿我就坐哪儿。 당신이 어딘가에 앉으면 저도 거기에 앉을게요.
Nǐ zuò nǎr wǒ jiù zuò nǎr.

什么东西便宜我就买什么。 어떤 물건이 싸면 저는 그것을 삽니다.
Shénme dōngxi piányi wǒ jiù mǎi shénme.

谁喜欢他他就喜欢谁。
Shéi xǐhuan tā tā jiù xǐhuan shéi.
누군가가 그를 좋아하면 그도 그 누군가를 좋아합니다. [= 그는 그를 좋아하는 사람을 좋아합니다.]

연습해 보기

빈칸을 채워 대화문을 완성해 보세요.

(1) A 你想喝点儿什么?

  B _____。

(2) A 我们什么时候去爬山?

  B _____。

(3) A 你想跟谁一起去旅游?

  B _____。

1. 두 단어가 한 단어가 되도록 주어진 뜻에 맞게 알맞은 한자를 골라 써 보세요.

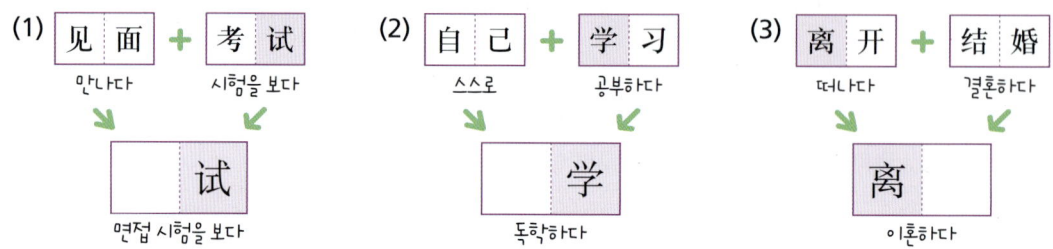

2. 아래의 보기에서 알맞은 단어를 골라 빈칸에 써 보세요.

| 보기 | 层 | 害怕 | 见面 | 变化 | 熊猫 | 满意 |

(1) 你看你，这几年一点儿_____都没有。
　　Nǐ kàn nǐ, zhè jǐ nián yìdiǎnr　　　　dōu méiyǒu.

(2) 你家住几_____？
　　Nǐ jiā zhù jǐ

(3) 没事儿，我一点儿也不_____。
　　Méi shìr, wǒ yìdiǎnr yě bú

(4) A 您对我们的服务_____吗？
　　　Nín duì wǒmen de fúwù　　　ma?

　　B 不错，我玩儿得很高兴。
　　　Búcuò, wǒ wánr de hěn gāoxìng.

(5) A 周末你做什么了？
　　　Zhōumò nǐ zuò shénme le?

　　B 我去看_____了。
　　　Wǒ qù kàn　　　le.

(6) A 我们几点_____？
　　　Wǒmen jǐ diǎn

　　B 三点半吧。
　　　Sān diǎn bàn ba.

88

3. 다음 사진을 보고 학습한 단어를 이용하여 문장을 완성해 보세요.

(1)

A 您对这个房子_____吗？
　Nín duì zhège fángzi　　　　　ma?

B 有点儿贵，我想_____看看别的房子。
　Yǒudiǎnr guì, wǒ xiǎng　　　　　kànkan biéde fángzi.

(2) A 你怎么_____生病了？
　　Nǐ zěnme　　　　　shēng bìng le?
　　感冒不是刚好吗？
　　Gǎnmào bú shì gāng hǎo ma?

B 昨天下大雨，我没带伞。
　Zuótiān xià dàyǔ, wǒ méi dài sǎn.

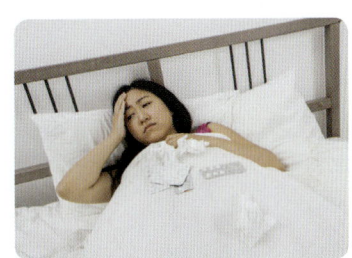

(3)

A 这两件衣服都很好看，你说我买哪件？
　Zhè liǎng jiàn yīfu dōu hěn hǎokàn, nǐ shuō wǒ mǎi nǎ jiàn?

B _____就买哪件。
　　　　　jiù mǎi nǎ jiàn.

(4) A 妈妈，吃苹果对_____好，
　　Māma, chī píngguǒ duì　　　　　hǎo,
　　我们买一些吧。
　　wǒmen mǎi yìxiē ba.

B 好，你想吃几个就_____。
　Hǎo, nǐ xiǎng chī jǐ ge jiù

4. 2명이 한 팀이 되어 여행 계획에 대해 묻고 '의문대사+就+의문대사'의 형식으로 답해 보세요.

A 你打算去哪儿旅游?
Nǐ dǎsuàn qù nǎr lǚyóu?

B

A 什么时候去?
Shénme shíhou qù?

B

A 怎么去?
Zěnme qù?

B

A 跟谁一起去?
Gēn shéi yìqǐ qù?

B

속담 익히기

站得高，看得远
Zhàn de gāo, kàn de yuǎn
높이 서야 멀리 볼 수 있다

높은 식견을 갖추어야 먼 미래를 준비할 수 있다는 뜻으로, 문제를 분석할 때 한 가지 측면에서 보지 말고 다각도로 봐야 한다는 뜻입니다. 우스갯소리로 '눈이 높아야 좋은 배우자를 고른다'는 뜻으로 쓰이기도 합니다.

结婚前，能找几个就找几个，站得高，看得远嘛。
Jié hūn qián, néng zhǎo jǐ ge jiù zhǎo jǐ ge, zhàn de gāo, kàn de yuǎn ma.
결혼하기 전에 몇이든 사귈 수 있는 만큼 사귀어야 해. 눈이 높아야 좋은 배우자감을 찾는다잖아.

09
她的汉语说得跟中国人一样好。
Tā de Hànyǔ shuō de gēn Zhōngguó rén yíyàng hǎo.

그녀는 중국어를 중국인처럼 잘해요.

미리 보기

1 사진을 보며 단어를 익혀 보세요.

A

一样
yíyàng

B

担心
dān xīn

C

中间
zhōngjiān

2 자신의 상황이 어떠한지 아래 표에 써 보세요.

No.	나의 상황	어떠한가
예시	我现在吃得 Wǒ xiànzài chī de	越来越多 yuè lái yuè duō
①	我汉语说得 Wǒ Hànyǔ shuō de	
②	我做的饭 Wǒ zuò de fàn	
③	我跑步跑得 Wǒ pǎo bù pǎo de	

대화하기

1 마르코의 중국어 실력 🔊 09-01

大山 马可，你的中文越说越好了！
　　 Mǎkě, nǐ de Zhōngwén yuè shuō yuè hǎo le!

马可 哪里哪里，我们班李静说得更好。
　　 Nǎli nǎli, wǒmen bān Lǐ Jìng shuō de gèng hǎo.

大山 怎么好？
　　 Zěnme hǎo?

马可 她的汉语说得跟中国人一样好。
　　 Tā de Hànyǔ shuō de gēn Zhōngguó rén yíyàng hǎo.

大山 李静？我怎么没听说过这个名字？
　　 Lǐ Jìng? Wǒ zěnme méi tīngshuōguo zhège míngzi?

马可 她是我们的汉语老师。
　　 Tā shì wǒmen de Hànyǔ lǎoshī.

中文 Zhōngwén 명 중국의 언어와 문자 | **班** bān 명 반 | **一样** yíyàng 형 같다 | 고유 **大山** Dàshān 따샨 [인명], **李静** Lǐ Jìng 리징 [인명]

서로 묻고 답하기

본문 내용을 토대로 답해 보세요.

① 马可的中文怎么样？
　 Mǎkě de Zhōngwén zěnmeyàng?

② 李静的汉语说得怎么样？为什么？
　 Lǐ Jìng de Hànyǔ shuō de zěnmeyàng? Wèi shénme?

2 케이크 가게에서 🔊 09-02

小丽 别吃了，你已经吃了三块蛋糕了。
　　　Bié chī le, nǐ yǐjīng chīle sān kuài dàngāo le.

小刚 这是最后一块。
　　　Zhè shì zuìhòu yí kuài.

小丽 你总是吃甜的东西，会越吃越胖。
　　　Nǐ zǒngshì chī tián de dōngxi, huì yuè chī yuè pàng.

小刚 你放心，我一定不会变胖。
　　　Nǐ fàng xīn, wǒ yídìng bú huì biàn pàng.

小丽 为什么？
　　　Wèi shénme?

小刚 我们家的人都很瘦，吃不胖。
　　　Wǒmen jiā de rén dōu hěn shòu, chī bu pàng.

最后 zuìhòu 몡 최후, 마지막 | **放心** fàng xīn 동 마음을 놓다 | **一定** yídìng 부 분명히, 반드시

서로 묻고 답하기

본문 내용을 토대로 답해 보세요.

1. 小刚一共吃了几块蛋糕？
   Xiǎogāng yígòng chīle jǐ kuài dàngāo?

2. 小丽觉得小刚会越来越胖吗？为什么？
   Xiǎolì juéde Xiǎogāng huì yuè lái yuè pàng ma? Wèi shénme?

3 등산하기 🔊 09-03

小丽 我有点儿害怕。
Wǒ yǒudiǎnr hài pà.

小刚 怎么了?
Zěnme le?

小丽 山越高,路越难走。我也越爬越冷。
Shān yuè gāo, lù yuè nán zǒu. Wǒ yě yuè pá yuè lěng.

小刚 不用担心,有我呢,我对这儿比较了解。
Búyòng dān xīn, yǒu wǒ ne, wǒ duì zhèr bǐjiào liǎojiě.

小丽 那我们先休息一下,一会儿再爬。
Nà wǒmen xiān xiūxi yíxià, yíhuìr zài pá.

小刚 好,一会儿我们可以从中间这条路上去。
Hǎo, yíhuìr wǒmen kěyǐ cóng zhōngjiān zhè tiáo lù shàngqu.

担心 dān xīn 동 걱정하다 | 比较 bǐjiào 부 비교적 | 了解 liǎojiě 동 이해하다 | 先 xiān 부 먼저, 우선 | 中间 zhōngjiān 명 중간, 가운데

서로 묻고 답하기

본문 내용을 토대로 답해 보세요.

1. 小丽为什么害怕了?
   Xiǎolì wèi shénme hài pà le?

2. 小刚害怕吗?
   Xiǎogāng hài pà ma?

4 샤오밍과 친구 🔊 09-04

同学 小明，你的眼睛怎么跟大熊猫一样了？
Xiǎomíng, nǐ de yǎnjing zěnme gēn dà xióngmāo yíyàng le?

小明 我这几天脚疼，没休息好。
Wǒ zhè jǐ tiān jiǎo téng, méi xiūxi hǎo.

同学 去医院了吗？医生说什么？
Qù yīyuàn le ma? Yīshēng shuō shénme?

小明 他让我多休息。休息得越多，好得越快。
Tā ràng wǒ duō xiūxi. Xiūxi de yuè duō, hǎo de yuè kuài.

同学 下个月的篮球比赛，你能参加吗？
Xià ge yuè de lánqiú bǐsài, nǐ néng cānjiā ma?

小明 一定能参加，一点儿影响也没有。
Yídìng néng cānjiā, yìdiǎnr yǐngxiǎng yě méiyǒu.

参加 cānjiā 동 참가하다 | 影响 yǐngxiǎng 명 영향 동 영향을 주다

서로 묻고 답하기

본문 내용을 토대로 답해 보세요.

1. 小明怎么了？
   Xiǎomíng zěnme le?

2. 小明能参加篮球比赛吗？为什么？
   Xiǎomíng néng cānjiā lánqiú bǐsài ma? Wèi shénme?

포인트 짚어보기

⭐ 越A越B

'越A越B'의 형식은 'A할수록 B하다'라는 뜻을 나타냅니다. A와 B에는 각각 형용사나 동사가 올 수 있습니다.

雨越下越大。　비가 내릴수록 빗방울이 굵어집니다.
Yǔ yuè xià yuè dà.

你的中文越说越好。　당신의 중국어는 갈수록 좋아지네요.
Nǐ de Zhōngwén yuè shuō yuè hǎo.

越往南，天气越热。　남쪽으로 갈수록 날씨가 더워져요.
Yuè wǎng nán, tiānqì yuè rè.

'越'의 앞에는 각각 다른 주어가 올 수 있습니다.

山越高，路越难走。　산이 높을수록 길은 걷기 어려워져요.
Shān yuè gāo, lù yuè nán zǒu.

연습해 보기

빈칸을 채워 문장을 완성해 보세요.
(1) 这个电影越看＿＿＿＿＿＿。
(2) 我们越聊＿＿＿＿＿＿。
(3) 她＿＿＿＿＿＿，我越担心。

⭐ 반어문

반어문이란 상대방의 말을 부정하면서 놀라움, 불만, 질책의 뜻을 나타내는 문형입니다. 의문대사 '谁', '什么', '什么时候', '哪儿', '怎么' 등을 반어문에 쓸 수 있습니다.

A 听说你快回国了。　듣자 하니 너 곧 귀국한다고 하더라.
　Tīngshuō nǐ kuài huí guó le.

B 谁说的? 我没有这个打算。　누가 그래? 난 그런 계획 없는데.
　Shéi shuō de? Wǒ méiyǒu zhège dǎsuàn.

A 明天我们一起去看电影吧。　내일 우리 같이 영화 보러 가자.
　Míngtiān wǒmen yìqǐ qù kàn diànyǐng ba.

B 看什么电影，明天有考试呢。　영화는 무슨 영화야. 내일 시험 있잖아.
　Kàn shénme diànyǐng, míngtiān yǒu kǎoshì ne.

A 你不是说三点来接我吗?　너 세 시에 나를 데리러 온다고 하지 않았어?
　Nǐ bú shì shuō sān diǎn lái jiē wǒ ma?

B 我什么时候说过?　내가 언제 그랬어?
　Wǒ shénme shíhou shuōguo?

연습해보기

빈칸을 채워 대화문을 완성해 보세요.

(1) A 女儿，_____又玩儿游戏了？

　　 B 妈妈，我已经作业都作好了。

(2) A 听说你有女朋友了。

　　 B _____是我的女朋友？

★ 'A跟B一样' 비교문

비교문 'A跟B一样(+형용사)'는 'A와 B가 같다'라는 뜻입니다. 부정 형식은 '一样' 앞에 '不'를 쓰며 'A는 B와 같지 않다'라는 뜻입니다.

这本书跟那本书一样。 이 책은 저 책과 같습니다.
Zhè běn shū gēn nà běn shū yíyàng.

儿子跟爸爸一样高。 아들은 아빠와 키가 같습니다.
Érzi gēn bàba yíyàng gāo.

这辆车的颜色跟那辆车不一样。 이 자동차의 색은 저 자동차와 다릅니다.
Zhè liàng chē de yánsè gēn nà liàng chē bù yíyàng.

연습해보기

'跟……一样'을 사용하여 한 문장으로 바꾸어 써 보세요.

(1) 我的杯子三十块钱，小丽的杯子也三十块钱。

　　→ _____。

(2) 今天的生词很难，昨天的生词也难。

　　→ _____。

(3) 小王的儿子三岁，我的女儿也三岁。

　　→ _____。

1. 두 단어가 한 단어가 되도록 주어진 뜻에 맞게 알맞은 한자를 골라 써 보세요.

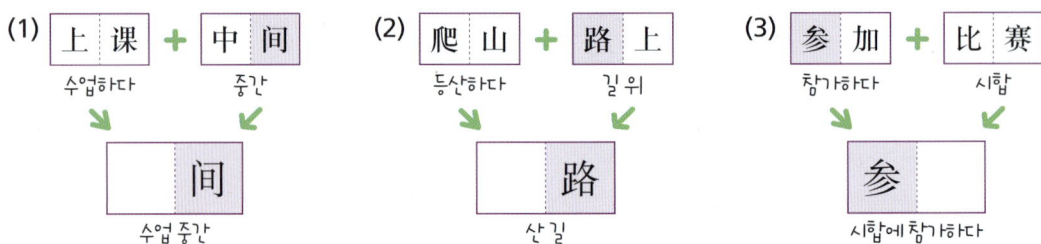

2. 아래의 보기에서 알맞은 단어를 골라 빈칸에 써 보세요.

보기   影响   参加   了解   最后   先   比较

(1) 这件事_____难，你再给我几天时间。
　　Zhè jiàn shì　　　nán, nǐ zài gěi wǒ jǐ tiān shíjiān.

(2) 你想不想去_____爬山比赛？
　　Nǐ xiǎng bu xiǎng qù　　　pá shān bǐsài?

(3) 少玩儿一会儿电子游戏吧，别_____了学习。
　　Shǎo wánr yíhuìr diànzǐ yóuxì ba, bié　　　le xuéxí.

(4) A 你怎么又迟到了？
　　　Nǐ zěnme yòu chídào le?

　　B 对不起，这是_____一次，以后一定不迟到了。
　　　Duìbuqǐ, zhè shì　　　yí cì, yǐhòu yídìng bù chídào le.

(5) A 你怎么知道她会来？
　　　Nǐ zěnme zhīdào tā huì lái?

　　B 我很_____她，她每天都在这儿吃饭。
　　　Wǒ hěn　　　tā, tā měi tiān dōu zài zhèr chī fàn.

(6) A 下午你打算做什么？
　　　Xiàwǔ nǐ dǎsuàn zuò shénme?

　　B 我想_____去超市买点儿东西。
　　　Wǒ xiǎng　　　qù chāoshì mǎi diǎnr dōngxi.

电子游戏 diànzǐ yóuxì 컴퓨터 게임

3. 다음 사진을 보고 학습한 단어를 이용하여 문장을 완성해 보세요.

(1)
A 这本书很有意思，我越_____。
Zhè běn shū hěn yǒu yìsi, wǒ yuè

B 我跟你_____，也非常喜欢。
Wǒ gēn nǐ　　　　　yě fēicháng xǐhuan.

(2) A 我觉得打篮球越打越_____。
Wǒ juéde dǎ lánqiú yuè dǎ yuè

B 我跟_____，也对打篮球感兴趣。
Wǒ gēn　　　　　yě duì dǎ lánqiú gǎn xìngqù.

(3)

A 你多练习写，越_____。
Nǐ duō liànxí xiě, yuè

B 我的汉字一直很好，这次考试一定没问题。
Wǒ de Hànzì yìzhí hěn hǎo, zhè cì kǎoshì yídìng méi wèntí.

(4) A 我最近变胖了，你几乎没变化，
Wǒ zuìjìn biàn pàng le, nǐ jīhū méi biànhuà,
跟以前_____。
gēn yǐqián

B 是哥哥影响了我，每天跟他一起
Shì gēge yǐngxiǎngle wǒ, měi tiān gēn tā yìqǐ
跑步，越跑_____。
pǎo bù, yuè pǎo

4. 2명이 한 팀이 되어 아래의 문장을 묻고 답해 보세요. 그리고 상대방의 상황을 나와 비교하여 아래 표에 써 보세요.

No.	질문	상대방의 상황	나와의 비교	나의 상황
예시	几点起床? Jǐ diǎn qǐ chuáng?	他7点起床 tā qī diǎn qǐ chuáng	我跟他不一样 wǒ gēn tā bù yíyàng	我8点起床 wǒ bā diǎn qǐ chuáng
①	早上吃什么? Zǎoshang chī shénme?			
②	中午去哪儿吃饭? Zhōngwǔ qù nǎr chī fàn?			
③	怎么锻炼身体? Zěnme duànliàn shēntǐ?			
④	对什么感兴趣? Duì shénme gǎn xìngqù?			

속담 익히기

三人行，必有我师
Sān rén xíng, bì yǒu wǒ shī

세 사람이 길을 가면 반드시 내 스승이 있다

이 말은 누구에게나 배울 점이 있다는 뜻으로, 다른 사람의 장점을 발견하고 배워야 한다는 이치를 우리에게 가르쳐줍니다.

三人行，必有我师，他中文说得跟中国人一样好，你去问问他中文怎么那么好。
Sān rén xíng, bì yǒu wǒ shī, tā Zhōngwén shuō de gēn Zhōngguó rén yíyàng hǎo, nǐ qù wènwen tā Zhōngwén zěnme nàme hǎo.
'세 사람이 길을 가면 반드시 내 스승이 있다'고 하잖아. 저 사람은 중국어를 중국인만큼 잘하네. 가서 어떻게 그렇게 잘하는지 물어봐.

10

数学比历史难多了。
Shùxué bǐ lìshǐ nánduō le.

수학이 역사보다 훨씬 어려워요.

미리 보기

1 사진을 보며 단어를 익혀 보세요.

A

数学
shùxué

B
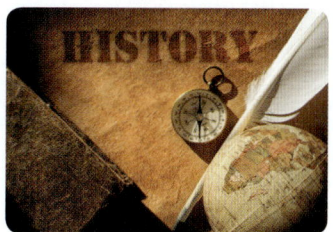
历史
lìshǐ

C

体育
tǐyù

2 주어진 단어의 반의어를 써 보세요.

예시   大 ↔ 小

① 远 ↔ _____   ② 贵 ↔ _____   ③ 胖 ↔ _____

④ 新 ↔ _____   ⑤ 高 ↔ _____   ⑥ 难 ↔ _____

대화하기

1 마르코와 따샨   🔊 10-01

朋友 大山，你和马可谁个子高？
Dàshān, nǐ hé Mǎkě shéi gèzi gāo?

大山 马可比我高，我比马可矮一点儿。
Mǎkě bǐ wǒ gāo, wǒ bǐ Mǎkě ǎi yìdiǎnr.

朋友 那你们谁大？
Nà nǐmen shéi dà?

大山 我比马可大两岁。
Wǒ bǐ Mǎkě dà liǎng suì.

朋友 你们谁的汉语说得更好？
Nǐmen shéi de Hànyǔ shuō de gèng hǎo?

大山 马可比我说得好一些，我的汉语没有他好。
Mǎkě bǐ wǒ shuō de hǎo yìxiē, wǒ de Hànyǔ méiyǒu tā hǎo.

个子 gèzi 명 키 | 矮 ǎi 형 (키가) 작다

서로 묻고 답하기

본문 내용을 토대로 답해 보세요.

1. 马可和大山谁高？谁年龄大？
   Mǎkě hé Dàshān shéi gāo? Shéi niánlíng dà?

2. 马可和大山谁的汉语说得好？
   Mǎkě hé Dàshān shéi de Hànyǔ shuō de hǎo?

② 좋아하는 과목 🔊 10-02

小明　我喜欢历史课、体育课，不喜欢数学课。
　　　Wǒ xǐhuan lìshǐ kè、tǐyù kè, bù xǐhuan shùxué kè.

同学　为什么？数学也很有意思啊。
　　　Wèi shénme? Shùxué yě hěn yǒu yìsi a.

小明　我觉得数学比历史难多了，我听不懂。
　　　Wǒ juéde shùxué bǐ lìshǐ nánduō le, wǒ tīng bu dǒng.

同学　别担心，我可以帮你。
　　　Bié dān xīn, wǒ kěyǐ bāng nǐ.

小明　好啊，我们每天学多长时间？
　　　Hǎo a, wǒmen měi tiān xué duō cháng shíjiān?

同学　一两个小时吧。
　　　Yì-liǎng ge xiǎoshí ba.

历史 lìshǐ 명 역사 | **体育** tǐyù 명 체육 | **数学** shùxué 명 수학

서로 묻고 답하기

본문 내용을 토대로 답해 보세요.

① 小明为什么不喜欢数学课?
　 Xiǎomíng wèi shénme bù xǐhuan shùxué kè?

② 小明和同学打算每天一起做什么？做多长时间？
　 Xiǎomíng hé tóngxué dǎsuàn měi tiān yìqǐ zuò shénme? Zuò duō cháng shíjiān?

3 출퇴근 시간 🔊 10-03

同事 你最近比以前来得早多了，搬家了？
Nǐ zuìjìn bǐ yǐqián lái de zǎoduō le, bān jiā le?

小丽 是啊，你不知道？
Shì a, nǐ bù zhīdào?

我上个月就搬家了，走路二十分钟就到。
Wǒ shàng ge yuè jiù bān jiā le, zǒu lù èrshí fēnzhōng jiù dào.

同事 那很方便啊。
Nà hěn fāngbiàn a.

小丽 我还打算买辆自行车，
Wǒ hái dǎsuàn mǎi liàng zìxíngchē,

骑车七八分钟就能到。
qí chē qī-bā fēnzhōng jiù néng dào.

同事 你不是有一辆吗？
Nǐ bú shì yǒu yí liàng ma?

小丽 那辆太旧了，要换一辆，很便宜，两三百块钱。
Nà liàng tài jiù le, yào huàn yí liàng, hěn piányi, liǎng-sān bǎi kuài qián.

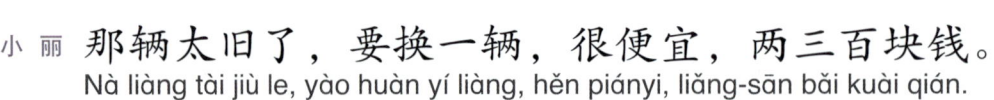

自行车 zìxíngchē 명 자전거 | 骑 qí 동 (자전거, 말 등을) 타다 | 旧 jiù 형 낡다, 오래되다 | 换 huàn 동 바꾸다

서로 묻고 답하기

본문 내용을 토대로 답해 보세요.

1. 小丽为什么比以前来得早了？
   Xiǎolì wèi shénme bǐ yǐqián lái de zǎo le?

2. 小丽为什么要买自行车？
   Xiǎolì wèi shénme yào mǎi zìxíngchē?

4 방 구하기 🔊 10-04

大山　这两个地方的房子一样吗?
　　　Zhè liǎng ge dìfang de fángzi yíyàng ma?

中介　不一样。您看，学校外边的房子比学校里边的大一些。
　　　Bù yíyàng. Nín kàn, xuéxiào wàibian de fángzi bǐ xuéxiào lǐbian de dà yìxiē.

大山　大小没关系，主要是环境，哪个更安静?
　　　Dàxiǎo méi guānxi, zhǔyào shì huánjìng, nǎge gèng ānjìng?

中介　学校里边的没有学校外边的那么安静。
　　　Xuéxiào lǐbian de méiyǒu xuéxiào wàibian de nàme ānjìng.

大山　哪个方便一些呢?
　　　Nǎge fāngbiàn yìxiē ne?

中介　学校里边比学校外边方便，附近有三四个车站。
　　　Xuéxiào lǐbian bǐ xuéxiào wàibian fāngbiàn, fùjìn yǒu sān-sì ge chēzhàn.

地方 dìfang 명 장소, 곳 | ***中介** zhōngjiè 명 중개소 | **主要** zhǔyào 형 주요하다 | **环境** huánjìng 명 환경 | **附近** fùjìn 명 근처

서로 묻고 답하기

본문 내용을 토대로 답해 보세요.

1. 住在学校里边和学校外边有什么不一样?
   Zhù zài xuéxiào lǐbian hé xuéxiào wàibian yǒu shénme bù yíyàng?

2. 大山希望房子怎么样?
   Dàshān xīwàng fángzi zěnmeyàng?

포인트 짚어보기

★ '比' 비교문

'A+比+B+형용사'의 뒤에 수량사나 보어를 붙여 정도의 차이를 나타낼 수 있습니다. '一点儿'이나 '一些'를 쓰면 '약간', '조금'의 뜻으로 차이가 크지 않음을 나타내고, '得多'나 '多了'를 쓰면 '훨씬', '한참'의 뜻으로 차이가 큼을 나타냅니다.

大山比大卫矮一点儿。 따샨은 데이비드보다 조금 작아요.
Dàshān bǐ Dàwèi ǎi yìdiǎnr.

我今天起得比昨天晚一些。 나는 오늘 어제보다 약간 늦게 일어났어요.
Wǒ jīntiān qǐ de bǐ zuótiān wǎn yìxiē.

今天的作业比昨天多得多。 오늘 숙제는 어제보다 훨씬 많아요.
Jīntiān de zuòyè bǐ zuótiān duō de duō.

数学比历史难多了。 수학이 역사보다 훨씬 어려워요.
Shùxué bǐ lìshǐ nánduō le.

연습해보기

자신의 상황에 맞게 아래 문장을 완성해 보세요.
(1) 小美今年24岁。我比她大(/小)_____。
(2) 我朋友个子1.74米。他比我高(/矮)_____。

★ '没有' 비교문

'A+没有+B+(这么/那么)+형용사'는 'A는 B만큼 ~하지 못하다'라는 뜻으로, '比 비교문'의 부정 형식입니다. 이때 형용사 앞에는 '这么'나 '那么'를 쓸 수 있는데, B가 화자 본인이거나 화자에게 가까운 무엇인 경우 '这么'를 쓰고, 그렇지 않을 경우는 '那么'를 씁니다. '这么'나 '那么'는 생략할 수 있습니다.

咖啡没有茶好喝。 커피는 차만큼 맛있지 않아요.
Kāfēi méiyǒu chá hǎohē.

他没有我这么高。 그는 나만큼 키가 크지 않아요.
Tā méiyǒu wǒ zhème gāo.

这个电影没有那个电影那么有意思。 이 영화는 그 영화만큼 그렇게 재미있지는 않아요.
Zhège diànyǐng méiyǒu nàge diànyǐng nàme yǒu yìsi.

연습해보기

빈칸을 채워 문장을 완성해 보세요.

(1) 我做的饭没有_____。

(2) 骑自行车上班没有_____。

(3) 他住得没有我_____。

★ 어림수 (1)

'一二/两', '两三', '八九'와 같이 연속된 두 개의 숫자를 연이어 써서 대략의 숫자를 표현할 수 있습니다.

我每天学习一两个小时汉语。 저는 매일 한두 시간 중국어 공부를 합니다.
Wǒ měi tiān xuéxí yì-liǎng ge xiǎoshí Hànyǔ.

你都喝了三四杯咖啡了，别再喝了！ 당신 벌써 커피를 세네 잔 마셨어요. 그만 마셔요!
Nǐ dōu hēle sān-sì bēi kāfēi le, bié zài hē le!

从小丽家到公司骑车七八分钟就能到。
Cóng Xiǎolì jiā dào gōngsī qí chē qī-bā fēnzhōng jiù néng dào.
샤오리네 집에서 회사까지 자전거를 타면 칠팔 분이면 도착할 수 있어요.

学校里边比学校外边方便，附近有三四个车站。
Xuéxiào lǐbian bǐ xuéxiào wàibian fāngbiàn, fùjìn yǒu sān-sì ge chēzhàn.
학교 안이 학교 바깥보다 편리해요. 근처에 세네 개의 정류장이 있어요.

연습해보기

빈칸을 채워 문장을 완성해 보세요.

(1) 这辆自行车_____块钱。

(2) 今天的作业我_____能做完。

(3) 我有_____条黑色的裤子。

실력다지기

1. 두 단어가 한 단어가 되도록 주어진 뜻에 맞게 알맞은 한자를 골라 써 보세요.

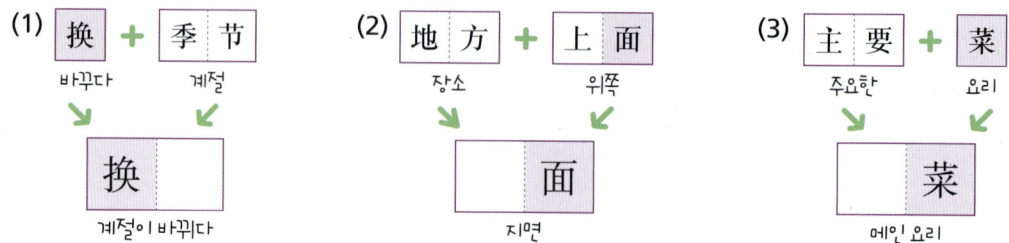

2. 아래의 보기에서 알맞은 단어를 골라 빈칸에 써 보세요.

(1) 我_____比他高一点儿。
　　Wǒ　　　bǐ tā gāo yìdiǎnr.

(2) 我最喜欢_____课，多有意思啊。
　　Wǒ zuì xǐhuan　　　kè, duō yǒu yìsi a.

(3) 这条裤子太_____了，再买一条吧。
　　Zhè tiáo kùzi tài　　　le, zài mǎi yì tiáo ba.

(4) A 我觉得你的比我的好。
　　　Wǒ juéde nǐ de bǐ wǒ de hǎo.

　　B 你想要这个吗？没问题，我跟你_____。
　　　Nǐ xiǎng yào zhège ma? Méi wèntí, wǒ gēn nǐ

(5) A 你哪天比较_____，我们见面聊聊天儿？
　　　Nǐ nǎ tiān bǐjiào　　　wǒmen jiàn miàn liáoliao tiānr?

　　B 周末吧，来我家吃饭。
　　　Zhōumò ba, lái wǒ jiā chī fàn.

(6) A 请问，这儿_____有超市吗？
　　　Qǐngwèn, zhèr　　　yǒu chāoshì ma?

　　B 有，一直往前走就是。
　　　Yǒu, yìzhí wǎng qián zǒu jiù shì.

3. 다음 사진을 보고 학습한 단어를 이용하여 문장을 완성해 보세요.

(1)

A 你和妈妈谁起得早？
Nǐ hé māma shéi qǐ de zǎo?

B _____。

(2) A 今天我们班来了多少学生？
Jīntiān wǒmen bān láile duōshao xuésheng?

B 今天来了_____个学生。
Jīntiān láile   ge xuésheng.

(3)

A 你们今天怎么玩儿了这么长时间？
Nǐmen jīntiān zěnme wánrle zhème cháng shíjiān?

B 昨天玩儿了三个小时，今天没有_____。
Zuótiān wánrle sān ge xiǎoshí, jīntiān méiyǒu

(4) A 这条裤子太贵了，
Zhè tiáo kùzi tài guì le,
要_____块钱。
yào   kuài qián.

B 那条呢？没有_____。
Nà tiáo ne? Méiyǒu

4. 3~4명이 한 팀이 되어 보기의 구문을 이용하여 비교문을 연습해 보세요. 먼저 한 팀원이 자신의 상황을 말하면 나머지 팀원들이 자신의 상황을 이야기해 보세요.

> 보기
>
> 学习的时间
> xuéxí de shíjiān
>
> 看过的电影
> kànguo de diànyǐng
>
> 旅游去过的地方
> lǚyóu qùguo de dìfang
>
> 游泳游得远
> yóu yǒng yóu de yuǎn
>
> 作业写得快
> zuòyè xiě de kuài

예시

A 我每天听歌听半个小时。
　 Wǒ měi tiān tīng gē tīng bàn ge xiǎoshí.

B 我听歌的时间比A长得多，我听三个小时。
　 Wǒ tīng gē de shíjiān bǐ A cháng de duō, wǒ tīng sān ge xiǎoshí.

C 我听歌的时间没有B那么长。
　 Wǒ tīng gē de shíjiān méiyǒu B nàme cháng.

D 我听歌的时间比B长一点儿，我听三个半小时。
　 Wǒ tīng gē de shíjiān bǐ B cháng yìdiǎnr, wǒ tīng sān ge bàn xiǎoshí.

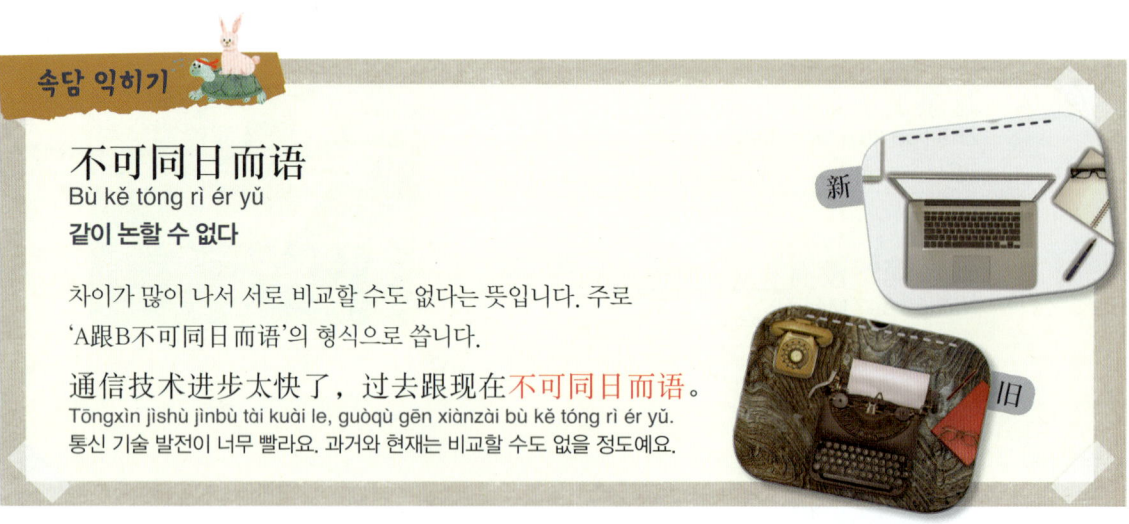

속담 익히기

不可同日而语
Bù kě tóng rì ér yǔ
같이 논할 수 없다

차이가 많이 나서 서로 비교할 수도 없다는 뜻입니다. 주로 'A跟B不可同日而语'의 형식으로 씁니다.

通信技术进步太快了，过去跟现在不可同日而语。
Tōngxìn jìshù jìnbù tài kuài le, guòqù gēn xiànzài bù kě tóng rì ér yǔ.
통신 기술 발전이 너무 빨라요. 과거와 현재는 비교할 수도 없을 정도예요.

别忘了把空调关了。
Bié wàngle bǎ kōngtiáo guān le.

에어컨 끄는 것을 잊지 마세요.

미리 보기

1 사진을 보며 단어를 익혀 보세요.

A
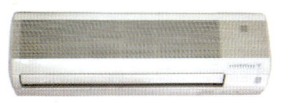
空调
kōngtiáo

B

瓶子
píngzi

C

地铁
dìtiě

2 보기의 단어 중 사진과 관계있는 것을 골라 써 보세요.

| 보기 | 本 | 条 | 辆 |

① _____ ② _____ ③ _____

대화하기

1 전등 끄기 🔊 11-01

小明　我先走了。
　　　Wǒ xiān zǒu le.

同学　你去哪儿?
　　　Nǐ qù nǎr?

小明　我去图书馆借本书。
　　　Wǒ qù túshūguǎn jiè běn shū.

同学　帮我把这本词典还了吧。
　　　Bāng wǒ bǎ zhè běn cídiǎn huán le ba.

小明　好，等一会儿你离开教室的时候，记得把灯关了。
　　　Hǎo, děng yíhuìr nǐ lí kāi jiàoshì de shíhou, jìde bǎ dēng guān le.

同学　好的，放心吧。
　　　Hǎo de, fàng xīn ba.

图书馆 túshūguǎn 명 도서관 | 借 jiè 동 빌리다 | 把 bǎ 개 ~를 [처리 대상을 나타냄] | 词典 cídiǎn 명 사전 | 还 huán 동 돌려주다 | 灯 dēng 명 전등 | 关 guān 동 닫다, 끄다

서로 묻고 답하기

본문 내용을 토대로 답해 보세요.

1. 小明要帮同学做什么?
   Xiǎomíng yào bāng tóngxué zuò shénme?

2. 小明告诉同学做什么?
   Xiǎomíng gàosu tóngxué zuò shénme?

2 회의가 끝나고 🔊 11-02

周明 会议结束后，别忘记把空调关了。
Huìyì jiéshù hòu, bié wàngjì bǎ kōngtiáo guān le.

小丽 好的。王经理两点左右来了个电话。
Hǎo de. Wáng jīnglǐ liǎng diǎn zuǒyòu láile ge diànhuà.

周明 他已经到北京了？
Tā yǐjīng dào Běijīng le?

小丽 是的，他正坐地铁来我们公司呢。
Shì de, tā zhèng zuò dìtiě lái wǒmen gōngsī ne.

周明 等他到了就告诉我。
Děng tā dàole jiù gàosu wǒ.

会议 huìyì 명 회의 | **结束** jiéshù 동 끝나다 | **忘记** wàngjì 동 잊다 | **空调** kōngtiáo 명 에어컨 | ***左右** zuǒyòu 명 가량, 안팎 | **地铁** dìtiě 명 지하철

서로 묻고 답하기

본문 내용을 토대로 답해 보세요.

1. 王经理现在在哪儿?
   Wáng jīnglǐ xiànzài zài nǎr?

2. 周明让小丽等王经理到了就做什么?
   Zhōu Míng ràng Xiǎolì děng Wáng jīnglǐ dàole jiù zuò shénme?

3 아빠의 생신   ◎ 11-03

妈妈　还差一双筷子，你去拿一下。
　　　Hái chà yì shuāng kuàizi, nǐ qù ná yíxià.

儿子　今天怎么做了这么多菜？
　　　Jīntiān zěnme zuòle zhème duō cài?

妈妈　今天是你爸爸的生日。
　　　Jīntiān shì nǐ bàba de shēngrì.

儿子　真的啊？我把爸爸的生日忘了。
　　　Zhēn de a? Wǒ bǎ bàba de shēngrì wàng le.
　　　那我们今天喝点儿啤酒吧。
　　　Nà wǒmen jīntiān hē diǎnr píjiǔ ba.

妈妈　医生说你爸爸一口酒都不能喝，别让他看见酒瓶子。
　　　Yīshēng shuō nǐ bàba yì kǒu jiǔ dōu bù néng hē, bié ràng tā kànjiàn jiǔ píngzi.

双 shuāng 양 벌, 짝, 켤레 [쌍을 이루는 물건을 세는 단위] | 筷子 kuàizi 명 젓가락 | 啤酒 píjiǔ 명 맥주 | 口 kǒu 양 모금 명 입 | 瓶子 píngzi 명 병

서로 묻고 답하기

본문 내용을 토대로 답해 보세요.

1 妈妈今天为什么做了那么多的菜？
　 Māma jīntiān wèi shénme zuòle nàme duō de cài?

2 爸爸能喝酒吗？为什么？
　 Bàba néng hē jiǔ ma? Wèi shénme?

만능 컴퓨터 🔊 11-04

这个笔记本电脑我去年买的时候要五千块左右，现在便宜
Zhège bǐjìběn diànnǎo wǒ qùnián mǎi de shíhou yào wǔqiān kuài zuǒyòu, xiànzài piányi
多了。我想把这个电脑卖了，再买一个更好的。现在我每
duō le. Wǒ xiǎng bǎ zhège diànnǎo mài le, zài mǎi yí ge gèng hǎo de. Xiànzài wǒ měi
天起床后的第一件事就是打开电脑，看电子邮件。我已经
tiān qǐ chuáng hòu de dì-yī jiàn shì jiù shì dǎ kāi diànnǎo, kàn diànzǐ yóujiàn. Wǒ yǐjīng
很少写信，也很少用笔写字，
hěn shǎo xiě xìn, yě hěn shǎo yòng bǐ xiě zì,
已经习惯用电脑来学习和工作了。
yǐjīng xíguàn yòng diànnǎo lái xuéxí hé gōngzuò le.
哪一天突然没有了电脑，
Nǎ yì tiān tūrán méiyǒule diànnǎo,
我们怎么办呢？
wǒmen zěnme bàn ne?

笔记本电脑 bǐjìběn diànnǎo 명 노트북 컴퓨터 | 电子邮件 diànzǐ yóujiàn 명 이메일 | 习惯 xíguàn 동 습관이 되다
명 습관

서로 묻고 답하기

본문 내용을 토대로 답해 보세요.

1. "我"现在想做什么？
   "Wǒ" xiànzài xiǎng zuò shénme?

2. "我"现在每天用电脑做什么？
   "Wǒ" xiànzài měi tiān yòng diànnǎo zuò shénme?

포인트 짚어보기

★ '把'자문 (1)

'把'자문은 특정한 대상을 어떻게 처리하는지를 강조하는 문장 형식으로, 명령하거나 부탁할 경우에 많이 사용됩니다. '주어(A)+把+대상(B)+동사+기타 성분'의 형식으로 쓰여 'A가 B를 ~하다'라는 뜻입니다. 이때 대상 B는 반드시 화자와 청자가 모두 알고 있는 특정한 사물이나 사람이어야 합니다.

请你把衣服洗了。 당신이 옷을 세탁해 주세요.
Qǐng nǐ bǎ yīfu xǐ le.

帮我把这本词典还了。 저 대신 이 사전을 반납해 주세요.
Bāng wǒ bǎ zhè běn cídiǎn huán le.

你把灯关了吧。 당신이 전등을 꺼 주세요.
Nǐ bǎ dēng guān le ba.

我把爸爸的生日忘了。 나는 아빠의 생신을 잊어버렸어요.
Wǒ bǎ bàba de shēngrì wàng le.

부정부사나 조동사는 '把'의 앞에 씁니다.

你没把书给我。 당신은 책을 나에게 주지 않았어요.
Nǐ méi bǎ shū gěi wǒ.

你别把手机忘了。 휴대전화를 잊지 마세요.
Nǐ bié bǎ shǒujī wàng le.

你可以把空调关了吗? 당신이 에어컨을 꺼 줄 수 있나요?
Nǐ kěyǐ bǎ kōngtiáo guān le ma?

我不能把电脑给你。 나는 컴퓨터를 너에게 줄 수 없어.
Wǒ bù néng bǎ diànnǎo gěi nǐ.

연습해 보기

괄호 안의 단어를 사용하여 '把'자문을 완성해 보세요.

(1) 房间里有点儿冷，你可以_____? （关门）

(2) 你发烧还没好，快_____。（吃药）

(3) 吃饭以前别忘了_____。（洗手）

어림수 (2)

'左右'는 '가량', '안팎'이라는 뜻으로, 수량사 뒤에 써서 대략의 숫자를 나타냅니다.

周末我十点左右起床。 주말에 나는 10시 정도에 일어납니다.
Zhōumò wǒ shí diǎn zuǒyòu qǐ chuáng.

我们公司有五百人左右。 우리 회사는 약 500명 안팎의 사람이 있습니다.
Wǒmen gōngsī yǒu wǔbǎi rén zuǒyòu.

王经理两点左右来了个电话。 왕 사장님으로부터 두 시 즈음에 전화가 왔습니다.
Wáng jīnglǐ liǎng diǎn zuǒyòu láile ge diànhuà.

这个笔记本电脑我去年买的时候要五千块左右。
Zhège bǐjìběn diànnǎo wǒ qùnián mǎi de shíhou yào wǔqiān kuài zuǒyòu.
이 노트북은 내가 작년에 샀을 때 5000위안 정도였습니다.

연습해보기

빈칸을 채워 대화문을 완성해 보세요.

(1) A 你每天几点睡觉?
    B _____。

(2) A 你学了多长时间的汉语了?
    B _____。

(3) A 从你家到学校坐多长时间车?
    B _____。

실력다지기

1. 두 단어가 한 단어가 되도록 주어진 뜻에 맞게 알맞은 한자를 골라 써 보세요.

(1) 字 + 词典
글자 사전
→ 字 [ ]
자전

(2) 运动 + 会议
운동 회의
→ 运动 [ ]
운동회

(3) 开 + 会议
열다 회의
→ 开 [ ]
회의를 열다

2. 아래의 보기에서 알맞은 단어를 골라 빈칸에 써 보세요.

보기: 口　　空调　　结束　　还　　习惯　　双

(1) 拿两_____筷子就可以了，今天爸爸不回来吃晚饭。
　　Ná liǎng　　　kuàizi jiù kěyǐ le, jīntiān bàba bù huílai chī wǎnfàn.

(2) 这种咖啡特别好喝，你快来喝一_____吧。
　　Zhè zhǒng kāfēi tèbié hǎohē, nǐ kuài lái hē yì　　　ba.

(3) 你怎么没开_____? 太热了!
　　Nǐ zěnme méi kāi　　　Tài rè le!

(4) A 你可以帮我把书_____了吗?
　　　Nǐ kěyǐ bāng wǒ bǎ shū　　　le ma?

　　B 明天下午可以吗?
　　　Míngtiān xiàwǔ kěyǐ ma?

(5) A 音乐会_____以后，我们一起去饭馆吃饭吧。
　　　Yīnyuèhuì　　　yǐhòu, wǒmen yìqǐ qù fànguǎn chī fàn ba.

　　B 还是回家吃吧。
　　　Háishi huí jiā chī ba.

(6) A 你下课以后常常做什么?
　　　Nǐ xià kè yǐhòu chángcháng zuò shénme?

　　B 我下了汉语课_____去图书馆。
　　　Wǒ xiàle Hànyǔ kè　　　qù túshūguǎn.

3. 다음 사진을 보고 학습한 단어를 이용하여 문장을 완성해 보세요.

(1)

A 音乐会就要开始了，先生，请您_____。
　Yīnyuèhuì jiù yào kāishǐ le, xiānsheng, qǐng nín

B 好的，我马上关。
　Hǎo de, wǒ mǎshàng guān.
　请问还有多长时间开始？
　Qǐngwèn hái yǒu duō cháng shíjiān kāishǐ?

(2) A 你今天打算几点睡觉？
　　Nǐ jīntiān dǎsuàn jǐ diǎn shuì jiào?

　B 十点半_____。
　　Shí diǎn bàn

(3)

A 你是不是忘了_____？
　Nǐ shì bu shì wàngle

B 对不起，我以后一定不会忘。
　Duìbuqǐ, wǒ yǐhòu yídìng bú huì wàng.

(4) A 你可以帮我_____？
　　Nǐ kěyǐ bāng wǒ

　B 没问题，我帮你还他。
　　Méi wèntí, wǒ bāng nǐ huán tā.

4. 3~4명이 한 팀이 되어 보기의 단어를 이용해서 언제, 어디서, 무엇을 할지 '把'자문으로 하루의 계획을 말해 보세요.

보기

洗衣服	买牛奶	写作业
xǐ yīfu	mǎi niúnǎi	xiě zuòyè
做饭	借书	复习课文
zuò fàn	jiè shū	fùxí kèwén

No.	언제	어디서	할 일
예시	下了课 xiàle kè	去图书馆 qù túshūguǎn	把书还了 bǎ shū huán le
①			
②			
③			

속담 익히기

贵人多忘事
Guìrén duō wàng shì

귀인은 깜박하기 마련이다

귀인은 높은 자리에 있는 바쁜 사람들을 가리키는 말로, 이런 사람들은 신경 쓸 일이 많아 사소한 일들을 자주 잊어버리기 마련이라는 뜻입니다. 상대방이 어떤 일을 깜박 잊었을 때 그 사람을 이해한다는 뜻으로 쓰기도 하지만, 상대방을 비아냥거리는 의미로 쓰기도 합니다.

小刚，你真是贵人多忘事啊！我借给你的钱什么时候还给我？
Xiǎogāng, nǐ zhēnshi guìrén duō wàng shì a! Wǒ jiè gěi nǐ de qián shénme shíhou huán gěi wǒ?
샤오깡, 정말 대단한 귀인 나셨네! 내가 너에게 빌려준 돈 언제 갚을 거야?

12 把重要的东西放在我这儿吧。
Bǎ zhòngyào de dōngxi fàng zài wǒ zhèr ba.
중요한 물건은 저에게 맡겨 두세요.

미리 보기

1 사진을 보며 단어를 익혀 보세요.

A

行李箱
xínglixiāng

B
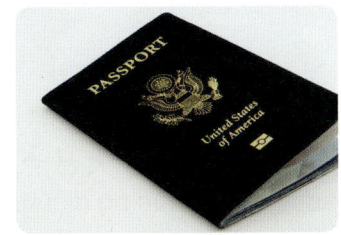

护照
hùzhào

C

画儿
huàr

2 보기의 물건들을 어디에 놓을 수 있을지 알맞은 장소에 써 보세요.

| [보기] | 铅笔 | 衣服 | 照片 |

①

②

③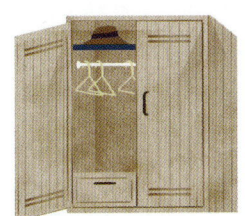

_____   _____   _____

대화하기

1 지각은 금물 🔊 12-01

小丽　今天太阳从西边出来了吗?
　　　Jīntiān tàiyáng cóng xībian chūlai le ma?

小刚　怎么了?
　　　Zěnme le?

小丽　你怎么这么早就要睡觉了?
　　　Nǐ zěnme zhème zǎo jiù yào shuì jiào le?
　　　以前都要12点以后才睡觉。
　　　Yǐqián dōu yào shí'èr diǎn yǐhòu cái shuì jiào.

小刚　我明天8点就要到公司。
　　　Wǒ míngtiān bā diǎn jiù yào dào gōngsī.

小丽　有事吗?
　　　Yǒu shì ma?

小刚　经理生气了，他告诉我，明天8点不到，以后就别来了。
　　　Jīnglǐ shēng qì le, tā gàosu wǒ, míngtiān bā diǎn bú dào, yǐhòu jiù bié lái le.

太阳 tàiyáng 명 태양 | 西 xī 명 서쪽 | 生气 shēng qì 동 화를 내다

서로 묻고 답하기

본문 내용을 토대로 답해 보세요.

1. 小刚平时几点睡觉?
   Xiǎogāng píngshí jǐ diǎn shuì jiào?

2. 小刚明天几点要到公司?
   Xiǎogāng míngtiān jǐ diǎn yào dào gōngsī?

2 남편의 출장 🔊 12-02

小刚   我要跟周经理去外地办事，明天的飞机。
Wǒ yào gēn Zhōu jīnglǐ qù wàidì bàn shì, míngtiān de fēijī.

小丽   那我帮你把衣服放到行李箱里吧。什么时候回来？
Nà wǒ bāng nǐ bǎ yīfu fàngdào xínglixiāng li ba. Shénme shíhou huílai?

小刚   一个星期就回来。
Yí ge xīngqī jiù huílai.

小丽   啊？一个星期以后才回来？
Á? Yí ge xīngqī yǐhòu cái huílai?

小刚   你要自己照顾好自己，
Nǐ yào zìjǐ zhàogù hǎo zìjǐ,

我已经给你准备好吃的和喝的了。
wǒ yǐjīng gěi nǐ zhǔnbèi hǎo chī de hé hē de le.

小丽   好吧。我已经把我的照片
Hǎo ba. Wǒ yǐjīng bǎ wǒ de zhàopiàn

放在你的包里了。
fàng zài nǐ de bāo li le.

行李箱 xínglixiāng 명 여행 가방 | **自己** zìjǐ 대 혼자서, 스스로 | **包** bāo 명 가방

서로 묻고 답하기

본문 내용을 토대로 답해 보세요.

1. 小刚什么时候回来？
   Xiǎogāng shénme shíhou huílai?

2. 小刚给小丽准备了什么？
   Xiǎogāng gěi Xiǎolì zhǔnbèile shénme?

3 공항에서 🔊 12-03

周明 你怎么才来?
Nǐ zěnme cái lái?

小刚 对不起，周经理，来机场的路上我才发现忘带护照了。
Duìbuqǐ, Zhōu jīnglǐ, lái jīchǎng de lùshang wǒ cái fāxiàn wàng dài hùzhào le.

周明 快点吧，飞机就要起飞了。
Kuài diǎn ba, fēijī jiù yào qǐfēi le.

小刚 您有钱吗? 司机把我送到机场的时候，
Nín yǒu qián ma? Sījī bǎ wǒ sòngdào jīchǎng de shíhou,
我才发现忘记带钱包了。
wǒ cái fāxiàn wàngjì dài qiánbāo le.

周明 我看你还是把重要的东西
Wǒ kàn nǐ háishi bǎ zhòngyào de dōngxi
放在我这儿吧。
fàng zài wǒ zhèr ba.

发现 fāxiàn 동 발견하다 | 护照 hùzhào 명 여권 | 起飞 qǐfēi 동 (비행기가) 이륙하다 | 司机 sījī 명 운전기사

서로 묻고 답하기

본문 내용을 토대로 답해 보세요.

1 小刚今天忘带什么了?
Xiǎogāng jīntiān wàng dài shénme le?

2 周明让小刚做什么?
Zhōu Míng ràng Xiǎogāng zuò shénme?

단문 읽기

습관도 학습 🔊 12-04

我是一个中学老师，教学生画画儿。每次下课前，我都会
Wǒ shì yí ge zhōngxué lǎoshī, jiāo xuésheng huà huàr. Měi cì xià kè qián, wǒ dōu huì
把下次学生需要带的东西写在黑板上，但是每次上课时，
bǎ xià cì xuésheng xūyào dài de dōngxi xiě zài hēibǎn shang, dànshì měi cì shàng kè shí,
总会有学生忘了拿铅笔，所以我有点儿生气，不是因为
zǒng huì yǒu xuésheng wàngle ná qiānbǐ, suǒyǐ wǒ yǒudiǎnr shēng qì, bú shì yīnwèi
他们没带铅笔，是因为他们没有好的学习习惯。
tāmen méi dài qiānbǐ, shì yīnwèi tāmen méiyǒu hǎo de xuéxí xíguàn.

教 jiāo 동 가르치다 | 画 huà 동 그리다 명 그림 | 需要 xūyào 동 필요하다 | 黑板 hēibǎn 명 칠판

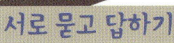

본문 내용을 토대로 답해 보세요.

① 每次下课以前，老师会做什么？
   Měi cì xià kè yǐqián, lǎoshī huì zuò shénme?

② 老师为什么有点儿生气？
   Lǎoshī wèi shénme yǒudiǎnr shēng qì?

포인트 짚어보기

★ '就'와 '才'

부사 '就'는 동사 앞에 쓰여 동작이 발생한 시간이 이르고, 진행이 빠르며 순조롭다는 뜻을 나타냅니다.

我早上五点就起床了。　나는 아침 5시면 벌써 일어나요.
Wǒ zǎoshang wǔ diǎn jiù qǐ chuáng le.

坐飞机一个小时就到了。　비행기를 타고 한 시간이면 바로 도착합니다.
Zuò fēijī yí ge xiǎoshí jiù dào le.

我很容易就找到了他的家。　나는 아주 쉽게 바로 그의 집을 찾았어요.
Wǒ hěn róngyì jiù zhǎodào le tā de jiā.

부사 '才'는 동사 앞에 쓰여 동작의 발생이 늦고, 진행이 더디고, 순조롭지 못함을 나타냅니다.

八点上课，他九点才起床。　8시에 수업이 시작하는데, 그는 9시에 비로소 일어났어요.
Bā diǎn shàng kè, tā jiǔ diǎn cái qǐ chuáng.

坐火车八个小时才能到。　기차를 타고 여덟 시간이 지나야 겨우 도착할 수 있어요.
Zuò huǒchē bā ge xiǎoshí cái néng dào.

弟弟三个小时才做完作业。　남동생은 세 시간 만에야 가까스로 숙제를 끝냈어요.
Dìdi sān ge xiǎoshí cái zuòwán zuòyè.

연습해보기

빈칸을 채워 대화문을 완성해 보세요.

(1) A 你昨天几点回的家?
    B _____。

(2) A 昨天的作业你多长时间写完的?
    B _____。

(3) A 你昨天睡了几个小时?
    B _____。

★ '把'자문 (2)

특정한 사람이나 사물이 어떠한 동작의 결과로 어떤 장소에 존재하거나 도달했을 때 '把'자문을 사용하여 나타낼 수 있습니다. '주어+把+대상+동사+在/到+장소'의 형식으로 씁니다.

我把照片放在你包里了。 나는 사진을 당신의 가방 안에 넣었어요.
Wǒ bǎ zhàopiàn fàng zài nǐ bāo li le.

老师把作业放在桌子上了。 선생님은 숙제를 탁자 위에 두셨어요.
Lǎoshī bǎ zuòyè fàng zài zhuōzi shang le.

我没把裤子放到椅子上。 나는 바지를 의자 위에 두지 않았어요.
Wǒ méi bǎ kùzi fàngdào yǐzi shang.

어떠한 동작의 결과로 특정한 사물이 어떤 사람에게 전달되었음을 나타낼 때는 '주어+把+대상+동사+给+받은 사람'의 형식으로 씁니다.

我把鲜花送给老师了。 나는 생화를 선생님께 선물했어요.
Wǒ bǎ xiānhuā sòng gěi lǎoshī le.

我朋友把书借给我了。 내 친구는 책을 나에게 빌려 주었어요.
Wǒ péngyou bǎ shū jiè gěi wǒ le.

弟弟没把钱还给哥哥。 남동생은 돈을 형에게 갚지 않았어요.
Dìdi méi bǎ qián huán gěi gēge.

연습해보기

주어진 단어를 바르게 나열하여 문장을 완성해 보세요.

(1) 我　把书　在书包里了　放　→ _____。

(2) 把我　送　司机　到家了　→ _____。

(3) 给王太太　想　把这些吃的　送　我
　　→ _____。

1. 두 단어가 한 단어가 되도록 주어진 뜻에 맞게 알맞은 한자를 골라 써 보세요.

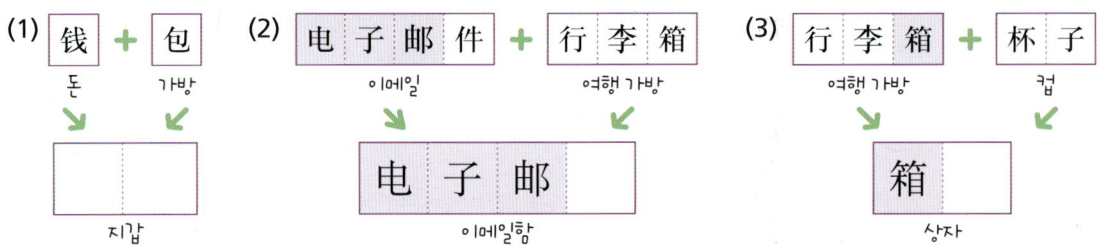

2. 아래의 보기에서 알맞은 단어를 골라 빈칸에 써 보세요.

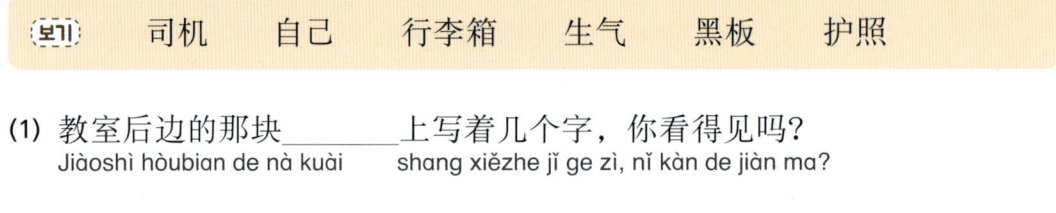

(1) 教室后边的那块_____上写着几个字，你看得见吗?
　　Jiàoshì hòubian de nà kuài　　shang xiězhe jǐ ge zì, nǐ kàn de jiàn ma?

(2) 你看，就是那位_____找到了我的手机。
　　Nǐ kàn, jiù shì nà wèi　　zhǎodào le wǒ de shǒujī.

(3) 桌子上有一本_____，是谁的?
　　Zhuōzi shang yǒu yì běn　　shì shéi de?

(4) A 你怎么了?
　　　Nǐ zěnme le?

　　B 今天我又迟到了，老师都_____了。
　　　Jīntiān wǒ yòu chídào le, lǎoshī dōu　　le.

(5) A 我的衣服太多了!
　　　Wǒ de yīfu tài duō le!

　　B 你把衣服放在我的_____里吧，我的箱子大。
　　　Nǐ bǎ yīfu fàng zài wǒ de　　li ba, wǒ de xiāngzi dà.

(6) A 我出国一个星期，你怎么办?
　　　Wǒ chū guó yí ge xīngqī, nǐ zěnme bàn?

　　B 不用担心，我可以照顾好_____。
　　　Búyòng dān xīn, wǒ kěyǐ zhàogù hǎo

出国 chū guó 동 출국하다

3. 다음 사진을 보고 학습한 단어를 이용하여 문장을 완성해 보세요.

(1)

A 你怎么不上飞机？
Nǐ zěnme bú shàng fēijī?

B 我_____发现忘了带护照了。
Wǒ　　　　　fāxiàn wàngle dài hùzhào le.

(2) A 你的车呢？
Nǐ de chē ne?

B 我把_____。
Wǒ bǎ

(3)

A 你带我们去游泳吧。
Nǐ dài wǒmen qù yóu yǒng ba.

B 好，我一会儿就把_____游泳馆。
Hǎo, wǒ yíhuìr jiù bǎ　　　　　yóuyǒngguǎn.

(4) A 起床吧，已经8点了。
Qǐ chuáng ba, yǐjīng bā diǎn le.

B 再让我睡会儿吧，
Zài ràng wǒ shuì huìr ba,
昨晚_____。
zuó wǎn

4. 3~4명이 한 팀이 되어 자신과 습관이 비슷한 사람을 적고 '把'자문을 이용하여 보기 에 있는 물건들을 평소에 어디에 두는지 이야기해 보세요.

보기

| 钱包 qiánbāo | 护照 hùzhào | 汉语书 Hànyǔ shū | 衣服 yīfu | 裤子 kùzi | 衬衫 chènshān |
| 照片 zhàopiàn | 足球 zúqiú | 书包 shūbāo | | | |

No.	물건	습관이 비슷한 사람	보관 장소
예시	电脑 diànnǎo	小刚 Xiǎogāng	我们都把电脑放在桌子上。 Wǒmen dōu bǎ diànnǎo fàng zài zhuōzi shang.
①			
②			
③			
④			

속담 익히기

习惯成自然
Xíguàn chéng zìrán

익숙해지면 당연한 것이 된다

어떤 행동이 익숙해지면 어느새 당연한 것이 되고 바꾸기 어렵다는 뜻입니다. 따라서 애초에 습관을 잘 들여야 하며 나쁜 일에 익숙해지면 잘못을 알기도 어렵고 고치기도 어려워진다는 교훈을 담고 있습니다.

每天早饭后我都要喝一杯咖啡，已经习惯成自然了。
Měi tiān zǎofàn hòu wǒ dōu yào hē yì bēi kāfēi, yǐjīng xíguàn chéng zìrán le.
매일 아침 밥 먹고 나는 늘 커피를 한 잔 마셔. 벌써 익숙해져서 당연한 게 됐지.

我是走回来的。
Wǒ shì zǒu huílai de.
저는 걸어 돌아왔어요.

미리 보기

1 사진을 보며 단어를 익혀 보세요.

A	B	C

上去 shàngqu	下来 xiàlai	过来 guòlai

2 동시에 할 수 있는 두 가지 동작을 아래 표에 써 보세요.

No.	동작 1	동작 2
예시	看报纸 kàn bàozhǐ	喝茶 hē chá
①	做作业 zuò zuòyè	
②	运动 yùndòng	
③	看电视 kàn diànshì	

대화하기

1 출장 선물 ● 13-01

小丽 **你终于回来了！从哪儿买回来这么多东西啊？**
Nǐ zhōngyú huílai le! Cóng nǎr mǎi huílai zhème duō dōngxi a?

小刚 **都是从那边的商店买回来的。**
Dōu shì cóng nàbian de shāngdiàn mǎi huílai de.

小丽 **怎么还买红酒回来了？谁喝啊？**
Zěnme hái mǎi hóngjiǔ huílai le? Shéi hē a?

小刚 **这是给爷爷的礼物，明天我们一起送过去，**
Zhè shì gěi yéye de lǐwù, míngtiān wǒmen yìqǐ sòng guòqu,

看看爷爷奶奶。
kànkan yéye nǎinai.

小丽 **那我的礼物呢？快拿出来让我看看。**
Nà wǒ de lǐwù ne? Kuài ná chūlai ràng wǒ kànkan.

小刚 **我不是已经回来了吗？**
Wǒ bú shì yǐjīng huílai le ma?

终于 zhōngyú 부 결국, 마침내 | 爷爷 yéye 명 할아버지 | 礼物 lǐwù 명 선물 | 奶奶 nǎinai 명 할머니

서로 묻고 답하기

본문 내용을 토대로 답해 보세요.

1 小刚买了什么礼物回来？
Xiǎogāng mǎile shénme lǐwù huílai?

2 小刚从哪儿买回来东西？
Xiǎogāng cóng nǎr mǎi huílai dōngxi?

2 동창과의 만남 🔊 13-02

小丽　我今天看见你和一个女的进了咖啡店，她是谁啊？
　　　Wǒ jīntiān kànjiàn nǐ hé yí ge nǚ de jìnle kāfēidiàn, tā shì shéi a?

小刚　她是我今天在路上遇到的一个老同学。
　　　Tā shì wǒ jīntiān zài lùshang yùdào de yí ge lǎo tóngxué.

小丽　你们就一起去喝咖啡了？
　　　Nǐmen jiù yìqǐ qù hē kāfēi le?

小刚　是啊，一边喝咖啡一边说了些过去的事。
　　　Shì a, yìbiān hē kāfēi yìbiān shuōle xiē guòqù de shì.

小丽　你回来得这么晚，
　　　Nǐ huílai de zhème wǎn,

　　　是说了很多过去的事吗？
　　　shì shuōle hěn duō guòqù de shì ma?

小刚　不是。没有公共汽车了，
　　　Bú shì. Méiyǒu gōnggòng qìchē le,

　　　我是走回来的。
　　　wǒ shì zǒu huílai de.

遇到 yùdào 동 만나다, 마주치다 ｜ 一边 yìbiān 부 한편으로 ｜ 过去 guòqù 명 과거

서로 묻고 답하기

본문 내용을 토대로 답해 보세요.

1. 小刚今天做什么了？
   Xiǎogāng jīntiān zuò shénme le?

2. 小刚为什么很晚才回家？
   Xiǎogāng wèi shénme hěn wǎn cái huí jiā?

3 전화 통화 🔊 13-03

同事 小丽，周末你一般跟小刚出去看电影吗?
Xiǎolì, zhōumò nǐ yìbān gēn Xiǎogāng chūqu kàn diànyǐng ma?

小丽 我很少去电影院看电影，我更愿意在家看电视。
Wǒ hěn shǎo qù diànyǐngyuàn kàn diànyǐng, wǒ gèng yuànyì zài jiā kàn diànshì.

同事 看电视有什么意思啊?
Kàn diànshì yǒu shénme yìsi a?

小丽 可以一边吃一边看，坐久了还可以站起来休息一会儿。
Kěyǐ yìbiān chī yìbiān kàn, zuò jiǔ le hái kěyǐ zhàn qǐlai xiūxi yíhuìr.

同事 你应该多出去走走，这样你们的生活会更有意思。
Nǐ yīnggāi duō chūqu zǒuzou, zhèyàng nǐmen de shēnghuó huì gèng yǒu yìsi.

小丽 有他在，我的生活已经很有意思了。
Yǒu tā zài, wǒ de shēnghuó yǐjīng hěn yǒu yìsi le.

一般 yìbān 형 보통이다, 일반적이다 | 愿意 yuànyì 동 바라다 | 起来 qǐlai 동 일어나다 | 应该 yīnggāi 조동 ~해야 한다 | *生活 shēnghuó 명 생활

서로 묻고 답하기

본문 내용을 토대로 답해 보세요.

1 小丽更喜欢看电视还是看电影? 为什么?
Xiǎolì gèng xǐhuan kàn diànshì háishi kàn diànyǐng? Wèi shénme?

2 小丽觉得自己的生活怎么样?
Xiǎolì juéde zìjǐ de shēnghuó zěnmeyàng?

작은 소망 🔊 13-04

刚结婚的时候，我丈夫是中学老师，他喜欢每天早上起
Gāng jié hūn de shíhou, wǒ zhàngfu shì zhōngxué lǎoshī, tā xǐhuan měi tiān zǎoshang qǐ
床后，一边吃早饭一边看报纸。十年过去了，现在他已经
chuáng hòu, yìbiān chī zǎofàn yìbiān kàn bàozhǐ. Shí nián guòqu le, xiànzài tā yǐjīng
是校长了，因为太忙，每天早上我起床后都看不到他，
shì xiàozhǎng le, yīnwèi tài máng, měi tiān zǎoshang wǒ qǐ chuáng hòu dōu kàn bu dào tā,
晚上很晚他才回到家。我真怕他累坏了。希望他能少一些
wǎnshang hěn wǎn tā cái huídào jiā. Wǒ zhēn pà tā lèihuài le. Xīwàng tā néng shǎo yìxiē
会议，多一些休息，可以经常和我还有孩子在一起。
huìyì, duō yìxiē xiūxi, kěyǐ jīngcháng hé wǒ hái yǒu háizi zài yìqǐ.

校长 xiàozhǎng 명 교장 | 坏 huài 형 나쁘다 | 经常 jīngcháng 부 자주

서로 묻고 답하기

본문 내용을 토대로 답해 보세요.

1. 刚结婚的时候，丈夫喜欢做什么?
   Gāng jié hūn de shíhou, zhàngfu xǐhuan zuò shénme?

2. 现在丈夫的生活什么样?
   Xiànzài zhàngfu de shēnghuó shénme yàng?

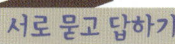 我是走回来的。

포인트 짚어보기

★ 복합 방향보어

복합 방향보어는 방향을 나타내는 동사 '上', '下', '进', '出', '回', '过', '起' 뒤에 '来'나 '去'가 붙은 형식을 말합니다. 복합 방향보어를 써서 동작의 진행 방향을 구체적으로 나타냅니다.

来 오다	上来 올라오다	下来 내려오다	进来 들어오다	出来 나오다	回来 돌아오다	过来 넘어오다	起来 일어나다
去 가다	上去 올라가다	下去 내려가다	进去 들어가다	出去 나가다	回去 돌아가다	过去 넘어가다	

小狗从房间跑出来。 강아지가 방에서 달려 나옵니다.
Xiǎogǒu cóng fángjiān pǎo chūlai.

我给你拿过去吧。 내가 너를 위해 들고 갈게.
Wǒ gěi nǐ ná guòqu ba.

목적어가 장소를 나타내는 명사일 때 목적어는 '来'나 '去'의 바로 앞에 오며, 목적어가 일반 사물 명사일 때 목적어는 '来'나 '去'의 앞뒤 모두에 올 수 있습니다.

老师走进教室来。 선생님께서 교실 안으로 들어오십니다.
Lǎoshī zǒu jìn jiàoshì lai.

周太太走进咖啡店去。 저우 부인이 커피숍으로 들어가십니다.
Zhōu tàitai zǒu jìn kāfēidiàn qu.

哥哥买回一个西瓜来。[= 哥哥买回来一个西瓜。]
Gēge mǎi huí yí ge xīguā lai.　Gēge mǎi huílai yí ge xīguā.
형이 수박 하나를 사 옵니다.

爸爸从国外带回一些礼物来。[= 爸爸从国外带回来一些礼物。]
Bàba cóng guówài dài huí yìxiē lǐwù lai.　Bàba cóng guówài dài huílai yìxiē lǐwù.
아빠가 외국에서 선물을 가져오셨습니다.

国外 guówài 명 외국

 동작이 이미 완료되거나 실현된 경우, 목적어는 주로 '来'나 '去' 뒤에 옵니다.
哥哥买回来了一个西瓜。 형이 수박 하나를 사 왔습니다.
Gēge mǎi huílai le yí ge xīguā.

연습해 보기

괄호 안의 단어를 바르게 나열하여 문장을 완성해 보세요.

(1) 小刚＿＿＿＿＿＿＿＿＿＿＿＿＿。(买，回，来，几瓶饮料)

(2) 周明＿＿＿＿＿＿＿＿＿＿＿＿＿。(走，进，来，办公室)

⭐ 조동사 '应该'

조동사 '应该'는 동사 앞에 놓여 '~해야 한다'는 의무와 필요의 뜻을 나타냅니다. 부정 형식은 '不应该'를 쓰고, 의문 형식은 '应不应该'를 씁니다.

你**应该**多听听她的意见。 당신은 그녀의 의견을 더 들어야 합니다.
Nǐ yīnggāi duō tīngting tā de yìjiàn.

你**不应该**这么晚才睡觉。 당신 이렇게 늦게 자면 안 돼요.
Nǐ bù yīnggāi zhème wǎn cái shuì jiào.

我们**应不应该**多做一些菜？ 우리 요리를 더 만들어야 할까요?
Wǒmen yīng bu yīnggāi duō zuò yìxiē cài?

意见 yìjiàn 명 의견

연습해보기

'应该'를 알맞은 위치에 넣어 문장을 완성해 보세요.

(1) ＿＿(a)＿周末＿(b)＿我＿(c)＿复习＿(d)＿一个星期的课。

(2) ＿＿(a)＿在办公室＿(b)＿里，＿(c)＿不＿(d)＿抽烟。

⭐ 一边A一边B

'一边A一边B'의 형식을 써서 두 가지 동작이 동시에 진행됨을 나타냅니다. 이때 '一'를 생략하고 '边A边B'로도 쓸 수 있습니다.

妈妈**一边**唱歌**一边**做饭。 엄마는 노래를 부르면서 밥을 해요.
Māma yìbiān chàng gē yìbiān zuò fàn.

老师**边**说**边**笑。 선생님은 한편으로는 말하면서 한편으로는 웃어요.
Lǎoshī biān shuō biān xiào.

小丽和老同学**边**喝咖啡**边**聊天儿。 샤오리와 옛 친구는 커피를 마시면서 이야기를 해요.
Xiǎolì hé lǎo tóngxué biān hē kāfēi biān liáo tiānr.

연습해보기

빈칸을 채워 문장을 완성해 보세요.

(1) 我跟她去饭馆了，我们＿＿＿＿＿＿＿＿，很高兴。

(2) 我们＿＿＿＿＿＿＿边爬，一点儿也不累。

(3) 我一般边＿＿＿＿＿＿＿边＿＿＿＿＿＿＿。

실력다지기

1. 두 단어가 한 단어가 되도록 주어진 뜻에 맞게 알맞은 한자를 골라 써 보세요

(1)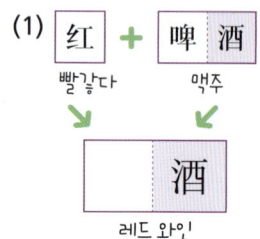

(2)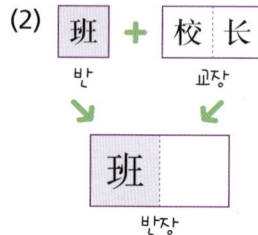

(3)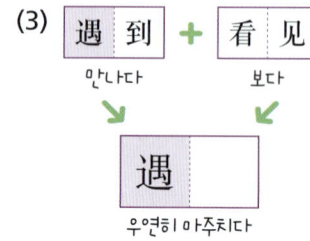

2. 아래의 보기에서 알맞은 단어를 골라 빈칸에 써 보세요.

| 보기 | 终于 应该 愿意 起来 遇到 校长 |

(1) 你_____早睡早起，别睡得那么晚。
　　 Nǐ　　　zǎo shuì zǎo qǐ, bié shuì de nàme wǎn.

(2) 我不_____去那个公司工作，太远，也太累。
　　 Wǒ bú　　　qù nàge gōngsī gōngzuò, tài yuǎn, yě tài lèi.

(3) _____考完试了，我们去哪儿玩儿玩儿？
　　　　　　 kǎowán shì le, wǒmen qù nǎr wánrwanr?

(4) A 前边那位老人是谁？
　　　 Qiánbian nà wèi lǎorén shì shéi?

　　 B 他是我们的_____。
　　　 Tā shì wǒmen de

(5) A 你怎么回来这么晚？
　　　 Nǐ zěnme huílai zhème wǎn?

　　 B 回家的路上_____张老师了，跟他聊了一会儿。
　　　 Huí jiā de lùshang　　　Zhāng lǎoshī le, gēn tā liáole yíhuìr.

(6) A 一会儿周经理走进来的时候，请大家站_____。
　　　 Yíhuìr Zhōu jīnglǐ zǒu jìnlai de shíhou, qǐng dàjiā zhàn

　　 B 好，我们知道了。
　　　 Hǎo, wǒmen zhīdào le.

老人 lǎorén 명 노인, 어르신

138

3. 다음 사진을 보고 학습한 단어를 이용하여 문장을 완성해 보세요.

(1)

A 你去商店_____点儿蛋糕和饮料_____吧。
Nǐ qù shāngdiàn　　　diǎnr dàngāo hé yǐnliào　　　ba.

B 好，我马上去买。
Hǎo, wǒ mǎshàng qù mǎi.

(2) A 累坏了吧？
Lèihuài le ba?

B 跟你一起边_____边_____，
Gēn nǐ yìqǐ biān　　　　biān
一点儿也不累。
yìdiǎnr yě bú lèi.

(3)

A 太累了，我们别跑了，走_____吧。
Tài lèi le, wǒmen bié pǎo le, zǒu　　　ba.

B 好，我们可以边_____边_____。
Hǎo, wǒmen kěyǐ biān　　　　biān

(4) A 这么多礼物，都是你丈夫_____的？
Zhème duō lǐwù, dōu shì nǐ zhàngfu　　　de?

B 对，他刚从国外回来。
Duì, tā gāng cóng guówài huílai.

4. 3~4명이 한 팀이 되어, 만약 해외 여행을 간다면 가족이나 친구들에게 어떤 선물을 사줄 것인지와 그 이유를 묻고 답해 보세요.

No.	누구에게	어떤 선물	이유
예시	妈妈 māma	红色的裙子 hóngsè de qúnzi	最喜欢红色 zuì xǐhuan hóngsè
①			
②			
③			
④			

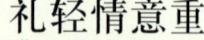

속담 익히기

礼轻情意重
Lǐ qīng qíngyì zhòng
선물은 가벼워도 정은 가볍지 않다

비록 선물은 별 것 아니지만 그 속에 담긴 정은 결코 가볍지 않다는 뜻입니다. 상대방에게 선물을 줄 때 진심을 더 크게 봐 달라는 인사말로 사용하는 표현입니다.

礼轻情意重嘛，不喜欢就还给我吧。
Lǐ qīng qíngyì zhòng ma, bù xǐhuan jiù huán gěi wǒ ba.
선물은 가벼워도 정은 가볍지 않아. 싫으면 돌려 줘.

14

你把水果拿过来。
Nǐ bǎ shuǐguǒ ná guòlai.
네가 과일을 가지고 와.

미리 보기

1 사진을 보며 단어를 익혀 보세요.

A

冰箱
bīngxiāng

B

香蕉
xiāngjiāo

C

菜单
càidān

2 아래 표에 제시된 시간대에 할 수 있는 일이 무엇이 있을지 써 보세요.

No.	시간	일 1	일 2	일 3
예시	起床以后 qǐ chuáng yǐhòu	刷牙 shuā yá	洗脸 xǐ liǎn	吃早饭 chī zǎofàn
①	睡觉以前 shuì jiào yǐqián			
②	吃饭以后 chī fàn yǐhòu			
③	考试以后 kǎoshì yǐhòu			

대화하기

1 손님 맞이 준비 🔊 14-01

周太太 客人就要来了，你怎么还不打扫房间啊？
Kèrén jiù yào lái le, nǐ zěnme hái bù dǎsǎo fángjiān a?

周 明 别着急，我让孩子们打扫呢，
Bié zháojí, wǒ ràng háizimen dǎsǎo ne,

客人来的时候，他们会把房间打扫干净。
kèrén lái de shíhou, tāmen huì bǎ fángjiān dǎsǎo gānjìng.

周太太 那你也不能看电视啊。
Nà nǐ yě bù néng kàn diànshì a.

周 明 你让我做什么？
Nǐ ràng wǒ zuò shénme?

周太太 先把茶和杯子放好，然后把冰箱里的西瓜拿出来。
Xiān bǎ chá hé bēizi fànghǎo, ránhòu bǎ bīngxiāng li de xīguā ná chūlai.

周 明 太热了，我还是先把空调打开吧。
Tài rè le, wǒ háishi xiān bǎ kōngtiáo dǎ kāi ba.

| 打扫 dǎsǎo 동 청소하다 | 干净 gānjìng 형 깨끗하다 | 然后 ránhòu 접 그런 다음 | 冰箱 bīngxiāng 명 냉장고 |

서로 묻고 답하기

본문 내용을 토대로 답해 보세요.

1. 周明在做什么？
Zhōu Míng zài zuò shénme?

2. 周太太想让他做什么？
Zhōu tàitai xiǎng ràng tā zuò shénme?

2 동료와의 전화 🔊 14-02

同事 你在忙什么呢？刚才打你的手机你也不接。
Nǐ zài máng shénme ne? Gāngcái dǎ nǐ de shǒujī nǐ yě bù jiē.

小刚 对不起，我刚洗了个澡，没听见。
Duìbuqǐ, wǒ gāng xǐle ge zǎo, méi tīngjiàn.
有什么事吗？
Yǒu shénme shì ma?

同事 我想问问你公司里的一些事情。
Wǒ xiǎng wènwen nǐ gōngsī li de yìxiē shìqing.

小刚 你先等一下，我去把电视关了。
Nǐ xiān děng yíxià, wǒ qù bǎ diànshì guān le.

同事 没关系，你先把电视节目看完吧，
Méi guānxi, nǐ xiān bǎ diànshì jiémù kànwán ba,
然后再给我回电话。
ránhòu zài gěi wǒ huí diànhuà.

洗澡 xǐ zǎo 동 목욕하다, 몸을 씻다 | 节目 jiémù 명 방송 프로그램

서로 묻고 답하기

본문 내용을 토대로 답해 보세요.

1. 小刚为什么没接电话？
   Xiǎogāng wèi shénme méi jiē diànhuà?

2. 同事为什么给小刚打电话？
   Tóngshì wèi shénme gěi Xiǎogāng dǎ diànhuà?

3 샤오밍의 집 🔊 14-03

同学 今晚的月亮真漂亮，像白色的盘子一样。
Jīn wǎn de yuèliang zhēn piàoliang, xiàng báisè de pánzi yíyàng.

小明 是啊，外边也不刮风，
Shì a, wàibian yě bù guā fēng,

我们坐在外边一边看月亮一边吃东西，怎么样？
wǒmen zuò zài wàibian yìbiān kàn yuèliang yìbiān chī dōngxi, zěnmeyàng?

同学 好啊，我先把桌椅搬出去，然后你把水果拿过来，
Hǎo a, wǒ xiān bǎ zhuōyǐ bān chūqu, ránhòu nǐ bǎ shuǐguǒ ná guòlai,

我们听叔叔阿姨讲讲他们年轻时候的故事。
wǒmen tīng shūshu āyí jiǎngjiang tāmen niánqīng shíhou de gùshi.

小明 太好了！记得给大山打个电话，让他马上过来。
Tài hǎo le! Jìde gěi Dàshān dǎ ge diànhuà, ràng tā mǎshàng guòlai.

同学 不用打了，你听外边的声音，一定是大山。
Búyòng dǎ le, nǐ tīng wàibian de shēngyīn, yídìng shì Dàshān.

月亮 yuèliang 명 달 | 像 xiàng 동 닮다 | 盘子 pánzi 명 접시, 쟁반 | 刮风 guā fēng 동 바람이 불다 | 叔叔 shūshu 명 아저씨, 삼촌 | 阿姨 āyí 명 아주머니, 이모 | 故事 gùshi 명 이야기 | 声音 shēngyīn 명 목소리, 소리

서로 묻고 답하기

본문 내용을 토대로 답해 보세요.

① 小明和同学打算做什么？
　Xiǎomíng hé tóngxué dǎsuàn zuò shénme?

② 他们为什么不用给大山打电话？
　Tāmen wèi shénme búyòng gěi Dàshān dǎ diànhuà?

단문 읽기

과일 밥   🔊 14-04

你吃过水果饭吗？ 你在饭馆的菜单上见过水果饭吗？
Nǐ chīguo shuǐguǒ fàn ma?　Nǐ zài fànguǎn de càidān shang jiànguo shuǐguǒ fàn ma?

你想学着做水果饭吗？其实做水果饭很简单，先把米饭做好，
Nǐ xiǎng xuézhe zuò shuǐguǒ fàn ma? Qíshí zuò shuǐguǒ fàn hěn jiǎndān, xiān bǎ mǐfàn zuòhǎo,

然后再把一块块新鲜的水果放进去， 水果饭就做好了。
ránhòu zài bǎ yí kuàikuài xīnxiān de shuǐguǒ fàng jìnqu,　shuǐguǒ fàn jiù zuòhǎo le.

你可以做苹果饭、香蕉饭，要是你愿意，还可以做西瓜饭。
Nǐ kěyǐ zuò píngguǒ fàn、　xiāngjiāo fàn,　yàoshi nǐ yuànyì, hái kěyǐ zuò xīguā fàn.

多吃新鲜水果对身体好。
Duō chī xīnxiān shuǐguǒ duì shēntǐ hǎo.

菜单 càidān 명 메뉴판 ｜ 简单 jiǎndān 형 간단하다 ｜ 香蕉 xiāngjiāo 명 바나나 ｜ *要是 yàoshi 접 만약 ~이라면

서로 묻고 답하기

본문 내용을 토대로 답해 보세요.

1 怎么做水果饭？
Zěnme zuò shuǐguǒ fàn?

2 为什么要多吃水果？
Wèi shénme yào duō chī shuǐguǒ?

포인트 짚어보기

★ '把'자문 (3)

'把'자문에서 특정한 사람이나 사물에 대해 발생한 결과를 강조할 때 동사 뒤에 결과보어를 사용합니다. '주어 +把+대상+동사+결과보어'의 형식이 됩니다.

我把衣服洗干净了。 나는 옷을 깨끗하게 빨았습니다.
Wǒ bǎ yīfu xǐ gānjìng le.

妈妈还没把饭做好呢。 엄마는 아직 밥을 다 하지 못하셨어요.
Māma hái méi bǎ fàn zuòhǎo ne.

'把'자문에서 대상의 이동 방향을 나타낼 때 동사 뒤에 방향보어를 사용합니다. '주어+把+대상+동사+방향보어'의 형식이 됩니다.

请同学们把铅笔拿出来。 학생 여러분 연필을 꺼내 주세요.
Qǐng tóngxuémen bǎ qiānbǐ ná chūlai.

你把水果拿过来。 과일을 꺼내서 가져 오세요.
Nǐ bǎ shuǐguǒ ná guòlai.

연습해보기

빈칸을 채워 대화문을 완성해 보세요.

(1) A 妈妈，让我再看一会儿这个节目吧。

　　B 好吧。你把这个节目＿＿＿＿就去写作业。

(2) A 房间里太热了。

　　B ＿＿＿＿＿＿＿＿＿＿＿＿＿＿＿＿＿。

(3) A 我的行李呢？

　　B 别着急，＿＿＿＿＿＿＿＿房间里去了。

★ 先……，再/又……，然后……

'先……, 再/又……, 然后……' 문형은 동작의 순서를 나타냅니다. 아직 발생하지 않은 동작일 때는 '再'를 쓰고, 이미 발생한 동작일 때는 '又'를 씁니다.

回家以后，我先做作业，然后吃饭。
Huí jiā yǐhòu, wǒ xiān zuò zuòyè, ránhòu chī fàn.
집에 돌아간 후에 먼저 숙제를 하고 그 다음에 밥을 먹습니다.

我先坐了一个小时公共汽车，又坐了一会儿地铁才到小刚家。
Wǒ xiān zuòle yí ge xiǎoshí gōnggòng qìchē, yòu zuòle yíhuìr dìtiě cái dào Xiǎogāng jiā.
먼저 한 시간 동안 버스를 타고 또 지하철을 잠시 타서야 샤오깡 집에 도착했습니다.

你先把电视节目看完吧，然后再给我回电话。
Nǐ xiān bǎ diànshì jiémù kànwán ba, ránhòu zài gěi wǒ huí diànhuà.
먼저 TV 프로그램을 다 보고서 나에게 다시 전화해요.

先把米饭做好，然后再把一块块新鲜的水果放进去。
Xiān bǎ mǐfàn zuòhǎo, ránhòu zài bǎ yí kuàikuài xīnxiān de shuǐguǒ fàng jìnqu.
먼저 밥을 다 한 후에 신선한 과일을 넣어주세요.

연습해보기

빈칸을 채워 대화문을 완성해 보세요.

(1) A 下课以后，你做什么？
   B _____。

(2) A 你妈妈来了，你打算带她去哪儿玩儿？
   B _____。

(3) A 考完试了，你有什么打算？
   B _____。

실력다지기

1. 두 단어가 한 단어가 되도록 주어진 뜻에 맞게 알맞은 한자를 골라 써 보세요.

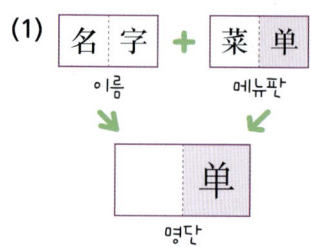
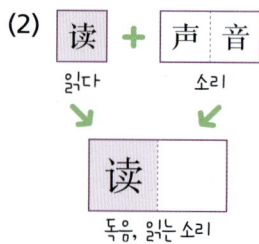
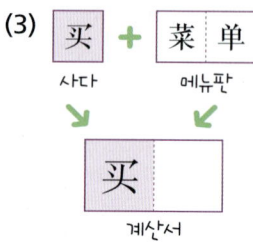

2. 아래의 보기에서 알맞은 단어를 골라 빈칸에 써 보세요.

> 보기   故事   菜单   香蕉   简单   声音   像

(1) 每天晚上，爸爸都要给女儿讲一个_____。
Měi tiān wǎnshang, bàba dōu yào gěi nǚ'ér jiǎng yí ge

(2) 我们买几斤_____吧，家里没有水果了。
Wǒmen mǎi jǐ jīn   ba, jiā li méiyǒu shuǐguǒ le.

(3) 服务员，请拿_____过来，我们点菜。
Fúwùyuán, qǐng ná   guòlai, wǒmen diǎn cài.

(4) A 听！是谁在外边说话？
Tīng! Shì shéi zài wàibian shuō huà?

B 没有_____啊。
Méiyǒu   a.

(5) A 你觉得洗衣服很_____，可我觉得很难。
Nǐ juéde xǐ yīfu hěn   kě wǒ juéde hěn nán.

B 那你觉得做什么不难呢？
Nà nǐ juéde zuò shénme bù nán ne?

(6) A 这个地方真美！
Zhège dìfang zhēn měi!

B 是啊，_____画儿一样。
Shì a,   huàr yíyàng.

> 点菜 diǎn cài 동 주문하다
> 美 měi 형 아름답다

3. 다음 사진을 보고 학습한 단어를 이용하여 문장을 완성해 보세요.

(1)

A 你帮我把这本书_____。
Nǐ bāng wǒ bǎ zhè běn shū

B 好的。
Hǎo de.

(2) A 今天你下了课就回家吧。
Jīntiān nǐ xiàle kè jiù huí jiā ba.

B 我先去_____，然后回家。
Wǒ xiān qù　　　　　 ránhòu huí jiā.

(3)

A 我要把这些衣服_____。
Wǒ yào bǎ zhèxiē yīfu

B 别着急，我_____，然后回来帮你。
Bié zháojí, wǒ　　　　　 ránhòu huílai bāng nǐ.

(4) A 小刚，你现在去哪儿?
Xiǎogāng, nǐ xiànzài qù nǎr?

B 我把公司的客人_____。
Wǒ bǎ gōngsī de kèrén

4. 2명이 한 팀이 되어 베이징 지하철 노선도를 보고 출발지에서 목적지까지 '先……再……然后……' 문형을 이용하여 말해 보세요.

> **예시**
>
> 从雍和宫到王府井，先坐5号线到东单，然后换1号线到王府井。
> Cóng Yōnghégōng dào Wángfǔjǐng, xiān zuò wǔ hàoxiàn dào Dōngdān, ránhòu huàn yī hàoxiàn dào Wángfǔjǐng.

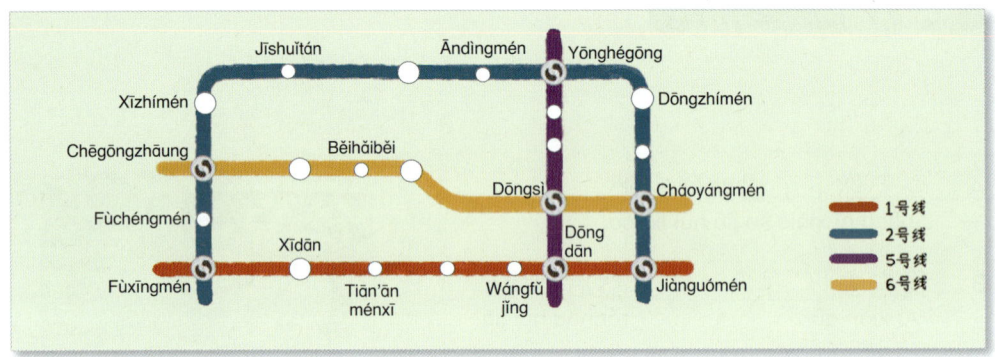

- **1호선:** 复兴门 – 西单 – 天安门西 – 王府井 – 东单 – 建国门
  Fùxīngmén　Xīdān　Tiān'ānménxī　Wángfǔjǐng　Dōngdān　Jiànguómén
- **2호선:** 复兴门 – 阜城门 – 车公庄 – 西直门 – 积水潭 – 安定门 –
  Fùxīngmén　Fùchéngmén　Chēgōngzhuāng　Xīzhímén　Jīshuǐtán　Āndìngmén
  雍和宫 – 东直门 – 朝阳门 – 建国门
  Yōnghégōng　Dōngzhímén　Cháoyángmén　Jiànguómén
- **5호선:** 雍和宫 – 东四 – 东单
  Yōnghégōng　Dōngsì　Dōngdān
- **6호선:** 车公庄 – 北海北 – 东四 – 朝阳门
  Chēgōngzhuāng　Běihǎiběi　Dōngsì　Cháoyángmén

속담 익히기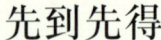

先到先得
Xiān dào xiān dé
먼저 오는 사람이 임자다

가져갈 수 있는 물건의 수량에 제한이 있을 때 일찍 도착한 사람은 손에 넣을 수 있지만, 늦으면 가질 수 없습니다. 따라서 미리 준비하고 남보다 먼저 적극적으로 행동에 나서야 한다는 뜻입니다.

家里的这瓶红酒很好，我想跟你们一起喝，先到先得啊。
Jiā li de zhè píng hóngjiǔ hěn hǎo, wǒ xiǎng gēn nǐmen yìqǐ hē, xiān dào xiān dé a.
집에 있는 이 레드 와인은 아주 좋아. 나는 너희랑 같이 마시려고 하는데, 먼저 오는 사람이 임자야.

其他都没什么问题。
Qítā dōu méi shénme wèntí.

다른 것은 모두 문제 없어요.

미리 보기

1 사진을 보며 단어를 익혀 보세요.

A

新闻
xīnwén

B

节日
jiérì

C

街道
jiēdào

2 아래 표에 제시된 종류 중에서 좋아하는 것과 싫어하는 것을 각각 써 보세요.

No.	종류	좋아하는 것	싫어하는 것
예시	饮料 yǐnliào	咖啡 kāfēi	牛奶 niúnǎi
①	水果 shuǐguǒ		
②	颜色 yánsè		
③	运动 yùndòng		

대화하기

1 중국어 실력 쌓기 🔊 15-01

大山 老师，我来中国留学两年了，
Lǎoshī, wǒ lái Zhōngguó liú xué liǎng nián le,
但是我的汉语水平提高得一点儿也不快啊。
dànshì wǒ de Hànyǔ shuǐpíng tí gāo de yìdiǎnr yě bú kuài a.

老师 你每天认真学习，做练习、完成作业，一直不错啊。
Nǐ měi tiān rènzhēn xuéxí, zuò liànxí、wán chéng zuòyè, yìzhí búcuò a.

大山 这是我昨天的作业，您帮我看看对不对。
Zhè shì wǒ zuótiān de zuòyè, nín bāng wǒ kànkan duì bu duì.

老师 写得不错，除了这个句子意思有些不清楚外，
Xiě de búcuò, chúle zhège jùzi yìsi yǒuxiē bù qīngchu wài,
其他都没什么问题。
qítā dōu méi shénme wèntí.

大山 谢谢老师！
Xièxie lǎoshī!

老师 以后有什么不明白的地方，
Yǐhòu yǒu shénme bù míngbai de dìfang,
可以给我打电话或者发电子邮件。
kěyǐ gěi wǒ dǎ diànhuà huòzhě fā diànzǐ yóujiàn.

留学 liú xué 동 유학하다 | **水平** shuǐpíng 명 수준 | **提高** tí gāo 동 높이다 | **练习** liànxí 동 연습하다 | **完成** wán chéng 동 완성하다 | **除了** chúle 개 ~를 제외하고 | **句子** jùzi 명 문장 | **其他** qítā 대 기타, 그밖에 | **发** fā 동 보내다

서로 묻고 답하기

본문 내용을 토대로 답해 보세요.

1. 老师觉得大山的汉语怎么样？
Lǎoshī juéde Dàshān de Hànyǔ zěnmeyàng?

2. 以后有不明白的地方，大山可以怎么办？
Yǐhòu yǒu bù míngbai de dìfang, Dàshān kěyǐ zěnme bàn?

2 시합을 앞두고 🔊 15-02

学生 老师，除了小云，其他人都来了。
Lǎoshī, chúle Xiǎoyún, qítā rén dōu lái le.

老师 比赛马上就要开始了，
Bǐsài mǎshàng jiù yào kāishǐ le,
小云怎么还没来？
Xiǎoyún zěnme hái méi lái?

学生 刚才给她打电话了，她在路上呢。
Gāngcái gěi tā dǎ diànhuà le, tā zài lùshang ne.

老师 不等她了，我先给大家讲讲这次比赛的要求和
Bù děng tā le, wǒ xiān gěi dàjiā jiǎngjiang zhè cì bǐsài de yāoqiú hé
一些需要注意的地方。
yìxiē xūyào zhù yì de dìfang.

学生 老师，您放心，今天的比赛我们一定能拿第一。
Lǎoshī, nín fàng xīn, jīntiān de bǐsài wǒmen yídìng néng ná dì-yī.

要求 yāoqiú 동 요구하다 명 요구 | 注意 zhù yì 동 주의하다 | 고유 小云 Xiǎoyún 샤오윈 [인명]

서로 묻고 답하기

본문 내용을 토대로 답해 보세요.

1 大家都来参加比赛了吗？谁没来？
   Dàjiā dōu lái cānjiā bǐsài le ma? Shéi méi lái?

2 老师现在在做什么？
   Lǎoshī xiànzài zài zuò shénme?

3 편리한 인터넷 🔊 15-03

同事 现在用电脑上网真方便啊!
Xiànzài yòng diànnǎo shàng wǎng zhēn fāngbiàn a!

小刚 是啊,除了看新闻,人们还可以在网上听歌、
Shì a, chúle kàn xīnwén, rénmen hái kěyǐ zài wǎngshang tīng gē、

看电影、买东西。
kàn diànyǐng、mǎi dōngxi.

同事 对了,你从网上买的那件衣服呢?怎么没见你穿?
Duì le, nǐ cóng wǎngshang mǎi de nà jiàn yīfu ne? Zěnme méi jiàn nǐ chuān?

小刚 那件衣服我穿着有点儿小,给我弟弟了。
Nà jiàn yīfu wǒ chuānzhe yǒudiǎnr xiǎo, gěi wǒ dìdi le.

同事 他满意吗?
Tā mǎnyì ma?

小刚 不用花钱,还有新衣服穿,他满意极了。
Búyòng huā qián, hái yǒu xīn yīfu chuān, tā mǎnyì jí le.

上网 shàng wǎng 동 인터넷을 하다 | 新闻 xīnwén 명 뉴스 | 花 huā 동 (돈을) 쓰다 | 极了 jí le 부 극도로 ~하다

서로 묻고 답하기

본문 내용을 토대로 답해 보세요.

1. 大家可以上网做什么?
   Dàjiā kěyǐ shàng wǎng zuò shénme?

2. 小刚从网上买的那件衣服怎么了?
   Xiǎogāng cóng wǎngshang mǎi de nà jiàn yīfu zěnme le?

단문 읽기

맥주 축제 🔊 15-04

除了春节、中秋节以外，啤酒节也是这里很重要的一个节日。
Chúle Chūnjié、 Zhōngqiū Jié yǐwài, píjiǔ jié yě shì zhèli hěn zhòngyào de yí ge jiérì.

这个地方每年夏天都要举行一次啤酒节。在啤酒节上，
Zhège dìfang měi nián xiàtiān dōu yào jǔxíng yí cì píjiǔ jié. Zài píjiǔ jié shang,

你可以喝到世界上不同地方的啤酒。除了喝啤酒，你还可以
nǐ kěyǐ hēdào shìjiè shang bùtóng dìfang de píjiǔ. Chúle hē píjiǔ, nǐ hái kěyǐ

在街道两边看到世界上不同地方的歌舞。你想不想了解
zài jiēdào liǎng biān kàndào shìjiè shang bùtóng dìfang de gēwǔ. Nǐ xiǎng bu xiǎng liǎojiě

世界各个地方的啤酒文化？来这里的啤酒节看看吧。
shìjiè gègè dìfang de píjiǔ wénhuà? Lái zhèli de píjiǔ jié kànkan ba.

节日 jiérì 몡 기념일, 명절 | ***举行** jǔxíng 동 개최하다 | **世界** shìjiè 몡 세계 | **街道** jiēdào 몡 거리 | ***各** gè 대 각 | **文化** wénhuà 몡 문화 | 고유 **春节** Chūnjié 춘절, 음력 정월 초하루, **中秋节** Zhōngqiū Jié 추석

서로 묻고 답하기

본문 내용을 토대로 답해 보세요.

1. 这个地方什么时候举行啤酒节？
   Zhège dìfang shénme shíhou jǔxíng píjiǔ jié?

2. 啤酒节上可以做什么？
   Píjiǔ jié shang kěyǐ zuò shénme?

포인트 짚어보기

除了A以外，都/还/也……

'除了A以外，都……' 문형은 'A를 제외하면 모두 ~하다'라는 뜻으로, A를 제외하고 나머지는 모두 같은 범위에 있음을 나타냅니다. 여기서 '以外'는 생략할 수 있습니다.

除了这个汉字以外，别的汉字我都认识。
Chúle zhège Hànzì yǐwài, biéde Hànzì wǒ dōu rènshi.
이 한자를 제외하고 다른 한자는 내가 모두 알아요.

除了我以外，大家都听懂了。 나는 제외하고 모든 사람이 다 알아들었어요.
Chúle wǒ yǐwài, dàjiā dōu tīngdǒng le.

'除了A以外，还/也……' 문형은 'A 외에도 또 ~하다'라는 뜻으로, A 외에도 다른 것을 보충함을 나타냅니다. 주어는 문장 맨 앞 혹은 '还'나 '也'의 앞에 올 수 있습니다.

除了唱歌以外，他还喜欢跳舞。 노래 부르는 것 외에도 그는 춤추는 것도 좋아해요.
Chúle chàng gē yǐwài, tā hái xǐhuan tiào wǔ.

除了汉语以外，我还会说英语。 중국어 외에도 저는 영어도 말할 수 있어요.
Chúle Hànyǔ yǐwài, wǒ hái huì shuō Yīngyǔ.

除了春节、中秋节以外，啤酒节也是这里很重要的一个节日。
Chúle Chūnjié、Zhōngqiū Jié yǐwài, píjiǔ jié yě shì zhèlǐ hěn zhòngyào de yí ge jiérì.
춘절과 추석 말고도 맥주 축제는 이곳의 중요한 기념일이에요.

연습해 보기

'除了A以外，都/还/也……' 형식을 이용해 문장을 바꿔 보세요.

(1) 我喜欢春天，也喜欢夏天。→ _____。

(2) 我们班只有王老师是中国人，其他人都是外国人。
→ _____。

(3) 我只想吃西瓜，其他水果都不想吃。→ _____。

의문대사의 활용 (2)

'什么'는 지시대사처럼 쓰여 불확실한 사람이나 사물을 가리키고 공손한 어기를 나타낼 수 있습니다. 이 경우 '什么'를 생략해도 문장의 의미는 변하지 않습니다.

这个饭馆有没有什么特别好吃的菜？ 이 식당에는 뭐 좀 특별히 맛있는 요리가 있나요?
Zhège fànguǎn yǒu méiyǒu shénme tèbié hǎochī de cài?

周末你有没有**什么**打算？ 주말에 당신은 무슨 계획이 있나요?
Zhōumò nǐ yǒu méiyǒu shénme dǎsuàn?

你写得很好，没(**什么**)问题。 아주 잘 썼어요. 무슨 문제 될 것이 없어요.
Nǐ xiě de hěn hǎo, méi (shénme) wèntí.

연습해보기

빈칸을 채워 대화문을 완성해 보세요.

(1) A _____ ?
    B 周末我跟朋友打算去爬山。

(2) A _____ ?
    B 对不起，我很少看电影，不知道哪个好看。

(3) A _____ ?
    B 没有了，老师，我都懂了。

정도 표현 '极了'

형용사나 심리동사의 뒤에 '极了'를 붙여 '극히 ~하다'라는 뜻의 최고 정도를 나타낼 수 있습니다. '极了'는 정도부사와 함께 사용할 수 없습니다.

他满意**极了**。 그는 아주 만족합니다.
Tā mǎnyì jí le.

今天天气冷**极了**。 오늘 날씨는 너무 추워요.
Jīntiān tiānqì lěng jí le.

那件衣服我喜欢**极了**。 그 옷이 저는 아주 마음에 듭니다.
Nà jiàn yīfu wǒ xǐhuan jí le.

연습해보기

빈칸을 채워 문장을 완성해 보세요.

(1) 外边_____，我们出去走走吧。

(2) 我工作了一天，_____。

(3) 她唱歌_____，大家都喜欢听。

실력다지기

1. 두 단어가 한 단어가 되도록 주어진 뜻에 맞게 알맞은 한자를 골라 써 보세요.

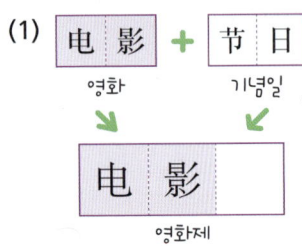
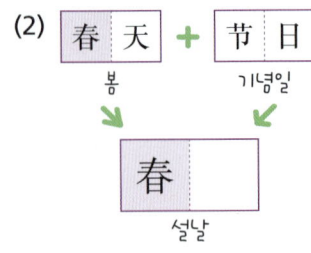
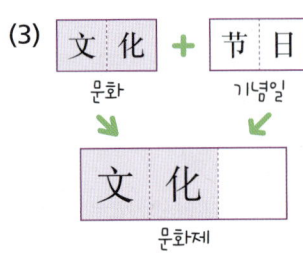

2. 아래의 보기에서 알맞은 단어를 골라 빈칸에 써 보세요.

| 보기 | 句子 花 提高 新闻 文化 练习 |

(1) 你每天跟谁_____口语?
　　Nǐ měi tiān gēn shéi　　kǒuyǔ?

(2) 这个月我的钱都_____完了，不能再买新衣服了。
　　Zhège yuè wǒ de qián dōu　　wán le, bù néng zài mǎi xīn yīfu le.

(3) 我在这里只学了三个月汉语，但是水平_____了不少。
　　Wǒ zài zhèli zhǐ xuéle sān ge yuè Hànyǔ, dànshì shuǐpíng　　le bù shǎo.

(4) A 今天听写五个_____，请大家准备好笔和纸。
　　　Jīntiān tīngxiě wǔ ge　　qǐng dàjiā zhǔnbèi hǎo bǐ hé zhǐ.

　　B 五个? 老师，太多了!
　　　Wǔ ge? Lǎoshī, tài duō le!

(5) A 你为什么想去那个地方旅游?
　　　Nǐ wèi shénme xiǎng qù nàge dìfang lǚyóu?

　　B 我对那儿的_____很感兴趣。
　　　Wǒ duì nàr de　　hěn gǎn xìngqù.

(6) A 刚才电视上的那条_____真有意思!
　　　Gāngcái diànshì shang de nà tiáo　　zhēn yǒu yìsi!

　　B 你快说说。
　　　Nǐ kuài shuōshuo.

口语 kǒuyǔ 명 말하기, 회화
听写 tīngxiě 동 받아쓰기를 하다
纸 zhǐ 명 종이

3. 다음 사진을 보고 학습한 단어를 이용하여 문장을 완성해 보세요.

(1)

A 我们去这家饭馆吧，这儿的服务好_____。
Wǒmen qù zhè jiā fànguǎn ba, zhèr de fúwù hǎo

B 我也听说过，_____服务好_____，
Wǒ yě tīngshuōguo, fúwù hǎo
菜_____。
cài

(2) A 你想快点儿_____汉语，
Nǐ xiǎng kuài diǎnr Hànyǔ,
要多听、多说、多做_____。
yào duō tīng、duō shuō、duō zuò

B _____更容易的吗？
gèng róngyì de ma?

(3)

A 这儿有一些咖啡。
Zhèr yǒu yìxiē kāfēi.

B _____，还有其他的吗？
hái yǒu qítā de ma?

(4) A 今天的工作大家有问题吗？
Jīntiān de gōngzuò dàjiā yǒu wèntí ma?

B 没_____问题，今天的工作
Méi wèntí, jīntiān de gōngzuò
我们已经_____了。
wǒmen yǐjīng le.

4. 2명이 한 팀이 되어 서로 같은 반 친구들에 대해 어떻게 생각하는지 보기의 단어를 이용하여 묻고 대답해 보세요.

> 보기
>
> | 忙 | 认真 | 热情 | 聪明 | 客气 |
> |---|---|---|---|---|
> | máng | rènzhēn | rèqíng | cōngming | kèqi |

예시

A 我们班谁最努力?
   Wǒmen bān shéi zuì nǔlì?

B 我们班王美努力极了。
   Wǒmen bān Wáng Měi nǔlì jí le.

A 为什么?
   Wèi shénme?

B 她每天下了课就去图书馆学习。
   Tā měi tiān xiàle kè jiù qù túshūguǎn xuéxí.

> 客气 kèqi 형 예의 바르다

속담 익히기

一是一，二是二
Yī shì yī, èr shì èr

하나는 하나고 둘은 둘이다

일을 함에 있어서 명확하며 남을 속이지 않는다는 뜻이며, 자신이 한 약속을 그대로 지킨다는 뜻으로도 씁니다.

一是一，二是二嘛，我还给你五块钱吧。
Yī shì yī, èr shì èr ma, wǒ huán gěi nǐ wǔ kuài qián ba.
하나는 하나고 둘은 둘이니까. 5위안 갚을게.

我现在累得下了班就想睡觉。
Wǒ xiànzài lèi de xiàle bān jiù xiǎng shuì jiào.

요즘 피곤해서 퇴근하면 바로 자고 싶어요.

미리 보기

1 사진을 보며 단어를 익혀 보세요.

A

鼻子
bízi

B

头发
tóufa

C

刷牙
shuā yá

2 아래 표에 제시된 상황에 맞게 하고 싶은 것 또는 하고 싶지 않은 것을 써 보세요.

No.	상황	하고 싶은 것	하고 싶지 않은 것
예시	累的时候 lèi de shíhou		不想说话 bù xiǎng shuō huà
①	高兴的时候 gāoxìng de shíhou		
②	忙的时候 máng de shíhou		
③	冷的时候 lěng de shíhou		

대화하기

1 회사에서 🔊 16-01

小丽 **我不喜欢一直住在同一个城市，想去其他城市看一看。**
　　　Wǒ bù xǐhuan yìzhí zhù zài tóng yí ge chéngshì, xiǎng qù qítā chéngshì kàn yi kàn.

周明 **我年轻的时候也这么想，但是那时候没有钱，**
　　　Wǒ niánqīng de shíhou yě zhème xiǎng, dànshì nà shíhou méiyǒu qián,

　　　如果有钱，就去了。
　　　rúguǒ yǒu qián, jiù qù le.

小丽 **那您现在为什么不去？**
　　　Nà nín xiànzài wèi shénme bú qù?

周明 **现在钱不是问题了，主要是没有时间。**
　　　Xiànzài qián bú shì wèntí le, zhǔyào shì méiyǒu shíjiān.

小丽 **我认为现在您有时间也不会出去玩儿。**
　　　Wǒ rènwéi xiànzài nín yǒu shíjiān yě bú huì chūqu wánr.

周明 **你说得对，我现在累得下了班就想睡觉。**
　　　Nǐ shuō de duì, wǒ xiànzài lèi de xiàle bān jiù xiǎng shuì jiào.

城市 chéngshì 명 도시 | **如果** rúguǒ 접 만약에 | **认为** rènwéi 동 생각하다, 여기다

서로 묻고 답하기

본문 내용을 토대로 답해 보세요.

1. 周明年轻的时候为什么没去旅游？
   Zhōu Míng niánqīng de shíhou wèi shénme méi qù lǚyóu?

2. 现在周明为什么不能去旅游？
   Xiànzài Zhōu Míng wèi shénme bù néng qù lǚyóu?

2 동료의 딸　🔊 16-02

同事: 谢谢你们来看我女儿。
Xièxie nǐmen lái kàn wǒ nǚ'ér.

你送的小皮鞋和小帽子真漂亮！
Nǐ sòng de xiǎo píxié hé xiǎo màozi zhēn piàoliang!

小丽: 别客气，你女儿长得白白的、
Bié kèqi, nǐ nǚ'ér zhǎng de báibái de、

胖胖的，真可爱！现在多高了？
pàngpàng de, zhēn kě'ài! Xiànzài duō gāo le?

同事: 快1米了，25公斤。
Kuài yì mǐ le, èrshíwǔ gōngjīn.

小丽: 你看她鼻子小小的，头发黑黑的，长得像谁？
Nǐ kàn tā bízi xiǎoxiǎo de, tóufa hēihēi de, zhǎng de xiàng shéi?

同事: 像她爸爸，
Xiàng tā bàba,

刚出生时她爸爸高兴得一个晚上都没睡着。
gāng chūshēng shí tā bàba gāoxìng de yí ge wǎnshang dōu méi shuì zháo.

皮鞋 píxié 명 구두 | 帽子 màozi 명 모자 | 长 zhǎng 동 (몸이) 자라다, (모습이) 생기다 | 可爱 kě'ài 형 귀엽다 |
米 mǐ 양 미터(m) | 公斤 gōngjīn 양 킬로그램(kg) | 鼻子 bízi 명 코 | 头发 tóufa 명 머리카락 | *出生 chūshēng 동
태어나다

서로 묻고 답하기

본문 내용을 토대로 답해 보세요.

1. 同事的女儿长得怎么样？
   Tóngshì de nǚ'ér zhǎng de zěnmeyàng?

2. 同事的女儿刚出生时，她爸爸怎么样？
   Tóngshì de nǚ'ér gāng chūshēng shí, tā bàba zěnmeyàng?

3 치통 🔊 16-03

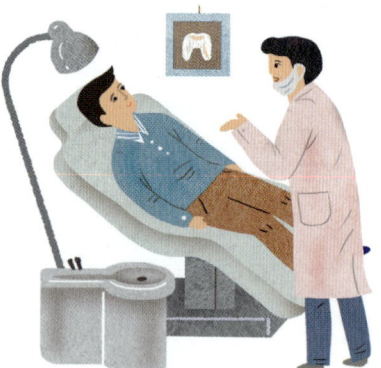

小刚 　我的牙还是很疼。
　　　Wǒ de yá háishi hěn téng.

同事 　如果不舒服，就去医院检查一下吧。
　　　Rúguǒ bù shūfu, jiù qù yīyuàn jiǎnchá yíxià ba.

小刚 　检查好几次了，但是没什么用。
　　　Jiǎnchá hǎo jǐ cì le, dànshì méi shénme yòng.

同事 　大夫怎么说的?
　　　Dàifu zěnme shuō de?

小刚 　每次医生都告诉我，回家好好儿刷牙。
　　　Měi cì yīshēng dōu gàosu wǒ, huí jiā hǎohāor shuā yá.

检查 jiǎnchá 동 검사하다, 검진하다 | ★**大夫** dàifu 명 의사 선생님 | **刷牙** shuā yá 동 이를 닦다

서로 묻고 답하기

본문 내용을 토대로 답해 보세요.

1. 小刚去医院检查了吗?
   Xiǎogāng qù yīyuàn jiǎnchále ma?

2. 小刚为什么牙疼?
   Xiǎogāng wèi shénme yá téng?

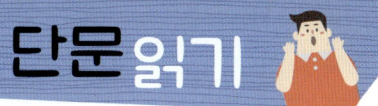

인간 관계 🔊 16-04

很多人都觉得现在人和人的关系冷冷的，这可能是因为
Hěn duō rén dōu juéde xiànzài rén hé rén de guānxì lěnglěng de, zhè kěnéng shì yīnwèi
工作太忙，忙得没时间跟别人见面，累得不愿意和别人
gōngzuò tài máng, máng de méi shíjiān gēn biérén jiàn miàn, lèi de bú yuànyì hé biérén
多说话。其实，我们应该多对别人笑笑，说话时如果能
duō shuō huà. Qíshí, wǒmen yīnggāi duō duì biérén xiàoxiao, shuō huà shí rúguǒ néng
多用一些"您好""谢谢"这样的词语，和别人的关系就会变得
duō yòng yìxiē "nín hǎo" "xièxie" zhèyàng de cíyǔ, hé biérén de guānxì jiù huì biàn de
更好。
gèng hǎo.

关系 guānxì 명 관계 | 别人 biérén 대 다른 사람 | *词语 cíyǔ 명 말, 단어

본문 내용을 토대로 답해 보세요.

① 为什么现在人和人之间的关系冷冷的?
　Wèi shénme xiànzài rén hé rén zhī jiān de guānxì lěnglěng de?

② 我们怎么做才能让关系变得更好?
　Wǒmen zěnme zuò cái néng ràng guānxì biàn de gèng hǎo?

포인트 짚어보기

★ 如果……(的话)，就……

'如果……(的话)，就……'는 '만약 ~라면 ~일 것이다'라는 뜻으로, 앞 절에는 가정의 상황을 제시하고 뒤 절에는 이러한 가정 하에서 일어날 수 있는 결과를 나타냅니다. 뒤 절의 주어는 '就' 앞에 위치합니다.

如果你太累了，**就**休息一会儿。 만약 너무 피곤하면 잠깐 쉬세요.
Rúguǒ nǐ tài lèi le, jiù xiūxi yíhuìr.

如果你喜欢，我**就**给你买。 만약 네 마음에 든다면 내가 사 줄게.
Rúguǒ nǐ xǐhuan, wǒ jiù gěi nǐ mǎi.

如果有钱**的话**，我**就**去旅游。 만약 돈이 있다면 나는 여행을 갈 거예요.
Rúguǒ yǒu qián de huà, wǒ jiù qù lǚyóu.

연습해보기

빈칸을 채워 문장을 완성해 보세요.

(1) 如果明天下雨的话，＿＿＿＿＿＿＿＿＿＿＿＿＿＿＿＿。

(2) 如果考试考得很好的话，＿＿＿＿＿＿＿＿＿＿＿＿＿＿。

(3) ＿＿＿＿＿＿＿＿＿＿＿＿＿＿＿＿，我就跟朋友去踢足球。

★ 정도보어

형용사나 심리동사 뒤에 '得'를 써서 정도를 강조하는 보어를 정도보어라고 합니다. '得' 뒤에 주로 동사구를 붙여 정도의 심함을 나타냅니다.

孩子们玩儿**得**不想回家。 아이들은 노느라 집에 돌아가려 하지 않아요.
Háizimen wánr de bù xiǎng huí jiā.

弟弟高兴**得**跳了起来。 남동생은 뛸 정도로 기뻐해요.
Dìdi gāoxìng de tiào le qǐlai.

> 跳 tiào 동 뛰다

儿子累**得**下了班就睡觉了。
Érzi lèi de xiàle bān jiù shuì jiào le.
아들은 피곤해서 퇴근을 하자마자 곧바로 잠이 들 정도였어요.

연습해 보기

빈칸을 채워 문장을 완성해 보세요.
(1) 我牙疼得_____。
(2) 今天天气热得_____。
(3) 看了这个电影，她笑得_____。

1음절 형용사 중첩

1음절 형용사를 중첩하고 뒤에 조사 '的'를 붙이면 정도가 강조되고 생동감이 더해집니다. 사람이나 사물의 특징을 묘사할 때 쓸 수 있습니다.

你送的花红红的，我很喜欢。 당신이 선물한 꽃이 아주 빨간 것이 제 마음에 들어요.
Nǐ sòng de huā hónghóng de, wǒ hěn xǐhuan.

这些草绿绿的，真漂亮。 이 풀은 매우 푸른 것이 정말 예뻐요.
Zhèxiē cǎo lǜlǜ de, zhēn piàoliang.

他鼻子小小的，长得像谁？ 그는 코가 아주 작아요, 누구를 닮은 거죠?
Tā bízi xiǎoxiǎo de, zhǎng de xiàng shéi?

你女儿长得白白的、胖胖的，真可爱！
Nǐ nǚ'ér zhǎng de báibái de、pàngpàng de, zhēn kě'ài!
네 딸 얼굴이 하얗고, 통통해서 정말 귀엽다!

연습해 보기

빈칸을 채워 문장을 완성해 보세요.
(1) 她的男朋友个子_____。
(2) 他的女朋友头发_____。
(3) 这个蛋糕_____，真好吃。

1. 두 단어가 한 단어가 되도록 주어진 뜻에 맞게 알맞은 한자를 골라 써 보세요.

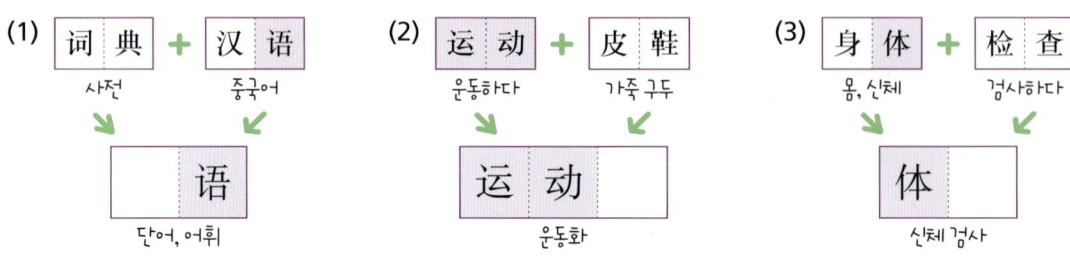

2. 아래의 보기에서 알맞은 단어를 골라 빈칸에 써 보세요.

   보기   如果   认为   检查   可爱   刷牙   关系

   (1) _____我的丈夫能少一些会议，他就会多跟我和孩子在一起了。
       wǒ de zhàngfu néng shǎo yìxiē huìyì, tā jiù huì duō gēn wǒ hé háizi zài yìqǐ le.

   (2) 我和同屋的_____不太好，怎么办？
       Wǒ hé tóngwū de   bú tài hǎo, zěnme bàn?

   (3) 那个小狗真_____，我们把它带回家吧。
       Nàge xiǎogǒu zhēn   wǒmen bǎ tā dài huí jiā ba.

   (4) A 今天下午你去哪儿了？
         Jīntiān xiàwǔ nǐ qù nǎr le?

       B 我的车总是有问题，我去_____了一下。
         Wǒ de chē zǒngshì yǒu wèntí, wǒ qù   le yíxià.

   (5) A 你怎么刚吃饭？
         Nǐ zěnme gāng chī fàn?

       B 今天起晚了，_____以后就来上课了。
         Jīntiān qǐwǎn le,   yǐhòu jiù lái shàng kè le.

   (6) A 咱们去南方玩儿玩儿吧。
         Zánmen qù nánfāng wánrwánr ba.

       B 我_____还是北方更好玩儿一些。
         Wǒ   háishi běifāng gèng hǎowánr yìxiē.

同屋 tóngwū 명 룸메이트

168

3. 다음 사진을 보고 학습한 단어를 이용하여 문장을 완성해 보세요.

(1)

A 这条裙子_____，真好看。
Zhè tiáo qúnzi　　　　　　　zhēn hǎokàn.

B 是啊。但是太贵了，_____，我就买。
Shì a. Dànshì tài guì le,　　　　　　wǒ jiù mǎi.

(2) A 你怎么还不学习？
Nǐ zěnme hái bù xuéxí?

B 我现在累得_____。
Wǒ xiànzài lèi de

(3)

A 今天我忙得_____，
Jīntiān wǒ máng de

让我休息一下吧。
ràng wǒ xiūxi yíxià ba.

B 行，我自己去做饭。
Xíng, wǒ zìjǐ qù zuò fàn.

(4) A 你看，那个女孩个子_____，
Nǐ kàn, nàge nǚhái gèzi

头发_____，眼睛_____，
tóufa　　　　　　　yǎnjing

真漂亮。
zhēn piàoliang.

B 你如果喜欢她的话，_____。
Nǐ rúguǒ xǐhuan tā de huà,

4. 2명이 한 팀이 되어 서로의 생각을 묻고 답해 보세요.

A 如果有时间，你做什么?
Rúguǒ yǒu shíjiān, nǐ zuò shénme?

B

A 如果能去一个地方旅游，你去哪儿?
Rúguǒ néng qù yí ge dìfang lǚyóu, nǐ qù nǎr?

B

A 如果你是超人，你会做什么?
Rúguǒ nǐ shì chāorén, nǐ huì zuò shénme?

B

A 如果你是爸爸/妈妈，你不让孩子做什么?
Rúguǒ nǐ shì bàba/māma, nǐ bú ràng háizi zuò shénme?

B

超人 chāorén 명 초인, 슈퍼맨

속담 익히기

钱不是万能的
Qián bú shì wànnéng de

돈이면 다가 아니다

돈이 중요하긴 하지만, 돈으로 모든 문제를 해결할 수는 없다는 뜻입니다.

钱不是万能的，但没钱是万万不能的。
Qián bú shì wànnéng de, dàn méi qián shì wànwàn bù néng de.
돈이면 다는 아니지만, 그러나 돈이 없어도 절대로 안 돼.

谁都有办法看好你的"病"。
Shéi dōu yǒu bànfǎ kànhǎo nǐ de "bìng".

누구라도 당신의 '병'을 진단할 수 있는 방법이 있어요.

미리 보기

1 사진을 보며 단어를 익혀 보세요.

A

冬天
dōngtiān

B

选择
xuǎnzé

C

爱好
àihào

2 예시를 보고 아래 단어의 밑줄 친 부분에 알맞은 명사를 써 보세요.

> 예시   学习汉语

① 介绍 _____   ② 打扫 _____

③ 检查 _____   ④ 复习 _____

대화하기

1 휴가 신청 🔊 17-01

小丽 周经理，下个星期我可以请几天假吗？
Zhōu jīnglǐ, xià ge xīngqī wǒ kěyǐ qǐng jǐ tiān jià ma?

周明 你有什么事？
Nǐ yǒu shénme shì?

小丽 我的一个老朋友结婚，我跟他两年没见了。
Wǒ de yí ge lǎo péngyou jié hūn, wǒ gēn tā liǎng nián méi jiàn le.

周明 你一共想请几天假？
Nǐ yígòng xiǎng qǐng jǐ tiān jià?

小丽 三天。
Sān tiān.

请假 qǐng jià 동 휴가를 내다 | 一共 yígòng 부 모두

서로 묻고 답하기

본문 내용을 토대로 답해 보세요.

1 小丽为什么要请假？
Xiǎolì wèi shénme yào qǐng jià?

2 小丽请几天假？
Xiǎolì qǐng jǐ tiān jià?

2 나의 남편 🔊 17-02

同事　小丽，那个高高的男人是你们公司的吗？你对他了解吗？
　　　Xiǎolì, nàge gāogāo de nánrén shì nǐmen gōngsī de ma? Nǐ duì tā liǎojiě ma?

小丽　我们过去是邻居，后来是大学同学，关系一直很不错。
　　　Wǒmen guòqù shì línjū, hòulái shì dàxué tóngxué, guānxì yìzhí hěn búcuò.

同事　他一般喜欢做什么？
　　　Tā yìbān xǐhuan zuò shénme?

小丽　他有很多爱好，唱歌、画画儿、
　　　Tā yǒu hěn duō àihào, chàng gē, huà huàr,
　　　踢足球，什么都会。
　　　tī zúqiú, shénme dōu huì.

同事　真的？那你介绍我们认识认识吧。
　　　Zhēn de? Nà nǐ jièshào wǒmen rènshi rènshi ba.

小丽　不行，现在他是我丈夫。
　　　Bù xíng, xiànzài tā shì wǒ zhàngfu.

邻居 línjū 명 이웃 ｜ **后来** hòulái 명 그 다음, 그 후 ｜ **爱好** àihào 명 취미

서로 묻고 답하기

본문 내용을 토대로 답해 보세요.

1. 小丽和那个男人是什么关系？
   Xiǎolì hé nàge nánrén shì shénme guānxì?

2. 小丽的丈夫有什么爱好？
   Xiǎolì de zhàngfu yǒu shénme àihào?

3 건강을 위해 🔊 17-03

周太太 最近我觉得哪儿都不舒服，你带我去医院检查检查吧。
Zuìjìn wǒ juéde nǎr dōu bù shūfu, nǐ dài wǒ qù yīyuàn jiǎnchá jiǎnchá ba.

周 明 不用去医院，谁都有办法看好你的"病"。
Búyòng qù yīyuàn, shéi dōu yǒu bànfǎ kànhǎo nǐ de "bìng".

我问你，你多久没运动了？
Wǒ wèn nǐ, nǐ duō jiǔ méi yùndòng le?

周太太 我三年没运动了。
Wǒ sān nián méi yùndòng le.

周 明 谁都知道运动对身体好。
Shéi dōu zhīdào yùndòng duì shēntǐ hǎo.

但是你吃饱了就睡。
Dànshì nǐ chībǎole jiù shuì.

周太太 为了健康，我真应该多锻炼锻炼了。
Wèile jiànkāng, wǒ zhēn yīnggāi duō duànliàn duànliàn le.

从明天起，我决定每天去长跑。
Cóng míngtiān qǐ, wǒ juédìng měi tiān qù chángpǎo.

办法 bànfǎ 명 방법 | 饱 bǎo 형 배부르다 | 为了 wèile 개 ~를 위하여 | 决定 juédìng 동 결정하다

서로 묻고 답하기

본문 내용을 토대로 답해 보세요.

1. 周太太为什么不舒服？
Zhōu tàitai wèi shénme bù shūfu?

2. 周太太有什么打算？
Zhōu tàitai yǒu shénme dǎsuàn?

단문 읽기

운동 시 주의할 점 🔊 17-04

"运动很重要"这句话谁都懂。但是你知道怎么运动吗?
"Yùndòng hěn zhòngyào" zhè jù huà shéi dōu dǒng. Dànshì nǐ zhīdào zěnme yùndòng ma?

第一，要选择"对"的时间。一般来说，早上9点是最好
Dì-yī, yào xuǎnzé "duì" de shíjiān. Yìbān lái shuō, zǎoshang jiǔ diǎn shì zuì hǎo

的时间，冬天要再晚一些。第二，要选择"对"的地点，公园、
de shíjiān, dōngtiān yào zài wǎn yìxiē. Dì-èr, yào xuǎnzé "duì" de dìdiǎn, gōngyuán、

山上、游泳馆，这些地方都可以运动。第三，必须要根据
shānshang、yóuyǒngguǎn, zhèxiē dìfang dōu kěyǐ yùndòng. Dì-sān, bìxū yào gēnjù

自己的健康情况运动。如果你很久没爬山或者游泳了，
zìjǐ de jiànkāng qíngkuàng yùndòng. Rúguǒ nǐ hěn jiǔ méi pá shān huòzhě yóu yǒng le,

运动一会儿就一定要休息休息。还要记得刚运动完口渴的
yùndòng yíhuìr jiù yídìng yào xiūxi xiūxi. Hái yào jìde gāng yùndòng wán kǒu kě de

时候，不要马上喝水。
shíhou, bú yào mǎshàng hē shuǐ.

选择 xuǎnzé 동 선택하다 | **冬天** dōngtiān 명 겨울 | ***地点** dìdiǎn 명 지점, 장소 | **必须** bìxū 부 반드시 | **根据** gēnjù 개 ~에 근거해서 | ***情况** qíngkuàng 명 상황 | **渴** kě 형 갈증 나다

서로 묻고 답하기

본문 내용을 토대로 답해 보세요.

1. 什么时间运动最好?
   Shénme shíjiān yùndòng zuì hǎo?

2. 运动的时候要注意什么问题?
   Yùndòng de shíhou yào zhù yì shénme wèntí?

포인트 짚어보기

★ 동사 중첩

동사를 중첩하면 동작이 짧음을 나타내거나 '~해 보다'라는 시도의 의미를 나타냅니다. 1음절 동사는 AA, 2음절 동사는 ABAB의 형식으로 씁니다.

我去图书馆找找那本书。 —(AA)
Wǒ qù túshūguǎn zhǎozhao nà běn shū.
나는 도서관에 가서 그 책 좀 찾아볼게.

我要出去锻炼锻炼。 —(ABAB)
Wǒ yào chūqu duànliàn duànliàn.
저 나가서 잠시 운동 좀 하려고요.

他是新来的，有时间你帮助帮助他吧。 —(ABAB)
Tā shì xīn lái de, yǒu shíjiān nǐ bāngzhù bāngzhù tā ba.
저 남자는 처음 왔으니, 시간 있으면 네가 그를 좀 도와줘.

'동사+목적어' 형식의 이합사는 동사 부분만 중첩하여 AAB의 형식으로 씁니다.

你快来帮帮忙。 —(AAB)
Nǐ kuài lái bāngbang máng.
빨리 와서 좀 도와줘.

明天你有时间吗？我们见面聊聊天儿吧。 —(AAB)
Míngtiān nǐ yǒu shíjiān ma? Wǒmen jiàn miàn liáoliao tiānr ba.
내일 너 시간 있니? 우리 만나서 이야기 좀 하자.

연습해 보기

빈칸을 채워 문장을 완성해 보세요.

(1) 我不太舒服，我想去医院_____。

(2) 太累了，我们_____吧。

(3) 房间不太干净，我们_____吧。

의문대사의 활용 (3)

'谁', '什么', '哪儿', '怎么' 등의 의문대사 뒤에 부사 '都'를 써서 어떠한 범위 내의 모든 것을 포함합니다. 이때 '모든 것'은 예외가 없이 같은 상황에 있음을 나타냅니다.

谁都喜欢小丽。 누구나 샤오리를 좋아해요.
Shéi dōu xǐhuan Xiǎolì.

小刚什么都喜欢吃。 샤오깡은 아무거나 다 잘 먹어요.
Xiǎogāng shénme dōu xǐhuān chī.

我们怎么去公园都可以。 어떻게든 공원에만 가면 괜찮아요.
Wǒmen zěnme qù gōngyuán dōu kěyǐ.

最近我觉得哪儿都不舒服。 요즘 어디든 다 몸이 안 좋은 것 같아요.
Zuìjìn wǒ juéde nǎr dōu bù shūfu.

연습해보기

빈칸을 채워 대화문을 완성해 보세요.

(1) A 你喜欢吃什么菜?
　　B _____ 。

(2) A 我们什么时候去看电影?
　　B _____ 。

(3) A 我们星期天去哪儿玩儿?
　　B _____ 。

1. 두 단어가 한 단어가 되도록 주어진 뜻에 맞게 알맞은 한자를 골라 써 보세요.

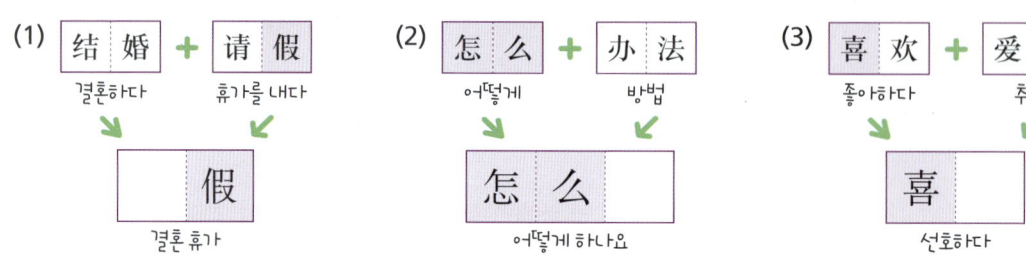

2. 아래의 보기에서 알맞은 단어를 골라 빈칸에 써 보세요.

| 보기 | 后来 | 邻居 | 请假 | 决定 | 为了 | 饱 |

(1) 老师，我不舒服，我想跟您_____。
Lǎoshī, wǒ bù shūfu, wǒ xiǎng gēn nín

(2) _____了解中国文化，我常常去旅行。
　　　liǎojiě Zhōngguó wénhuà, wǒ chángcháng qù lǚxíng.

(3) 我以前在美国学习，_____来中国留学。
Wǒ yǐqián zài Měiguó xuéxí,　　lái Zhōngguó liú xué.

(4) A 你认识那个人吗?
　　　Nǐ rènshi nàge rén ma?

　　B 认识，他是我的新_____。
　　　Rènshi, tā shì wǒ de xīn

(5) A 吃_____了吗?
　　　Chī　　　 le ma?

　　B 当然了，你看我们点了这么多菜。
　　　Dāngrán le, nǐ kàn wǒmen diǎnle zhème duō cài.

(6) A 明年你打算回国吗?
　　　Míngnián nǐ dǎsuàn huí guó ma?

　　B 我还没_____呢。
　　　Wǒ hái méi　　　 ne.

旅行 lǚxíng 동 여행하다

178

3. 다음 사진을 보고 학습한 단어를 이용하여 문장을 완성해 보세요.

(1)

A 老师，您可以帮我_____口语吗？
　　Lǎoshī, nín kěyǐ bāng wǒ　　　　kǒuyǔ ma?

B 当然可以。从什么时候开始？
　　Dāngrán kěyǐ. Cóng shénme shíhou kāishǐ?

(2) A 快考试了，我应该复习什么啊？
　　Kuài kǎoshì le, wǒ yīnggāi fùxí shénme a?

B 你_____要复习。
　　Nǐ　　　　yào fùxí.

(3)

A 今天天气不错，我们出去_____吧。
　　Jīntiān tiānqì búcuò, wǒmen chūqu　　　　ba.

B 好，我去换衣服。
　　Hǎo, wǒ qù huàn yīfu.

(4) A 周末你打算做什么？
　　Zhōumò nǐ dǎsuàn zuò shénme?

B 我打算在家里_____。
　　Wǒ dǎsuàn zài jiā li

4. 2명이 한 팀이 되어 이미 학습한 2음절 동사를 중첩하고, 이를 이용하여 문장을 만들어 보세요.

打扫 → 打扫打扫 → 客人要来了，我要打扫打扫房间。
dǎsǎo   dǎsǎo dǎsǎo   Kèrén yào lái le, wǒ yào dǎsǎo dǎsǎo fángjiān.

早睡早起身体好
Zǎo shuì zǎo qǐ shēntǐ hǎo
일찍 자고 일찍 일어나면 건강에 좋아요

과거에는 당연시되었던 건강 상식이지만, 최근에는 중국도 밤늦게 잠들고 늦게 일어나는 젊은 올빼미족(夜猫子 yèmāozi)'들이 늘고 있습니다.

你哪天都睡得那么晚，早睡早起身体好，没听见吗?
Nǐ nǎ tiān dōu shuì de nàme wǎn, zǎo shuì zǎo qǐ shēntǐ hǎo, méi tīngjiàn ma?
너 날마다 그렇게 늦게 자는구나. 일찍 자고 일찍 일어나면 건강에 좋다는 말 못 들었어?

我相信他们会同意的。
Wǒ xiāngxìn tāmen huì tóngyì de.

저는 그들이 동의할 것이라고 믿어요.

미리 보기

1 사진을 보며 단어를 익혀 보세요.

A
动物
dòngwù

B
相信
xiāngxìn

C
万
wàn

2 서로 관계 있는 것을 골라 바르게 연결해 보세요.

원인   결과

① 穿得很少 chuān de hěn shǎo · · 迟到 chídào

② 起床太晚 qǐ chuáng tài wǎn · · 饿 è

③ 不吃早饭 bù chī zǎofàn · · 感冒 gǎnmào

대화하기

1 돈 빌리기 🔊 18-01

朋友 老周，我打算买房子了，想向你借点儿钱。
Lǎo Zhōu, wǒ dǎsuàn mǎi fángzi le, xiǎng xiàng nǐ jiè diǎnr qián.

周明 没问题，只要我有，就一定会借给你的。
Méi wèntí, zhǐyào wǒ yǒu, jiù yídìng huì jiè gěi nǐ de.
还差多少？
Hái chà duōshao?

朋友 还差5万块钱。
Hái chà wǔwàn kuài qián.

周明 好，钱下午打给你。你打算在哪儿买房？
Hǎo, qián xiàwǔ dǎ gěi nǐ. Nǐ dǎsuàn zài nǎr mǎi fáng?

朋友 就在我们医院前面。
Jiù zài wǒmen yīyuàn qiánmiàn.

周明 那你以后去医院就方便了。
Nà nǐ yǐhòu qù yīyuàn jiù fāngbiàn le.

向 xiàng 개 ~를 향하여 | *只要 zhǐyào 접 ~하기만 하면 | 万 wàn 수 만, 10,000

서로 묻고 답하기

본문 내용을 토대로 답해 보세요.

1. 朋友为什么要跟周明借钱？
   Péngyou wèi shénme yào gēn Zhōu Míng jiè qián?

2. 周明要借给朋友钱吗？怎么给？
   Zhōu Míng yào jiè gěi péngyou qián ma? Zěnme gěi?

2 강아지 기르기 🔊 18-02

小明: 妈妈，你看那只狗多可爱，眼睛大大的，嘴小小的，
Māma, nǐ kàn nà zhī gǒu duō kě'ài, yǎnjing dàdà de, zuǐ xiǎoxiǎo de,
我们买回去吧。
wǒmen mǎi huíqu ba.

妈妈: 动物和小孩儿一样，都需要人照顾。
Dòngwù hé xiǎoháir yíyàng, dōu xūyào rén zhàogù.
买回家去，谁照顾它啊?
Mǎi huí jiā qu, shéi zhàogù tā a?

小明: 我照顾啊。
Wǒ zhàogù a.

妈妈: 这段时间你自己的衣服都没洗，你能照顾好它吗?
Zhè duàn shíjiān nǐ zìjǐ de yīfu dōu méi xǐ, nǐ néng zhàogù hǎo tā ma?

小明: 只要你给我买，我就能照顾好它。
Zhǐyào nǐ gěi wǒ mǎi, wǒ jiù néng zhàogù hǎo tā.

只 zhī 양 마리 [동물을 세는 단위] | 嘴 zuǐ 명 입 | 动物 dòngwù 명 동물 |
段 duàn 양 기간 [일정한 범위의 구간을 세는 단위]

서로 묻고 답하기

본문 내용을 토대로 답해 보세요.

1. 小明想买什么? 为什么?
   Xiǎomíng xiǎng mǎi shénme? Wèi shénme?

2. 小明的妈妈让小明买那只狗吗? 为什么?
   Xiǎomíng de māma ràng Xiǎomíng mǎi nà zhī gǒu ma? Wèi shénme?

3 취업 면접 🔊 18-03

经理 说说你为什么选择来我们公司工作。
Shuōshuo nǐ wèi shénme xuǎnzé lái wǒmen gōngsī gōngzuò.

学生 贵公司不但很有名，而且工作环境好。
Guì gōngsī búdàn hěn yǒumíng, érqiě gōngzuò huánjìng hǎo.

经理 做这个工作有点儿累，需要经常去外地。你家人同意吗？
Zuò zhège gōngzuò yǒudiǎnr lèi, xūyào jīngcháng qù wàidì. Nǐ jiārén tóngyì ma?

学生 只要我愿意，我相信他们就会同意的。
Zhǐyào wǒ yuànyì, wǒ xiāngxìn tāmen jiù huì tóngyì de.

经理 好，那你明天来上班吧。
Hǎo, nà nǐ míngtiān lái shàng bān ba.

关于这个工作，还有什么问题吗？
Guānyú zhège gōngzuò, hái yǒu shénme wèntí ma?

学生 没有了，谢谢您给我这个机会，
Méiyǒu le, xièxie nín gěi wǒ zhège jīhuì,

我会努力的。
wǒ huì nǔlì de.

不但……而且…… búdàn……érqiě…… 접 ~뿐 아니라 게다가~ | 有名 yǒumíng 형 유명하다 | 同意 tóngyì 동 동의하다 | 相信 xiāngxìn 동 믿다 | 关于 guānyú 개 ~에 관해서 | 机会 jīhuì 명 기회

서로 묻고 답하기

본문 내용을 토대로 답해 보세요.

1. 学生愿意来这个公司工作吗？为什么？
   Xuésheng yuànyì lái zhège gōngsī gōngzuò ma? Wèi shénme?

2. 经理觉得这个工作怎么样？
   Jīnglǐ juéde zhège gōngzuò zěnmeyàng?

단문 읽기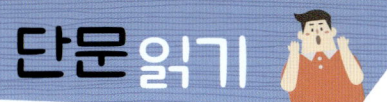

다양한 문화 🔊 18-04

不同的国家有不同的文化，每种文化都有自己的特点。
Bùtóng de guójiā yǒu bùtóng de wénhuà, měi zhǒng wénhuà dōu yǒu zìjǐ de tèdiǎn.
到了一个新环境，你会觉得什么都很新鲜，而且还会觉得
Dàole yí ge xīn huánjìng, nǐ huì juéde shénme dōu hěn xīnxiān, érqiě hái huì juéde
有点奇怪：有些国家的人名写在姓前面，有些国家的
yǒudiǎn qíguài: yǒuxiē guójiā de rénmíng xiě zài xìng qiánmiàn, yǒuxiē guójiā de
人名写在姓后面，但是只要经过一段时间，就会慢慢地
rénmíng xiě zài xìng hòumiàn, dànshì zhǐyào jīngguò yí duàn shíjiān, jiù huì mànmàn de
习惯。
xíguàn.

国家 guójiā 명 국가 | 种 zhǒng 양 종류 | *特点 tèdiǎn 명 특징 |
奇怪 qíguài 형 이상하다 | 经过 jīngguò 동 경과하다, 지나다 | 地 de
조 부사어를 만들어 주는 구조조사

서로 묻고 답하기

본문 내용을 토대로 답해 보세요.

1 为什么有的人到了一个新环境会觉得有些奇怪?
　Wèi shénme yǒu de rén dàole yí ge xīn huánjìng huì juéde yǒuxiē qíguài?

2 每个国家的人名都写在姓后面吗?
　Měi ge guójiā de rénmíng dōu xiě zài xìng hòumiàn ma?

18 我相信他们会同意的。

포인트 짚어보기

★ 只要……, 就……

'只要……, 就……'는 '(오직) ~하기만 하면 ~이다'라는 뜻으로, '只要'의 뒤에는 필수 조건이 제시되고, '就'의 뒤에는 그에 따른 결과가 옵니다. 주어는 '只要'의 앞뒤 모두에 올 수 있습니다. 뒤 절에 주어가 있을 경우는 '就'의 앞에 씁니다.

只要我有时间，就一定跟你去旅游。
Zhǐyào wǒ yǒu shíjiān, jiù yídìng gēn nǐ qù lǚyóu.
저에게 시간만 있으면 반드시 당신과 함께 여행하러 갈 거예요.

我只要喜欢，就一定会买。 제 마음에 들기만 하면 꼭 살 거예요.
Wǒ zhǐyào xǐhuan, jiù yídìng huì mǎi.

只要你想去，我就跟你去。 당신이 가고 싶다면 제가 당신과 같이 갈게요.
Zhǐyào nǐ xiǎng qù, wǒ jiù gēn nǐ qù.

연습해보기

빈칸을 채워 대화문을 완성해 보세요.

(1) A 你对大家都这么好啊?
　　B 是啊! 我觉得只要我对别人好，＿＿＿＿＿＿＿＿＿＿＿＿＿＿。

(2) A 妈妈，你来跟我们一起玩儿吧。
　　B 你们玩儿吧，只要你们玩儿得高兴，＿＿＿＿＿＿＿＿＿＿＿＿。

(3) A 只要你努力学习，＿＿＿＿＿＿＿＿＿＿＿＿＿＿＿＿＿＿。
　　B 老师，我一定会努力的。

★ 개사 '关于'

개사 '关于'는 '~에 관해서'라는 뜻으로, 관련 대상을 이끌어 낼 때 씁니다.

关于这件事，我们还没有决定呢。
Guānyú zhè jiàn shì, wǒmen hái méiyǒu juédìng ne.
이 사안에 관해서 우리는 아직 결정을 하지 못했습니다.

关于这个工作，还有什么问题吗?
Guānyú zhège gōngzuò, hái yǒu shénme wèntí ma?
이 일에 관해서 또 문제가 있나요?

'关于+명사구'는 명사를 수식하는 역할을 할 수도 있습니다.

我最近看了一些关于中国文化的电影。
Wǒ zuìjìn kànle yìxiē guānyú Zhōngguó wénhuà de diànyǐng.
나는 최근에 중국 문화에 관한 영화를 좀 봤어요.

关于出国学习的事，妈妈已经同意了。
Guānyú chū guó xuéxí de shì, māmā yǐjīng tóngyì le.
해외에서 공부하는 것에 관해서 엄마는 이미 동의하셨어요.

연습해보기

빈칸을 채워 문장을 완성해 보세요.
(1) 我想去图书馆借一些＿＿＿＿＿的书。
(2) 今天没有时间回答了，＿＿＿＿＿，我下次告诉你吧。

구조조사 '地'

'地'는 부사어를 만들어주는 구조조사로, 동작이나 변화를 묘사할 때 사용합니다. 형용사나 일부 부사의 뒤에 놓이며 1음절 형용사의 뒤에는 오지 않습니다.

我慢慢地喜欢上喝茶了。　나는 서서히 차 마시는 것을 좋아하게 되었어요.
Wǒ mànmàn de xǐhuan shang hē chá le.

有真很感兴趣地问了我这个问题。　유진은 아주 흥미로운 듯 이 문제를 내게 물었어요.
Yǒuzhēn hěn gǎn xìngqù de wènle wǒ zhège wèntí.

老宋头也不回地走了。　라오쏭은 뒤도 안 돌아보고 가버렸어요.
Lǎo Sōng tóu yě bù huí de zǒu le.

연습해보기

'地'를 알맞은 위치에 넣어 문장을 완성해 보세요.
(1) 爸爸＿(a)＿很高兴＿(b)＿去＿(c)＿接＿(d)＿老朋友。
(2) 成民＿(a)＿客客＿(b)＿气气＿(c)＿说了一声＿(d)＿"谢谢"。

실력다지기

1. 두 단어가 한 단어가 되도록 주어진 뜻에 맞게 알맞은 한자를 골라 써 보세요.

(1) 动物(동물) + 公园(공원) → 动物园(동물원)

(2) 人(사람) + 名字(이름) → 人名(사람이름)

(3) 自己(자기) + 相信(믿다) → 自信(자신하다)

2. 아래의 보기에서 알맞은 단어를 골라 빈칸에 써 보세요.

> [보기]   而且   国家   同意   关于   奇怪   向

(1) 你是从哪个_____来的?
   Nǐ shì cóng nǎge _____ lái de?

(2) 坐火车的时候，我喜欢_____外看。
   Zuò huǒchē de shíhou, wǒ xǐhuan _____ wài kàn.

(3) 这家饭馆不但菜很好吃，_____环境很好。
   Zhè jiā fànguǎn búdàn cài hěn hǎochī, _____ huánjìng hěn hǎo.

(4) A 真_____，桌子上的词典怎么不见了?
   Zhēn _____, zhuōzi shang de cídiǎn zěnme bú jiàn le?

   B 刚才马可拿走了。
   Gāngcái Mǎkě názǒu le.

(5) A 你给我介绍几个_____中国文化的电影吧。
   Nǐ gěi wǒ jièshào jǐ ge _____ Zhōngguó wénhuà de diànyǐng ba.

   B 好，没问题。
   Hǎo, méi wèntí.

(6) A 我觉得这儿的房子很便宜的，我们在这儿买吧。
   Wǒ juéde zhèr de fángzi hěn piányi de, wǒmen zài zhèr mǎi ba.

   B 我不_____，虽然很便宜，但是离公司太远了。
   Wǒ bù _____, suīrán hěn piányi, dànshì lí gōngsī tài yuǎn le.

3. 다음 사진을 보고 학습한 단어를 이용하여 문장을 완성해 보세요.

(1)

A 我不想迟到，但是家太远了。
　Wǒ bù xiǎng chídào, dànshì jiā tài yuǎn le.

B 你只要早起一点儿，_____。
　Nǐ zhǐyào zǎo qǐ yìdiǎnr,

(2) A 你喜欢看哪种电影？
　　Nǐ xǐhuan kàn nǎ zhǒng diànyǐng?

B 只要是_____，我就喜欢。
　Zhǐyào shì　　　　　wǒ jiù xǐhuan.

(3)

A 周末我们去哪儿玩儿？
　Zhōumò wǒmen qù nǎr wánr?

B _____，我们就去爬山。
　　　　　　　　　　 wǒmen jiù qù pá shān.

(4) A 你吃得这么多，小心会_____的。
　　Nǐ chī de zhème duō, xiǎoxīn huì　　　　　de.

B _____这个问题，我不担心，
　　　　　　zhège wèntí, wǒ bù dān xīn,
因为我已经有男朋友了。
yīnwèi wǒ yǐjīng yǒu nánpéngyou le.

4. 3~4명이 한 팀이 되어 '只要……就……' 문형을 이용하여 서로의 고민과 해결 방법을 말해 보세요.

고민	我现在身体不太好，常常感冒。 Wǒ xiànzài shēntǐ bú tài hǎo, chángcháng gǎnmào.
방법1	只要你常去锻炼，身体就会慢慢好的。 Zhǐyào nǐ cháng qù duànliàn, shēntǐ jiù huì mànmàn hǎo de.
방법2	只要你注意休息，身体就会很好。 Zhǐyào nǐ zhù yì xiūxi, shēntǐ jiù huì hěn hǎo.
방법3	只要你早睡早起，身体就会好的。 Zhǐyào nǐ zǎo shuì zǎo qǐ, shēntǐ jiù huì hǎo de.

见怪不怪
Jiàn guài bú guài

이상한 것도 보다 보면 이상할 것 없다

아무리 이상한 일이나 물건도 자주 보고 익숙해지면 전혀 이상할 것이 없다는 뜻입니다.

关于有真常常换男朋友的事儿，大家已经见怪不怪了。
Guānyú Yǒuzhēn chángcháng huàn nánpéngyou de shìr, dàjiā yǐjīng jiàn guài bú guài le.
유진이가 남자 친구를 자주 바꾸는 일에 관해서 다들 이미 그러려니 해.

你没看出来吗?
Nǐ méi kàn chūlai ma?

못 알아보겠어?

미리 보기

1 사진을 보며 단어를 익혀 보세요.

A
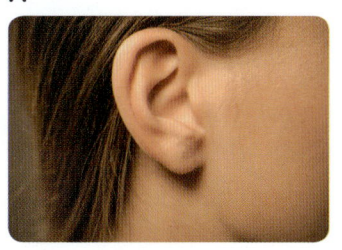
耳朵
ěrduo

B

脸
liǎn

C

哭
kū

2 아래 표에 제시된 감정과 연관시킬 수 있는 장소를 떠올려보고 표를 채워 보세요.

No.	감정	장소
예시	高兴 gāoxìng	去公园 qù gōngyuán
①	生气 shēng qì	
②	害怕 hài pà	
③	着急 zháojí	

대화하기

1 딸의 헤어 스타일　　🔊 19-01

爸爸　女儿最近喜欢把头发放在耳朵后面，
　　　Nǚ'ér zuìjìn xǐhuan bǎ tóufa fàng zài ěrduo hòumiàn,
　　　你知道为什么吗？
　　　nǐ zhīdào wèi shénme ma?

妈妈　这样可以使她的脸看上去漂亮一些。
　　　Zhèyàng kěyǐ shǐ tā de liǎn kàn shàngqu piàoliang yìxiē.

爸爸　我最近觉得她和以前不太一样了。
　　　Wǒ zuìjìn juéde tā hé yǐqián bú tài yíyàng le.

妈妈　女儿变化不小，她小时候喜欢短头发，
　　　Nǚ'ér biànhuà bù xiǎo, tā xiǎo shíhou xǐhuan duǎn tóufa,
　　　像男孩子一样。
　　　xiàng nán háizi yíyàng.

爸爸　我也想起来了。她现在慢慢地开始像个女孩子了。
　　　Wǒ yě xiǎng qǐlai le. Tā xiànzài mànmàn de kāishǐ xiàng ge nǚháizi le.

耳朵 ěrduo 명 귀 ｜ *使 shǐ 동 ~를 하게 하다 ｜ 脸 liǎn 명 얼굴 ｜ 短 duǎn 형 짧다

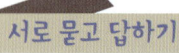

본문 내용을 토대로 답해 보세요.

1 女儿最近有什么变化？
　　Nǚ'ér zuìjìn yǒu shénme biànhuà?

2 女儿小时候喜欢什么样子的头发？
　　Nǚ'ér xiǎo shíhou xǐhuan shénme yàngzi de tóufa?

② 옷이 날개 🔊 19-02

小丽　上次我们参加骑马比赛的照片，我选了几张洗出来了。
　　　Shàng cì wǒmen cānjiā qí mǎ bǐsài de zhàopiàn, wǒ xuǎnle jǐ zhāng xǐ chūlai le.

同事　快给我看看。骑得最快的这位是谁？
　　　Kuài gěi wǒ kànkan. Qí de zuì kuài de zhè wèi shì shéi?

小丽　你没看出来吗？他是小刚啊。
　　　Nǐ méi kàn chūlai ma? Tā shì Xiǎogāng a.

同事　怎么看上去跟现在不太一样？
　　　Zěnme kàn shàngqu gēn xiànzài bú tài yíyàng?

小丽　他上班穿西服、衬衫，
　　　Tā shàng bān chuān xīfú、chènshān,
　　　比赛的时候穿的是运动服。
　　　bǐsài de shíhou chuān de shì yùndòngfú.

同事　他今天穿蓝西服，看上去像40多岁，
　　　Tā jīntiān chuān lán xīfú, kàn shàngqu xiàng sìshí duō suì,
　　　还是穿运动服让他更年轻。
　　　háishi chuān yùndòngfú ràng tā gèng niánqīng.

马 mǎ 명 말 ｜ 张 zhāng 양 장 [종이 등 얇은 물건을 세는 단위] ｜ 位 wèi 양 분 [사람을 세는 단위로 공경의 의미가 내포됨] ｜
蓝 lán 형 파랗다

서로 묻고 답하기

본문 내용을 토대로 답해 보세요.

1. 同事为什么没看出来照片里的小刚？
   Tóngshì wèi shénme méi kàn chūlai zhàopiàn li de Xiǎogāng?

2. 小刚上班穿什么？看上去怎么样？
   Xiǎogāng shàng bān chuān shénme? Kàn shàngqu zěnmeyàng?

3 친구의 딸   🔊 19-03

朋友　我们一年没见面了吧？
　　　Wǒmen yì nián méi jiàn miàn le ba?

小丽　听说你都有女儿了？她多大了？
　　　Tīngshuō nǐ dōu yǒu nǚ'ér le? Tā duō dà le?

朋友　她去年秋天出生的，刚过完一岁生日。
　　　Tā qùnián qiūtiān chūshēng de, gāng guòwán yí suì shēngrì.

小丽　她喜欢什么？我送给她。
　　　Tā xǐhuan shénme? Wǒ sòng gěi tā.

朋友　她就喜欢听她爸爸学鸟叫。哭的时候，
　　　Tā jiù xǐhuan tīng tā bàba xué niǎo jiào. Kū de shíhou,
　　　只要他爸爸学小鸟叫，她马上就安静下来了。
　　　zhǐyào tā bàba xué xiǎo niǎo jiào, tā mǎshàng jiù ānjìng xiàlai le.

小丽　啊？这个礼物我没办法送。
　　　Á? Zhège lǐwù wǒ méi bànfǎ sòng.

秋天 qiūtiān 명 가을 ｜ 过 guò 동 (명절, 생일 등을) 보내다 ｜ 鸟 niǎo 명 새 ｜ 哭 kū 동 울다

서로 묻고 답하기

본문 내용을 토대로 답해 보세요.

1. 朋友的女儿是什么时候出生的？
   Péngyou de nǚ'ér shì shénme shíhou chūshēng de?

2. 小丽为什么说她不能送朋友女儿喜欢的礼物？
   Xiǎolì wèi shénme shuō tā bù néng sòng péngyou nǚ'ér xǐhuan de lǐwù?

단문 읽기

황허 여행 🔊 19-04

这次旅游，我去了不少地方，每个地方都让我非常难忘。
Zhè cì lǚyóu, wǒ qùle bùshǎo dìfang, měi ge dìfang dōu ràng wǒ fēicháng nánwàng.

我先去看了黄河，黄河是中国有名的大河，我坐在船上，
Wǒ xiān qù kànle Huáng Hé, Huáng Hé shì Zhōngguó yǒumíng de dà hé, wǒ zuò zài chuán shang,

一边看一边照相。一路上经过了很多地方，每个地方都不
yìbiān kàn yìbiān zhào xiàng. Yí lù shang jīngguòle hěn duō dìfang, měi ge dìfang dōu bù

一样。我想快点儿把照片发给大家，叫朋友们也高兴高兴。
yíyàng. Wǒ xiǎng kuài diǎnr bǎ zhàopiàn fā gěi dàjiā, jiào péngyoumen yě gāoxìng gāoxìng.

船 chuán 명 배 | **照相** zhào xiàng 동 사진을 찍다 | 고유 **黄河** Huáng Hé 황허 [중국의 강 이름]

서로 묻고 답하기

본문 내용을 토대로 답해 보세요.

1. "我"觉得这次旅游怎么样?
   "Wǒ" juéde zhè cì lǚyóu zěnmeyàng?

2. "我"想给大家看什么? 为什么?
   "Wǒ" xiǎng gěi dàjiā kàn shénme? Wèi shénme?

포인트 짚어보기

★ 방향보어의 확장 의미

방향보어는 동작의 방향을 나타내는데, 일부 복합 방향보어의 경우 확장된 의미로 사용되기도 합니다.

● **동사+出来**

방향보어 '出来'는 '(없던 것이 새로) 생기다', '분별해내다'라는 뜻입니다.

郑先生写出来了很多好作品。 정 선생님은 좋은 작품을 써 냈습니다.
Zhèng xiānsheng xiě chūlai le hěn duō hǎo zuòpǐn.

你画得真快，一会儿就画出来了。 너 그림 정말 빨리 그린다. 금방 그려내는구나.
Nǐ huà de zhēn kuài, yíhuìr jiù huà chūlai le.

你听出来了吗？这是谁的声音？ 알아듣겠어요? 이게 누구의 목소리인지?
Nǐ tīng chūlai le ma? Zhè shì shéi de shēngyīn?

我看出来了，这是二年级的那个女孩子。 난 보니까 알겠네. 이 사람은 2학년 그 여학생이잖아.
Wǒ kàn chūlai le, zhè shì èr niánjí de nàge nǚháizi.

> 郑 Zhèng 고유 정 [성씨]
> 作品 zuòpǐn 명 작품

● **동사+起来**

방향보어 '起来'는 '(움직임이) 시작되다', '(정도가) 강해지다'라는 뜻을 나타냅니다.

你记起来我是谁了吗？ 당신은 제가 누구인지 기억하시겠어요?
Nǐ jì qǐlai wǒ shì shéi le ma?

天亮起来了，要起床了。 날이 밝았어요. 일어나야 해요.
Tiān liàng qǐlai le, yào qǐ quáng le.

听了这个音乐，大家就高兴起来了。 이 음악을 듣고 모두 즐거워졌어요.
Tīngle zhège yīnyuè, dàjiā jiù gāoxìng qǐlai le.

> 亮 liàng 동 빛을 밝히다

'想起来'와 '想出来'는 둘 다 '생각이 나다'라는 뜻이지만 '想起来'는 '기억이 나지 않던 것이 기억이 났다'는 뜻이고, '想出来'는 '이전에 없던 새로운 생각을 떠올리다'라는 뜻입니다.

你能想起来那是什么时候的事吗？ 당신은 그게 언제 일인지 생각이 나세요?
Nǐ néng xiǎng qǐlai nà shì shénme shíhou de shì ma?

朋友想出来一个学汉语的好办法。
Péngyou xiǎng chūlai yí ge xué Hànyǔ de hǎo bànfǎ.
친구는 중국어를 공부하는 좋은 방법을 생각해냈어요.

'看起来'와 '看上去'는 모두 '보아하니'라는 뜻으로, 평가나 의견을 이야기할 때 쓸 수 있습니다.

这是你做的饭吗？看起来很好吃。
Zhè shì nǐ zuò de fàn ma? Kàn qǐlai hěn hǎochī.
이거 네가 한 밥이야? 보아하니 정말 맛있겠다.

他今天穿蓝西服，看上去像40多岁。
Tā jīntiān chuān lán xīfú, kàn shàngqu xiàng sìshí duō suì.
그는 오늘 파란색 양복을 입었는데, 보아하니 40세 정도 되어 보여요.

● 동사+下来

방향보어 '下来'는 '起来'와 반대로 '(움직임이) 멈추다', '(정도가) 약해지다'라는 뜻입니다.

前边的车越开越慢，停下来了。 앞의 자동차가 갈수록 느려지더니 멈췄습니다.
Qiánbian de chē yuè kāi yuè màn, tíng xiàlai le.

我真希望时间能慢下来，不要过得那么快。
Wǒ zhēn xīwàng shíjiān néng màn xiàlai, bú yào guò de nàme kuài.
저는 시간이 느려질 수 있으면 정말 좋겠어요. 너무 빠르게 가지 않았으면 해요.

연습해보기

빈칸을 채워 문장을 완성해 보세요.

(1) 雨下了三个小时，现在终于小了＿＿＿＿＿＿。
(2) 你能看＿＿＿＿＿＿谁是哥哥，谁是弟弟吗?
(3) 穿了这条裙子，你看＿＿＿＿＿＿只有18岁。

★ 사역동사 '让', '使', '叫'

'让', '使', '叫'는 겸어문에 쓰이는 동사로 '~에게 ~하라고 시키다'라는 사역의 의미를 갖습니다. '使'는 글말에 주로 쓰이고, '叫'는 구어에 주로 쓰입니다.

读书使我快乐。 독서는 나를 즐겁게 합니다.
Dú shū shǐ wǒ kuàilè.

考试让我很紧张。 시험 때문에 나는 긴장돼요.
Kǎoshì ràng wǒ hěn jǐnzhāng.

紧张 jǐnzhāng 형 긴장하다

穿运动服叫他更年轻。 운동복을 입으면 그는 더 젊어 보여요.
Chuān yùndòngfú jiào tā gèng niánqīng.

연습해보기

빈칸을 채워 문장을 완성해 보세요.

(1) 他学习不努力，这让妈妈＿＿＿＿＿＿。
(2) 这双皮鞋有点儿小，让他＿＿＿＿＿＿＿＿。
(3) 她又聪明又热情，叫人＿＿＿＿＿＿。

실력다지기

1. 두 단어가 한 단어가 되도록 주어진 뜻에 맞게 알맞은 한자를 골라 써 보세요.

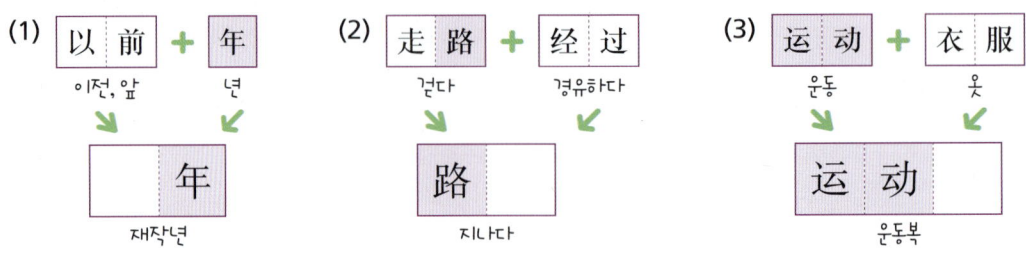

2. 아래의 보기에서 알맞은 단어를 골라 빈칸에 써 보세요.

[보기]　鸟　马　经过　船　位　张

(1) 帮我把这几_____照片洗出来吧。
Bāng wǒ bǎ zhè jǐ _____ zhàopiàn xǐ chūlai ba.

(2) 她真爱说话，像只小_____一样。
Tā zhēn ài shuō huà, xiàng zhī xiǎo _____ yíyàng.

(3) 我希望能坐_____去旅行一次。
Wǒ xīwàng néng zuò _____ qù lǚxíng yí cì.

(4) A 你一会儿_____超市吗? 帮我买瓶水吧。
Nǐ yíhuìr _____ chāoshì ma? Bāng wǒ mǎi píng shuǐ ba.

　　B 行，没问题。
　　Xíng, méi wèntí.

(5) A 您好，欢迎，请问您几_____?
Nín hǎo, huānyíng, qǐngwèn nín jǐ _____?

　　B 您好，我们一共是五个人。
　　Nín hǎo, wǒmen yígòng shì wǔ ge rén.

(6) A 你会骑_____吗?
Nǐ huì qí _____ ma?

　　B 不会，我从来没骑过。
　　Bú huì, wǒ cónglái méi qíguo.

从来 cónglái 부 지금까지

3. 다음 사진을 보고 학습한 단어를 이용하여 문장을 완성해 보세요.

(1)

A 你_____不太舒服。
　Nǐ　　　　　　　bú tài shūfu.

B 昨天晚上没休息好。
　Zuótiān wǎnshang méi xiūxi hǎo.

(2) A 天黑_____了。
　　 Tiān hēi　　　　　le.

B 你快点儿回家吧。
　Nǐ kuài diǎnr huí jiā ba.

(3)

A 阿姨，我是大卫啊！您_____了吗?
　Āyí, wǒ shì Dàwèi ā!　Nín　　　　　le ma?

B 几年没见了，我真看不出来了。
　Jǐ nián méi jiàn le, wǒ zhēn kàn bu chūlai le.

(4) A 外边雨那么大，你怎么才回来?
　　 Wàibian yǔ nàme dà, nǐ zěnme cái huílai?
　　 真让我_____。
　　 Zhēn ràng wǒ

B 别担心，雨已经小_____了。
　Bié dān xīn, yǔ yǐjīng xiǎo　　　　　le.

4. 3~4명이 한 팀이 되어 최근에 겪은 일과 그로 인해 어떤 영향을 받았는지 말해 보세요. 이야기를 듣고 다른 팀원들은 '使', '叫', '让'을 이용해 기록해 보세요.

예시

最近我一直努力学习，考试考得很好，妈妈送给我一个笔记本电脑，
Zuìjìn wǒ yìzhí nǔlì xuéxí, kǎoshì kǎo de hěn hǎo, māma sòng gěi wǒ yí ge bǐjìběn diànnǎo,
让我很高兴，我以后会更努力的。
ràng wǒ hěn gāoxìng, wǒ yǐhòu huì gèng nǔlì de.

No.	이름	겪은 일	받은 영향
예시	小红 Xiǎohóng	考得好，妈妈送了礼物。 Kǎo de hǎo, māma sòngle lǐwù.	让她很高兴，她会更努力的。 Ràng tā hěn gāoxìng, tā huì gèng nǔlì de.
①			
②			
③			
④			

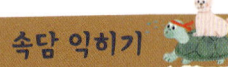

百闻不如一见
Bǎi wén bù rú yí jiàn

백문이 불여일견이다

'백 번 듣는 것이 한 번 보는 것만 못하다'라는 뜻으로, 직접 경험해 보는 것의 중요성을 강조하는 말입니다.

很多朋友都说这儿很美，百闻不如一见，这儿真叫人难忘。
Hěn duō péngyou dōu shuō zhèr hěn měi, bǎi wén bù rú yí jiàn, zhèr zhēn jiào rén nánwàng.
많은 친구들이 이곳이 아름답다고 했는데, 백문이 불여일견이라고 여기는 정말 잊을 수가 없겠어.

我被他影响了。
Wǒ bèi tā yǐngxiǎng le.
저는 그에게 영향을 받았어요.

미리 보기

1 사진을 보며 단어를 익혀 보세요.

A 信用卡 xìnyòngkǎ

B 照相机 zhàoxiàngjī

C 碗 wǎn

2 아래 주어진 동사에 어울리는 목적어를 찾아 알맞게 연결해 보세요.

동사	목적어
① 影响 yǐngxiǎng	钱 qián
② 开走 kāizǒu	朋友 péngyou
③ 花完 huāwán	自行车 zìxíngchē
④ 骑走 qízǒu	汽车 qìchē

대화하기

1 사라진 카메라 🔊 20-01

小丽 我的照相机被谁拿走了？怎么找不到了？
Wǒ de zhàoxiàngjī bèi shéi názǒu le? Zěnme zhǎo bu dào le?

同事 你再找找。是不是没带来？
Nǐ zài zhǎozhao. Shì bu shì méi dàilai?

小丽 我找了，没找到啊。
Wǒ zhǎo le, méi zhǎodào a.

同事 别难过，再买一个吧，
Bié nánguò, zài mǎi yí ge ba,

公司东门外不就有一个大商场吗？
gōngsī dōngmén wài bú jiù yǒu yí ge dà shāngchǎng ma?

小丽 但是我这个月信用卡里的钱已经花得差不多了。
Dànshì wǒ zhège yuè xìnyòngkǎ li de qián yǐjīng huā de chà bu duō le.

照相机 zhàoxiàngjī 명 카메라 | **被** bèi 개 ~에 의해 | **难过** nánguò 형 슬프다, 견디기 어렵다 | **东** dōng 명 동(쪽) |
信用卡 xìnyòngkǎ 명 신용카드 | ***差不多** chà bu duō 형 큰 차이가 없다

서로 묻고 답하기

본문 내용을 토대로 답해 보세요.

1. 小丽找不到什么了？
   Xiǎolì zhǎo bu dào shénme le?

2. 小丽现在能买一个新的吗？为什么？
   Xiǎolì xiànzài néng mǎi yí ge xīn de ma? Wèi shénme?

2 사랑의 힘 🔊 20-02

小明　你怎么突然关心起体育来了？
　　　Nǐ zěnme tūrán guānxīn qǐ tǐyù lai le?

朋友　我的男朋友喜欢看足球比赛，我被他影响的。
　　　Wǒ de nánpéngyou xǐhuan kàn zúqiú bǐsài, wǒ bèi tā yǐngxiǎng de.

小明　看来只有爱，才能让人有变化。
　　　Kànlai zhǐyǒu ài, cái néng ràng rén yǒu biànhuà.

朋友　是啊，为了和他的爱好一样，
　　　Shì a, wèile hé tā de àihào yíyàng,
　　　我天天看球赛。
　　　wǒ tiāntiān kàn qiúsài.

小明　除了足球，他还影响你什么了？
　　　Chúle zúqiú, tā hái yǐngxiǎng nǐ shénme le?

朋友　我最近天天上网玩儿游戏，我的成绩差极了。
　　　Wǒ zuìjìn tiāntiān shàng wǎng wánr yóuxì, wǒ de chéngjì chà jí le.

关心 guānxīn 동 관심을 갖다 | 只有……才…… 접 zhǐyǒu……cái…… ~해야 비로소 ~하다 | 成绩 chéngjì 명 성적

서로 묻고 답하기

본문 내용을 토대로 답해 보세요.

1. 朋友的男朋友喜欢做什么？
   Péngyou de nánpéngyou xǐhuan zuò shénme?

2. 小明朋友的成绩为什么很差？
   Xiǎomíng péngyou de chéngjì wèi shénme hěn chà?

3 닮은꼴 두 형제 🔊 20-03

朋友 那个拿着碗吃饭的人是你哥哥吗？他和你长得真像。
Nàge názhe wǎn chī fàn de rén shì nǐ gēge ma? Tā hé nǐ zhǎng de zhēn xiàng.

大卫 我们经常被别人认错。
Wǒmen jīngcháng bèi biérén rèncuò.

朋友 只有你们的爸爸妈妈才能分出来哪个是哥哥，
Zhǐyǒu nǐmen de bàba māma cái néng fēn chūlai nǎge shì gēge,
哪个是弟弟吧。
nǎge shì dìdi ba.

大卫 除了父母以外，还有我们自己也能啊。
Chúle fùmǔ yǐwài, hái yǒu wǒmen zìjǐ yě néng a.

朋友 你们两个除了长得像，还有什么相同的地方？
Nǐmen liǎng ge chúle zhǎng de xiàng, hái yǒu shénme xiāngtóng de dìfang?

大卫 我们住在同一个楼、同一个房间……
Wǒmen zhù zài tóng yí ge lóu、tóng yí ge fángjiān……

碗 wǎn 명 그릇 | 分 fēn 동 구분하다 | *父母 fùmǔ 명 부모 | *相同 xiāngtóng 형 서로 같다, 일치하다

서로 묻고 답하기

본문 내용을 토대로 답해 보세요.

1. 因为大卫和哥哥长得很像，所以经常会有什么事？
   Yīnwèi Dàwèi hé gēge zhǎng de hěn xiàng, suǒyǐ jīngcháng huì yǒu shénme shì?

2. 大卫和他哥哥有什么相同的地方？
   Dàwèi hé tā gēge yǒu shénme xiāngtóng de dìfang?

불가능은 없다 🔊 20-04

年轻人遇到难题，常常很着急，不知道怎么办。其实，
Niánqīng rén yùdào nántí, chángcháng hěn zháojí, bù zhīdào zěnme bàn. Qíshí,

不同的问题有不同的解决办法。有些问题看上去很难，
bù tóng de wèntí yǒu bùtóng de jiějué bànfǎ. Yǒuxiē wèntí kàn shàngqu hěn nán,

但是做起来非常简单，所以得试着做做。有些问题看上去
dànshì zuò qǐlai fēicháng jiǎndān, suǒyǐ děi shìzhe zuòzuo. Yǒuxiē wèntí kàn shàngqu

虽然简单，但是解决起来难极了。所以只有真正做事情
suīrán jiǎndān, dànshì jiějué qǐlai nán jí le. Suǒyǐ zhǐyǒu zhēnzhèng zuò shìqing

的时候，才能了解有多难。不过，我们一定要相信：多么
de shíhou, cái néng liǎojiě yǒu duō nán. Búguò, wǒmen yídìng yào xiāngxìn: duōme

难的问题，都会被解决的。
nán de wèntí, dōu huì bèi jiějué de.

解决 jiějué 동 해결하다 | ***得** děi 조동 ~해야 한다 | **试** shì 동 시도하다 | ***真正** zhēnzhèng 부 진정한, 진짜로 | **多么** duōme 부 얼마나, 아무리

서로 묻고 답하기

본문 내용을 토대로 답해 보세요.

1. 年轻人遇到难题时应该怎么办？
   Niánqīng rén yùdào nántí shí yīnggāi zěnme bàn?

2. 我们在解决问题时要相信什么？
   Wǒmen zài jiějué wèntí shí yào xiāngxìn shénme?

포인트 짚어보기

★ '被'자문

개사 '被'는 '~에 의해', '~에게'라는 뜻으로, 피동문을 만들어 줍니다. '주어(A)+被/叫/让+목적어(B)+동사+기타 성분'의 형식으로 'A는 B에 의해 ~되다'라는 뜻을 나타냅니다. '被'가 올 경우 목적어는 생략될 수 있지만, '叫'나 '让'이 올 경우 목적어는 생략될 수 없습니다.

주어	被/叫/让	목적어	동사	기타 성분
我 Wǒ 나는	被 bèi ~에게	男朋友 nánpéngyou 남자 친구	影响 yǐngxiǎng 영향을 받았어요.	了。 le.
帽子 Màozi 모자는	被 bèi ~에 의해	(风) (fēng) (바람)	刮 guā 날아	走了。 zǒu le. 갔어요.
蛋糕 Dàngāo 케이크는	叫 jiào ~에 의해	弟弟 dìdi 남동생	吃 chī 먹었습니다.	完了。 wán le. [완료]
我的照相机 Wǒ de zhàoxiàngjī 내 카메라는	让 ràng ~에 의해	谁 shéi 누구	拿 ná 가져	走了? zǒu le? 갔나요?

부정부사나 조동사는 '被'의 앞에 씁니다.

问题还没有被解决呢。 문제는 아직 해결되지 않았어요.
Wèntí hái méiyǒu bèi jiějué ne.

病人还没被送到医院呢。 환자는 아직 병원으로 옮겨지지 않았어요.
Bìngrén hái méi bèi sòngdào yīyuàn ne.

> 病人 bìngrén 명 환자

下个月她会被妈妈送到美国。 다음 달에 그녀는 엄마에 의해 미국으로 보내질 거예요.
Xià ge yuè tā huì bèi māma sòngdào Měiguó.

연습해보기

괄호 안의 단어를 사용하여 대화문을 완성해 보세요.

(1) A 你的自行车呢?

　　B _____。

(2) A 你怎么没带照相机?

　　B _____。

(3) A 我刚买的咖啡呢?

　　B _____。

★ 只有……才……

'只有……才……'는 '(반드시) ~해야만 비로소 ~하다'라는 뜻으로, '只有'의 뒤에 유일한 조건을 제시하면 '才'의 뒤에 그 조건에 대한 결과가 제시됩니다.

只有写完作业，**才**能看电视。 숙제를 다 해야만 텔레비전을 볼 수 있어요.
Zhǐyǒu xiěwán zuòyè, cái néng kàn diànshì.

只有妈妈做的饭，她**才**爱吃。 엄마가 한 밥이어야만 그녀는 잘 먹어요.
Zhǐyǒu māma zuò de fàn, tā cái ài chī.

只有爸爸、妈妈**才**能分出来。 아빠와 엄마만 구분해낼 수 있어요.
Zhǐyǒu bàba、māma cái néng fēn chūlai.

看来**只有**爱，**才**能让人有变化。
Kànlai zhǐyǒu ài, cái néng ràng rén yǒu biànhuà.
보아하니 사랑이 있어야만 사람을 변화시킬 수 있어요.

연습해보기

빈칸을 채워 대화문을 완성해 보세요.

(1) A 你怎么学得这么认真？
　　B 妈妈说，只有学得好，才＿＿＿＿＿＿＿＿。

(2) A 最近你怎么吃得越来越少？
　　B 男朋友说，只有＿＿＿＿＿＿＿，穿衣服才漂亮。

(3) A 你怎么又出去锻炼啊？
　　B 爸爸说，只有常常锻炼，身体＿＿＿＿＿＿＿。

1. 두 단어가 한 단어가 되도록 주어진 뜻에 맞게 알맞은 한자를 골라 써 보세요.

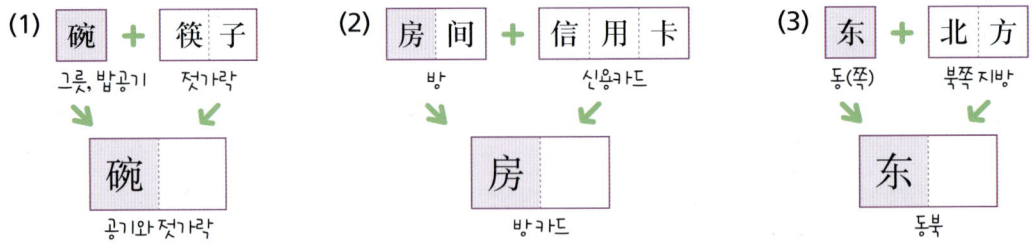

2. 아래의 보기에서 알맞은 단어를 골라 빈칸에 써 보세요.

| 보기 | 难过 | 试 | 东 | 多么 | 只有 | 成绩 |

(1) 别_____了，手机坏了就再买一个吧。
　　Bié　　　　le, shǒujī huàile jiù zài mǎi yí ge ba.

(2) 我什么时候能知道这次考试的_____?
　　Wǒ shénme shíhou néng zhīdào zhè cì kǎoshì de

(3) 今天的天气_____好啊！
　　Jīntiān de tiānqì　　　hǎo a!

(4) A 他怎么又看篮球比赛了？
　　　Tā zěnme yòu kàn lánqiú bǐsài le?

　　B _____看球赛，才能让他变得高兴。
　　　　　　kàn qiúsài, cái néng ràng tā biàn de gāoxìng.

(5) A 我的电脑又坏了。
　　　Wǒ de diànnǎo yòu huài le.

　　B 我_____一下，看看有什么问题。
　　　Wǒ　　　yíxià, kànkan yǒu shénme wèntí.

(6) A 请问，去中国银行怎么走？
　　　Qǐngwèn, qù Zhōngguó yínháng zěnme zǒu?

　　B 一直往_____走。
　　　Yìzhí wǎng　　　zǒu.

3. 다음 사진을 보고 학습한 단어를 이용하여 문장을 완성해 보세요.

(1)

A 把你的手机借给我，我玩儿会儿游戏。
Bǎ nǐ de shǒujī jiè gěi wǒ, wǒ wánr huìr yóuxì.

B 我的手机＿＿＿＿＿＿＿＿＿＿＿＿。
Wǒ de shǒujī

(2) A 妈妈，我那件白色的衣服呢？
Māma, wǒ nà jiàn báisè de yīfu ne?

B 刚被我＿＿＿＿＿＿。你今天要穿吗？
Gāng bèi wǒ　　　　　Nǐ jīntiān yào chuān ma?

(3)

A 孩子拿走你的信用卡，你不担心啊？
Háizi názǒu nǐ de xìnyòngkǎ, nǐ bù dān xīn a?

B 信用卡只有大卫拿着，我才＿＿＿＿＿＿。
Xìnyòngkǎ zhǐyǒu Dàwèi názhe, wǒ cái

(4) A 快到春节了，你不想出去旅游吗？
Kuài dào Chūnjié le, nǐ bù xiǎng chūqu lǚyóu ma?

B 想啊，但是只有买到飞机票，
Xiǎng a, dànshì zhǐyǒu mǎidào fēijī piào,

＿＿＿＿＿＿＿＿＿＿＿＿＿＿＿。

4. 3~4명이 한 팀이 되어 안 좋은 일을 겪었던 기억에 대해 이야기해 보세요. 이야기를 듣고 다른 팀원들은 '被', '叫', '让'을 이용해 아래 표에 써 보세요.

> **예시**
>
> 有一天，我去超市买了很多东西，到了家门口，才发现东西被我忘在超市了。
> Yǒu yì tiān, wǒ qù chāoshì mǎile hěn duō dōngxi, dàole jiā ménkǒu, cái fāxiàn dōngxi bèi wǒ wàng zài chāoshì le.

No.	이름	좋지 않은 경험
예시	小明 Xiǎomíng	东西被他忘在超市了。 Dōngxi bèi tā wàng zài chāoshì le.
①		
②		
③		
④		

속담 익히기

车到山前必有路
Chē dào shān qián bì yǒu lù

어디에든 길은 있기 마련이다

지날 수 없을 것 같은 산도 산 아래까지 가 보면 지나갈 길이 있다는 뜻으로 불가능한 것처럼 보이는 일도 해 보면 가능하다는 뜻으로 씁니다.

车到山前必有路，你就放心吧。
Chē dào shān qián bì yǒu lù, nǐ jiù fàng xīn ba.
어디에든 길은 있다고 했어. 안심해.

부록

본문 해석

모범 답안

단어 색인

본문 해석

01 주말에 무슨 계획 있어요?

대화하기

1 주말 계획
샤오리 주말에 너 무슨 계획 있어?
샤오깡 진작에 생각해뒀지. 밥 먹고, 영화 보고, 커피 마시자고 너에게 부탁하려고.
샤오리 나한테?
샤오깡 응. 내가 벌써 좋은 식당 찾아놨어. 영화표도 샀뒀고.
샤오리 아직 난 너랑 갈지 말지도 결정 못 했어.

2 엄마와 아들
엄마 얘가 계속 컴퓨터 게임만 하네. 숙제는 다 했니?
아들 다 했어요.
엄마 내일 시험 있지 않니? 어떻게 조금도 급하지 않아?
아들 저 진작에 복습 다 했어요.
엄마 그렇다고 계속 놀면 안 되지.

3 여행 계획
샤오리 다음 달에 나 여행 가는데, 너 나와 같이 갈 수 있어?
샤오깡 난 아직 결정하지 못 했어. 넌 어디가 제일 재미있는 것 같아?
샤오리 남쪽 지방이지. 우리 작년에 바로 이때쯤 갔지.
샤오깡 남쪽 지방은 너무 더워. 북쪽 지방이 조금 낫지. 춥지도 않고 덥지도 않잖아.

4 짐 싸기
샤오깡 과일, 빵, 차 모두 준비 끝났어. 우리 또 무엇을 가지고 가지?
샤오리 휴대전화, 컴퓨터, 지도. 하나라도 빠지면 안 돼.
샤오깡 이것들은 내가 어제 오후에 벌써 준비 다 했지.
샤오리 또 옷 몇 벌 더 가지고 가자.
샤오깡 우리는 여행하러 가는 거지, 이사하는 게 아니야. 그래도 좀 적게 가지고 가는 게 나아.

02 그는 언제 돌아와요?

대화하기

1 등산길에서
샤오리 좀 쉬자.
샤오깡 왜 그래?
샤오리 난 지금 다리도 아프고, 발도 아파.
샤오깡 그래. 저쪽에 나무가 많네. 우리 저쪽으로 가서 좀 앉자.
샤오리 올라올 때는 왜 이 정도로 힘들다고는 느껴지지 않았지?
샤오깡 산을 오르기는 쉽고 산에서 내려가기는 힘든 거야. 몰랐어?

2 전화 통화
저우 부인 여보세요. 안녕하세요. 저우밍 있나요?
비 서 저우 팀장님 외출하셨습니다. 사무실에 안 계세요.
저우 부인 어디 갔나요? 언제 돌아오죠?
비 서 일 처리하러 나가셨어요. 오후에 돌아오세요.
저우 부인 돌아오면 저에게 전화 걸라고 해주세요.
비 서 네. 사무실에 오시면 바로 말씀 드리겠습니다.

3 비오는 날
샤오깡 비가 정말 많이 오네. 어떻게 돌아갈래? 내가 바래다줄게.
샤오리 별거 아냐. 나가서 택시 한 대 부르면 돼.
샤오깡 그러면 잠깐 기다려. 내가 올라가서 너에게 우산 하나 가져다줄게.
샤오리 그래. 나도 너랑 같이 올라갈게.
샤오깡 넌 여기서 기다려. 우산 가지고 바로 내려올게.

4 부부의 대화
저우 부인 나 좀 봐요. 이렇게 뚱뚱해서 어떻게 하죠?
저 우 밍 매일 저녁 밥 먹자마자 잠을 자고, 나가서 좀 걷지도 않는데, 뚱뚱하지 않을 수 있어요?
저우 부인 사실 나 매일 운동한다고요.
저 우 밍 하지만 조금도 빠지지 않았잖아요! 무슨 운동을 했는데요?
저우 부인 밥 하잖아요.

03 탁자 위에 음료가 많이 놓여 있어요.

대화하기

1 샤오리의 집
샤오깡 내일 맑을까 흐릴까?
샤오리 흐려. 텔레비전에서 구름 많다고 했어. 왜? 무슨 일 있어?
샤오깡 별일 아냐. 우리 내일 등산하러 가려고 해.
샤오리 등산할 때 좀 조심해야 해.
샤오깡 알았어. 너도 갈래?
샤오리 난 안 갈래. 할 일이 있어.

2 쇼핑하기
저우 부인 이 바지 어떤 것 같아요?
저 우 밍 내 기억에 당신 벌써 이런 바지 두 벌 있어요.

저우 부인 그러면 우리 다른 것 좀 봐요.
저 우 밍 이 셔츠는 어때요?
저우 부인 나름 괜찮네요. 얼마예요?
저 우 밍 여기에 320위안이라고 써 있어요.
저우 부인 한 벌 사요.

3 과일 가게
저우 부인 이 과일들 정말 신선하네요. 우리 수박 살까요 아니면 사과 살까요?
저 우 밍 수박 사죠. 봐요. 여기에 '수박이 안 달면 돈 안 받는다'고 써 있네요.
저우 부인 그럼 우리 좀 큰 걸로 하나 사죠.
저 우 밍 사과도 몇 개 사요.
저우 부인 좋아요. 오늘 저녁에는 과일만 먹고 밥은 먹지 말아요!

4 휴게실에서
샤오리 탁자 위에 음료가 많이 놓여 있어. 뭐 마실래?
샤오깡 차나 커피나 다 괜찮아. 너는? 뭐 마실래?
샤오리 난 차 마실래. 차는 내가 제일 좋아하는 거야. 날이 추워지거나 일하다 지쳤을 때 뜨거운 차 한 잔 마시면 한결 편안해져.
샤오깡 너는 무슨 차 마시는 걸 좋아해?
샤오리 화차, 녹차, 홍차 다 좋아해.

04 그녀는 늘 웃으며 손님과 이야기해요.

🗨️ 대화하기

1 사진을 보면서
샤오밍 이거 너희 시합 사진이야?
마르코 맞아. 이건 우리가 시합 후에 찍은 거야.
샤오밍 잘 찍었네. 너희 다 같은 학년이야?
마르코 아냐. 저기 키도 크고 예쁜 여자 아이는 2학년이야.
샤오밍 옆에 책을 들고 웃고 있는 저 사람은 누구야?
마르코 그건 나야!

2 인기 많은 그녀
샤 오 리 너는 샤오홍이 어떤 것 같아?
학교 친구 그녀는 똑똑하고 친절하고, 또 아주 열심히 해.
샤 오 리 보니까 늘 웃으면서 선생님의 질문에 대답하더라.
학교 친구 그녀는 모든 사람에게 웃어. 나한테도 자주 웃어.
샤 오 리 너 걔 좋아하는 거 아냐?
학교 친구 걔 좋아하는 사람 진짜 많아. 봐. 꽃을 들고 문 앞에 서 있는 사람들 다 그녀를 기다리는 거야.

3 슈퍼마켓에서
샤오깡 난 배가 좀 고픈데, 우리 마트에 들어가서 물건 좀 사자.
샤오리 좋아. 이 마트의 케이크가 싸기도 하고 맛도 있어. 한 조각에 겨우 2.99위안이야.
샤오깡 우리 두 조각 사자. 집에 가서 케이크를 먹으면서 텔레비전 보자. 어때?
샤오리 좋아. 난 또 마실 것도 조금 살래.
샤오깡 커피 마시면서 케이크 먹자. 정말 좋다!

4 사람 찾기
매니저 안녕하세요! 누구를 찾으시나요?
손 님 여기에 젊고 예쁜 직원분 하나 있지 않나요?
매니저 저희 가게에는 젊고 예쁜 직원이 아주 많이 있는데요.
손 님 그녀는 열심히 일하고 또 친절해요.
매니저 좀 더 말씀해 주시겠어요?
매니저 그녀는 늘 웃으면서 손님과 이야기해요.
손 님 아, 알겠어요. 말씀하시는 분이 리샤오메이군요?

05 나는 요즘 갈수록 뚱뚱해지고 있어.

🗨️ 대화하기

1 차보다 물
친 구 내가 듣기에 너 몸이 아프다며. 어때?
샤오리 지난 며칠 열이 조금 났어. 지금은 많이 좋아졌어.
친 구 차 한 잔 마셔. 너를 위해 산 녹차야. 아주 좋아.
샤오리 고마워. 나 약 먹어야 해서 지금은 차 안 마셔.
친 구 그럼 물 한 잔 마셔.
샤오리 그래.

2 아들의 감기
저우 부인 미안. 내일 너희들하고 놀러 가지 못하게 됐어.
장 부 인 왜? 무슨 일이야?
저우 부인 우리 아들이 병이 났어. 집에서 걔를 보살펴야 해.
장 부 인 약은 먹었어? 병원에 가야 하지 않아?
저우 부인 병원에는 갈 필요 없어. 어제 감기약 먹었고, 지금은 좀 좋아졌어.
장 부 인 그러면 우리는 다음에 다시 같이 놀러 가자.

3 좋아하는 계절
샤오리 넌 어느 계절이 제일 좋아?
샤오깡 당연히 봄이지. 날씨가 그렇게 춥지 않고, 풀과 나무도 푸르게 변하고, 꽃도 피잖아.
샤오리 난 여름이 제일 좋아. 왜냐하면 예쁜 치마를 입을 수 있거든.
샤오깡 그럼 나도 여름이 좋아지네.
샤오리 어째서? 너도 예쁜 치마 있어?
샤오깡 아니. 난 네가 예쁜 치마 입은 걸 보는 게 좋아.

4 작아진 치마
샤오리 나는 요즘 갈수록 뚱뚱해지고 있어.
샤오깡 누가 그래? 난 네가 점점 예뻐지는 것 같은데.

샤오리 봐. 이 치마 작년에 산 건데, 올해는 못 입게 됐어.
샤오깡 그건 네가 너무 많이 먹었기 때문이야. 조금 적게 먹어 봐.
샤오리 내가 하는 밥이 갈수록 맛있어지는데, 어떻게 조금 먹을 수가 있겠어?

06 어째서 갑자기 찾을 수 없는 걸까요?

대화하기

1 안경 찾기

저 우 밍 내 안경이 어디 있죠? 어째서 갑자기 찾을 수 없는 걸까요? 당신 봤어요?
저우 부인 못 봤는데요.
저 우 밍 난 안경 없으면 안 되는데. 안경 없으면 한 글자도 제대로 보이질 않아요.
저우 부인 방에 가서 좀 찾아 봐요. 좀 전에 탁자 위에 둔 거 아니에요?
저 우 밍 내가 어떻게 보겠어요? 빨리 와서 도와줘요.
저우 부인 알았어요. 내가 당신 도와서 찾아 볼게요.

2 어려운 과제

학교 친구 오늘 숙제 너 다 했어?
아   들 방금 다 했어. 너는?
학교 친구 오늘 이 문제들은 특히 어렵네. 봐도 이해가 안 돼. 못 하겠어. 네가 나 도와줄 수 있어?
아   들 전화로는 분명하게 설명할 수가 없어. 네가 우리 집에 와. 설명해줄게.
학교 친구 알았어. 나 운동 끝나고 바로 건너 갈게.

3 변명

동   료 어째 기분이 좀 별로인가 봐?
샤오깡 샤오리에게 밥 먹자고 하고 싶은데, 괜찮은 식당을 못 찾겠어.
동   료 그럼 음악 공연 보자고 해. 그녀는 음악 듣는 거 좋아해.
샤오깡 음악 공연은 사람이 너무 많아서 표를 살 수가 없어.
동   료 그럼 공원 가서 좀 걷고 이야기도 좀 하고 하지.
샤오깡 공원은 너무 넓어. 얼마나 피곤하겠어.

4 커피보다 우유

저우 부인 당신 왜 또 커피를 마셔요?
저 우 밍 왜요?
저우 부인 저녁에 잠이 안 온다고 했잖아요?
저 우 밍 괜찮아요. 한 잔만 마실게요.
저우 부인 차라리 우유를 한 잔 마셔요. 잠을 더 푹 잘 수 있어요.
저 우 밍 좋아요. 우유는요?
저우 부인 아직 안 샀는데요.

07 그녀와 안 지 벌써 5년 됐어.

대화하기

1 새로 온 동료

동   료 저기 예쁜 새 직원은 누구지?
샤오깡 샤오리야.
동   료 베이징에는 막 온 건가?
샤오깡 아냐. 베이징에서 삼 년째 일하고 있어.
동   료 전에는 어디서 일했대?
샤오깡 은행에서 이 년 동안 일한 다음에 우리 회사에 왔어.

2 주말 데이트

동   료 주말에 너 샤오리랑 어디 놀러 갔었니?
샤오깡 우리 노래 부르러 갔었어.
동   료 얼마나 오래 불렀는데?
샤오깡 두 시간 동안 노래를 불렀어. 저녁에 음악회도 갔어.
동   료 너희 둘 다 음악에 관심 있어?
샤오깡 그녀는 음악에 관심이 있고, 나는 그녀한테 더 관심이 있지.

3 결혼 발표

샤오깡 나 샤오리랑 다음 달에 결혼해. 그때 네가 오면 좋겠어.
동   료 뭐? 결혼?
샤오깡 응. 갑작스러워?
동   료 너희 이제 막 알게 된 거 아니었어?
샤오깡 그녀와 안 지 벌써 5년 됐어.
동   료 네가 그녀와 결혼한다니, 그럼 난 어떡해?

4 고장난 시계

샤오리 시계 좀 봐. 왜 늦었어?
샤오깡 안 늦었어.
샤오리 7시 반에 나 데리러 온다고 했잖아? 15분 늦었어.
샤오깡 지금 7시 반 아냐?
샤오리 벌써 8시 15분 전이야! 나 여기서 30분째 기다리는 중이었다고.
샤오깡 내가 지각한 게 아니고 네 시계가 15분 빠른 거야.

08 당신이 가는 곳이 어디든 저도 갈래요.

대화하기

1 집 구하기

동   료 듣자 하니 너 최근에 집을 살 계획이라면서?
샤오리 맞아. 어제 가서 좀 봤고, 오늘 또 보러 갔어. 내일도 또 가서 한번 보려고.
동   료 다 마음에 안 들어?
샤오리 하나는 엘리베이터가 없어서 불편해. 하나는 엘리베이터는 있는데 20층이야.
동　료　20층이 어때서?
샤오리　너무 높잖아. 내려다 보면 얼마나 무서워!

2 이별 선물
샤오밍　듣자 하니 너 다음 주에 바로 귀국한다고?
마르코　맞아. 정말 베이징을 떠나고 싶지 않아.
샤오밍　나 다음 주에는 베이징에 없어. 너를 배웅하러 공항에 갈 수가 없겠다.
마르코　괜찮아. 너 바쁘잖아.
샤오밍　이 꼬마 판다 너에게 줄게. 나중에 중국에 또 오면 좋겠다.
마르코　고마워. 앞으로 다시 만날 수 있길 바라.

3 카페에서
샤오리　샤오깡, 우리 어디 앉을까?
샤오깡　어디든 네가 앉는 데 앉을래.
샤오리　여기 앉자. 여기가 조용해. 무슨 음료 마실 거야?
샤오깡　뭐든지 네가 마시는 거 마실 거야.
샤오리　콜라 마시자. 좀 기다려. 금방 돌아올게.
샤오깡　샤오리, 어디 가는데? 네가 가는 데는 어디든 나도 갈래.
샤오리　나 화장실 가는 거야.

4 동창과의 만남
학교 동창　곧 5년이 되네. 너 거의 안 변했다.
저우 부인　누가 그래? 나 살쪘어. 예전 옷을 하나도 입지 못하는 걸.
학교 동창　건강이 제일 중요하지. 살이 찌든 마르든 상관 없어.
저우 부인　맞아. 뭐든 먹고 싶은 게 있으면 먹어야지.
학교 동창　밥은 네가 하니, 저우밍이 하니?
저우 부인　내가 해. 뭐든 먹고 싶은 게 있으면 바로 해. 얼마든 먹고 싶은 만큼 하고.

09 그녀는 중국어를 중국인처럼 잘해요.

대화하기

1 마르코의 중국어 실력
따　샨　마르코, 너는 중국어를 갈수록 잘하는구나!
마르코　아니야. 우리 반 리징이 더 잘해.
따　샨　얼마나 잘하는데?
마르코　그녀는 중국어를 중국인처럼 잘해.
따　샨　리징? 난 왜 이 이름을 못 들어봤지?
마르코　우리 반 중국어 선생님이야.

2 케이크 가게에서
샤오리　그만 먹어. 너 벌써 세 조각 먹었어.
샤오깡　이게 마지막 한 조각이야.
샤오리　너 늘 단 것을 먹는데, 먹는 대로 살 찔 거야.
샤오깡　걱정 마. 난 절대로 뚱뚱해지지 않아.

샤오리　왜?
샤오깡　우리 집 식구들 모두 말랐거든. 먹어도 살이 안 쪄.

3 등산하기
샤오리　나 좀 겁나.
샤오깡　왜?
샤오리　산이 높아질수록 걷기가 힘들어. 올라올수록 점점 추워지고.
샤오깡　걱정할 필요 없어. 내가 있잖아. 내가 여기 꽤 잘 알아.
샤오리　그럼 우리 일단 잠깐만 쉬자. 조금만 이따가 다시 올라가자.
샤오깡　좋아. 잠시 후에 우리는 여기 가운데 길로 올라가면 돼.

4 샤오밍과 친구
학교 친구　샤오밍, 너 눈이 왜 판다 같아진 거야?
샤 오 밍　나 요 며칠 발이 아파서, 제대로 쉬지를 못했어.
학교 친구　병원에 가봤어? 의사가 뭐라고 말해?
샤 오 밍　의사가 나더러 푹 쉬래. 휴식을 많이 할수록 회복도 빠르대.
학교 친구　다음 달 농구 시합에 너 참가할 수 있겠어?
샤 오 밍　반드시 참가할 수 있어. 조금도 영향 없어.

10 수학이 역사보다 훨씬 어려워요.

대화하기

1 마르코와 따샨
친구　따샨, 너랑 마르코 중 누구 키가 커?
따샨　마르코가 나보다 커. 내가 마르코보다 조금 작지.
친구　그러면 너희 누가 나이가 많아?
따샨　내가 마르코보다 두 살 많아.
친구　너희 누가 중국어를 더 잘해?
따샨　마르코가 나보다 좀 잘해. 내 중국어는 그만 못하지.

2 좋아하는 과목
샤 오 밍　난 역사, 체육 수업이 좋아. 수학 수업은 싫어.
학교 친구　왜? 수학도 아주 재미있어.
샤 오 밍　나는 수학이 역사보다 훨씬 어려운 것 같아. 난 들어도 모르겠어.
학교 친구　걱정 마. 내가 도와줄 수 있어.
샤 오 밍　좋아. 우리 매일 얼마나 공부할까?
학교 친구　한두 시간 정도 하자.

3 출퇴근 시간
동　료　너 요즘 전보다 훨씬 일찍 오네. 이사했어?
샤오리　맞아. 몰랐구나? 나 지난달에 이사했어. 걸어서 20분이면 바로 도착해.
동　료　그럼 아주 편하겠네.
샤오리　나는 자전거도 하나 살 생각이야. 자전거를 타면 7~8분이면 도착할 수 있어.

동　료　너 한 대 있지 않니?
샤오리　그거 너무 낡아서 한 대 바꾸려고. 아주 싸. 2~300위안이야.

4 방 구하기
따　샨　이 두 곳의 집은 똑같나요?
부동산 사장　다르지요. 보세요. 학교 밖의 집은 학교 안의 것보다 조금 큽니다.
따　샨　크기는 상관 없어요. 가장 중요한 건 환경이죠. 어디가 더 조용한가요?
부동산 사장　학교 안의 것은 학교 바깥만큼 조용하지 못해요.
따　샨　어디가 좀 더 편리한가요?
부동산 사장　학교 안이 학교 바깥보다 편리하죠. 근처에 정거장이 세네 개 있어요.

11 에어컨 끄는 것을 잊지 마세요.

대화하기

1 전등 끄기
샤 오 밍　나 먼저 갈게.
학교 친구　너 어디 가?
샤 오 밍　나 도서관에 책 빌리러 가.
학교 친구　나 대신에 이 사전 좀 반납해줘.
샤 오 밍　알았어. 조금 이따가 교실 떠날 때 전등 끄는 거 기억해.
학교 친구　알았어. 걱정 마.

2 회의가 끝나고
저우밍　회의 끝난 다음 에어컨 끄는 것을 잊지 마세요.
샤오리　네. 왕 팀장님이 2시 정도에 전화했습니다.
저우밍　그가 벌써 베이징에 도착했나요?
샤오리　네. 지하철 타고 우리 회사로 오는 중입니다.
저우밍　도착하면 나에게 바로 알려주세요.

2 아빠의 생신
엄마　아직 젓가락 한 벌이 부족하네. 좀 가지고 오렴.
아들　오늘 음식을 왜 이렇게 많이 했어요?
엄마　오늘 네 아빠 생일이잖아.
아들　정말이요? 아빠 생일을 잊고 있었네요. 그럼 우리 오늘 맥주도 좀 마셔요.
엄마　아빠는 술 한 모금도 마시면 안 된다고 의사가 말했어. 아빠가 맥주병을 못 보게 하렴.

단문 읽기

■ 만능 컴퓨터
이 노트북 컴퓨터는 제가 작년에 살 때 5000위안 정도 했습니다. 지금은 많이 싸졌습니다. 저는 이 컴퓨터를 팔고 다시 더 좋은 걸로 사려고 합니다. 지금 제가 매일 일어나서 처음으로 하는 일이 컴퓨터를 켜고, 이메일을 보는 것입니다. 저는 이미 손편지를 쓰는 일이 매우 적고 펜으로 글씨 쓸 일도 적고, 컴퓨터를 이용해서 공부하고 일하는 것이 이미 익숙해졌습니다. 어느 날 갑자기 컴퓨터가 없어진다면 우리는 어떻게 하지요?

12 중요한 물건은 저에게 맡겨 두세요.

대화하기

1 지각은 금물
샤오리　오늘 태양이 서쪽에서 떴나 봐?
샤오깡　왜 그래?
샤오리　너 왜 이렇게 일찍 자는 거야? 전에는 늘 12시 넘어서야 잤잖아.
샤오깡　나 내일 8시에 회사에 도착해야 해.
샤오리　일이 있어?
샤오깡　팀장이 화났어. 내일 8시에 도착하지 못하면 앞으로 출근하지 말라고 하셨어.

2 남편의 출장
샤오깡　나는 저우 팀장님과 업무 보러 지방에 가. 내일 비행기야.
샤오리　그럼 네가 옷을 여행 가방에 넣는 걸 도와줄게. 언제 돌아와?
샤오깡　일주일이면 돌아와.
샤오리　응? 일주일 후에나 돌아온다고?
샤오깡　스스로 잘 돌봐야 해. 미리 널 위해 먹을 것과 마실 것을 챙겨 뒀어.
샤오리　알았어. 나 이미 네 가방에 내 사진 넣어놨지.

3 공항에서
저우밍　왜 이제야 옵니까?
샤오깡　죄송해요, 팀장님. 공항 오는 길에서야 여권 챙기는 걸 깜박한 것을 알았어요.
저우밍　빨리 좀 해요. 비행기 곧 출발해요.
샤오깡　돈 있으세요? 공항에 도착한 다음에야 지갑을 깜박한 걸 알았어요.
저우밍　보아하니 중요한 물건은 나한테 맡겨 두는 게 낫겠네요.

단문 읽기

■ 습관도 학습
저는 중학교 교사입니다. 학생들에게 그림 그리기를 가르칩니다. 매번 수업이 끝나기 전에 저는 늘 다음 번에 학생이 가져와야 할 것들을 칠판에 씁니다. 그러나 매번 수업할 때마다 늘 연필을 안 가져오는 학생이 있습니다. 그래서 저는 화가 좀 납니다. 그들이 연필을 가져오지 않았기 때문이 아니라, 그들에게 좋은 공부 습관이 없기 때문입니다.

13 저는 걸어 돌아왔어요.

대화하기

1 출장 선물

샤오리 드디어 돌아왔구나! 어디서 물건을 이렇게 많이 사 왔어?
샤오깡 다 그곳의 상점에서 사 왔어.
샤오리 왜 레드 와인까지 사 왔어? 누가 마셔?
샤오깡 이건 할아버지께 드릴 선물이야. 내일 우리 같이 가져다 드리자. 할아버지, 할머니도 좀 뵙고.
샤오리 그럼 내 선물은? 빨리 꺼내서 보여줘.
샤오깡 내가 벌써 돌아왔잖아?

2 동창과의 만남

샤오리 나 오늘 너랑 한 여자가 카페에 들어가는 것을 봤어. 그 여자 누구야?
샤오깡 걔 오늘 길에서 마주친 동창이야.
샤오리 두 사람 같이 커피 마시러 간 거야?
샤오깡 그럼. 커피 마시면서 옛날 일들을 좀 이야기했지.
샤오리 이렇게 늦게 집에 왔으니 옛날 일 이야기할 게 많았나 봐?
샤오깡 아냐. 버스가 끊겨서 걸어서 돌아왔어.

3 전화 통화

동 료 샤오리, 주말에 넌 보통 샤오깡이랑 영화 보러 나가니?
샤오리 나는 영화 보러 영화관에 가는 일은 드물어. 집에서 텔레비전 보는 걸 더 좋아해.
동 료 텔레비전 보는 게 무슨 재미가 있어?
샤오리 먹으면서 볼 수 있지. 오래 앉았으면 일어나서 좀 쉴 수도 있고.
동 료 나가서 다니기도 좀 해야 해. 그래야 사는 게 더 재미있지.
샤오리 그 사람이 있어서 내 생활은 이미 아주 즐거워.

단문 읽기

■ **작은 소망**

막 결혼했을 때 저희 남편은 중학교 교사였습니다. 그는 매일 아침에 일어나서 아침을 먹으며 신문을 보는 걸 좋아했죠. 십 년이 지났고 지금 그는 벌써 교장이 되었습니다. 너무 바쁘기 때문에 매일 아침에 잠에서 깨면 그를 볼 수가 없습니다. 저녁에는 아주 늦은 시간에야 돌아옵니다. 저는 그가 과로로 몸이 상할까 정말 걱정입니다. 그가 회의를 좀 줄이고, 휴식을 좀 늘리고, 저와 아이하고 자주 같이 있으면 좋겠습니다.

14 네가 과일을 가지고 와.

대화하기

1 손님 맞이 준비

저우 부인 손님이 곧 오는데, 왜 아직도 방을 청소하지 않나요?
저 우 밍 서두르지 마요. 아이들에게 청소하라고 했어요. 손님이 올 때 애들이 방을 깨끗하게 청소해둘 거예요.
저우 부인 그래도 당신 텔레비전 보면 안 되죠.
저 우 밍 나보고 뭐 하라고요?
저우 부인 먼저 차랑 잔을 놓고요. 그런 다음에 냉장고 안의 수박을 꺼내 오세요.
저 우 밍 너무 덥네요. 먼저 에어컨을 켜는 게 좋겠어요.

2 동료와의 전화

동 료 뭐가 그렇게 바빠? 좀 전에 네 휴대전화에 걸었는데, 넌 받지도 않더라.
샤오깡 미안해. 나 막 목욕하느라 못 들었어. 무슨 일이야?
동 료 너에게 회사 일들 좀 물어보고 싶어서.
샤오깡 일단 조금 기다려 봐. 나 가서 텔레비전을 끌게.
동 료 괜찮아. 너 일단 텔레비전 프로그램 다 보고, 그 다음 나에게 전화해.

3 샤오밍의 집

학교 친구 오늘 밤 달이 정말 예쁘다. 흰 쟁반 같아.
샤 오 밍 그렇네. 밖에 바람도 안 불어. 우리 밖에 앉아서 달도 보면서 뭐 먹자. 어때?
학교 친구 좋아. 내가 먼저 탁자와 의자를 밖으로 옮길게. 그런 다음 네가 과일을 가지고 와. 아주머니와 아저씨 두 분 젊었을 때 이야기 좀 듣자.
샤 오 밍 좋다! 잊지 말고 따샨에게도 전화해서 바로 오라고 해.
학교 친구 전화할 필요 없어. 밖에 목소리 들어봐, 따샨이 분명해.

단문 읽기

■ **과일 밥**

과일 밥을 먹어본 적 있나요? 식당 메뉴판에서 과일 밥을 본 적이 있나요? 과일 밥 배워서 해보고 싶으세요? 사실 과일 밥을 하는 것은 아주 쉽습니다. 먼저 밥을 잘 짓고, 그 다음에 다시 신선한 과일 한 조각 한 조각 넣으면, 과일 밥은 완성됩니다. 사과 밥을 만들 수도 있고, 바나나 밥을 만들 수도 있습니다. 만약에 원한다면 수박 밥도 만들 수 있습니다. 신선한 과일을 많이 먹으면 몸에 좋답니다.

15 다른 것은 모두 문제 없어요.

대화하기

1 중국어 실력 쌓기

따 샨: 선생님, 저 중국에 유학 온 지 2년이 되었어요. 그러나 제 중국어 실력이 느는 게 너무 느려요.
선생님: 너 매일 열심히 공부하고, 연습하고, 숙제도 다 했어. 줄곧 좋았어.
따 샨: 이거 어제 숙제예요. 맞는지 틀리는지 봐 주세요.
선생님: 잘 썼구나. 이 문장 뜻이 조금 모호한 것 말고는 다른 것은 모두 별 문제 없네.
따 샨: 선생님, 감사합니다!
선생님: 앞으로 이해 안 되는 부분이 있으면 나에게 전화를 걸거나 이메일을 보내도 돼.

2 시합을 앞두고

학 생: 선생님, 샤오원 빼고 다른 사람들은 다 왔어요.
선생님: 시합은 금방 시작되는데 샤오원은 왜 아직 안 오지?
학 생: 방금 그녀가 전화했는데 오는 길이래요.
선생님: 기다리지 말자. 우선 모두에게 이번 시합의 요구 사항과 주의 사항을 알려줄게.
학 생: 선생님, 걱정 마세요. 오늘 시합은 우리가 반드시 1등할 수 있어요.

3 편리한 인터넷

동 료: 요즘은 컴퓨터로 인터넷 하는 게 정말 편해!
샤오깡: 맞아. 뉴스 보는 것 외에도 인터넷으로 노래도 듣고, 영화도 보고, 물건도 살 수 있지.
동 료: 아 맞다. 너 인터넷에서 산 그 옷은? 왜 네가 입은 걸 못 봤지?
샤오깡: 그 옷 내가 입어 보니까 조금 작아서 동생에게 줬어.
동 료: 걔는 마음에 든다고 해?
샤오깡: 돈 안 쓰고 옷이 새로 생겼으니 아주 좋아하지.

단문 읽기

■ 맥주 축제

춘절과 추석 말고도 맥주 축제 역시 이곳의 중요한 기념일입니다. 이곳에서는 매년 여름 맥주 축제가 한 차례 열립니다. 맥주 축제에서 당신은 세계 여러 지방의 맥주를 마실 수 있습니다. 맥주를 마시는 것 말고도 당신은 거리 양쪽에서 세계 여러 지방의 춤과 노래를 볼 수 있습니다. 세계 여러 곳의 맥주 문화를 알고 싶나요? 이곳 맥주 축제를 보러 오세요.

16 요즘 피곤해서 퇴근하면 바로 자고 싶어요.

대화하기

1 회사에서

샤오리: 저는 계속 같은 도시에 사는 게 싫어요. 다른 도시도 가보고 싶어요.
저우밍: 나도 젊을 때 그렇게 생각했어요. 그러나 그때는 돈이 없었어요. 만약 돈이 있었다면 갔을 거예요.
샤오리: 그럼 지금은 왜 안 가세요?
저우밍: 지금은 돈이 문제가 아니라 중요한 것은 시간이 없다는 것이죠.
샤오리: 제 생각에 팀장님은 이제 시간이 있어도 놀러 가지는 않으실 것 같아요.
저우밍: 맞아요. 요즘 피곤해서 퇴근하면 바로 자고 싶어요.

2 동료의 딸

동 료: 우리 딸 보러 와줘서 고마워. 네가 선물한 꼬마 구두랑 꼬마 모자 정말 예쁘다!
샤오리: 너무 예의 차린다. 네 딸 얼굴이 하얗고 통통해서 정말 귀엽다! 지금 키가 몇이야?
동 료: 곧 1m 돼. 25kg.
샤오리: 코가 앙증맞고, 머리카락 까만 거 봐. 누구 닮았지?
동 료: 자기 아빠 닮았어. 막 태어났을 때 얘 아빠가 신나서 밤새 잠도 못 잘 정도였어.

3 치통

샤오깡: 나 이가 아직도 아주 아파.
동 료: 만약에 불편하면 병원에 가서 진찰 한번 받아 봐.
샤오깡: 꽤 여러 번 진찰 받았어. 그런데 별 소용이 없네.
동 료: 의사는 뭐라고 하는데?
샤오깡: 매번 의사는 늘 귀가하면 양치질 잘 하라고 해.

단문 읽기

■ 인간 관계

사람들은 다들 요즘 사람과 사람의 관계가 아주 차갑다고 느낍니다. 이건 아마도 일이 너무 바쁘기 때문입니다. 바빠서 남들과 만날 시간이 없을 정도이고, 피곤해서 남들과 말도 하기 싫을 정도입니다. 사실 우리는 남들에게 더 많이 웃어줘야 합니다. 말할 때 만약 '안녕하세요', '고맙습니다' 같은 말들을 더 많이 한다면 다른 사람들과의 관계는 나아질 겁니다.

17 누구라도 당신의 '병'을 진단할 수 있는 방법이 있어요.

대화하기

1 휴가 신청

샤오리 저우 팀장님, 다음 주에 며칠 휴가를 내도 되나요?
저우밍 무슨 일 있나요?
샤오리 제 오랜 친구가 결혼하거든요. 그와 2년 동안 못 봤어요.
저우밍 모두 며칠 동안 휴가 낼 건가요?
샤오리 삼 일이요.

2 나의 남편

동 료 샤오리, 저 키 큰 남자 너희 회사 사람이야? 저 사람에 대해서 알아?
샤오리 우리는 전에 이웃이었고, 나중에는 대학 동창이었고, 사이가 쭉 좋았어.
동 료 저 사람 보통 뭐 하는 걸 좋아해?
샤오리 저 사람 취미가 많지. 노래 부르기, 그림 그리기, 축구 하기, 무엇이든 할 줄 알아.
동 료 정말? 그럼 우리 좀 알게 소개해 줘.
샤오리 안 돼. 저 사람 지금은 내 남편이야.

3 건강을 위해

저우 부인 최근에 나 몸이 안 좋아요. 나 좀 데리고 병원에 가서 진찰 좀 받아요.
저 우 밍 병원 안 가도 돼요. 누구라도 당신 '병'을 진단할 수 있는 방법이 있어요. 대답해 봐요. 얼마나 오래 운동을 안 했죠?
저우 부인 삼 년 동안 운동 안 했죠.
저 우 밍 운동이 몸에 좋다는 건 누구나 알아요. 그런데 당신은 배부르면 바로 자죠.
저우 부인 건강을 위해서 정말 운동 좀 해야겠어요. 내일부터 매일 오래 달리기를 하러 갈 거예요.

단문 읽기

■ **운동 시 주의할 점**

'운동은 매우 중요하다' 이 말은 누구나 다 압니다. 그러나 어떻게 운동하는지도 아시나요? 첫째, '맞는' 시간을 선택해야 합니다. 일반적으로 말하면 아침 9시가 최적의 시간입니다. 겨울에는 조금 더 늦게 해야 합니다. 둘째, '맞는' 장소를 선택해야 합니다. 공원, 산, 수영장 이런 곳들에서 다 운동을 할 수 있습니다. 셋째, 반드시 자신의 건강 상태에 따라 운동해야 합니다. 만약에 오랫동안 등산이나 수영을 하지 않았다면, 잠시 운동하고 나서 반드시 잠깐 휴식을 취해야 합니다. 또 막 운동을 마치고 목이 마를 때 바로 물을 마시면 안 되는 것을 기억해야 합니다.

18 저는 그들이 동의할 것이라고 믿어요.

대화하기

1 돈 빌리기

친 구 라오저우, 나 집을 사려고 하는데 너에게 돈을 조금 빌리고 싶어.
저우밍 문제 없지. 나한테 있기만 하면 바로 너에게 빌려줄 거야. 지금 얼마나 모자라?
친 구 아직 5만 위안 모자라네.
저우밍 알았어. 돈은 오후에 너에게 보내줄게. 너는 어디에 집을 살 계획이야?
친 구 우리 병원 바로 앞에.
저우밍 그럼 너 앞으로 병원 가기 편하겠다.

2 강아지 기르기

샤오밍 엄마, 저 강아지 얼마나 귀여운지 보세요. 눈이 크고, 입은 조그맣고, 우리 사 가요.
엄 마 동물과 아이는 같아. 누군가 돌봐야만 해. 집에 사 가면 누가 쟤를 돌보지?
샤오밍 제가 돌보면 되죠.
엄 마 요즘 너는 네 옷도 빨지 않는데, 네가 쟤를 제대로 돌볼 수 있겠어?
샤오밍 사주기만 하면 저는 잘 돌볼 수 있어요.

3 취업 면접

팀장 왜 우리 회사에 와서 일하려고 선택했는지 말씀해 보세요.
학생 귀사는 매우 유명할 뿐 아니라, 근무 환경도 좋습니다.
팀장 이 일이 좀 힘들어요. 자주 지방에 다녀야 합니다. 가족들이 동의할까요?
학생 제가 원한다면 가족들도 동의할 것이라고 믿습니다.
팀장 좋습니다. 그럼 내일 출근하세요. 이 일에 관해서 무슨 질문이 또 있나요?
학생 없습니다. 저에게 이런 기회를 주셔서 감사합니다. 열심히 하겠습니다.

단문 읽기

■ **다양한 문화**

나라마다 다른 문화가 있고, 모든 종류의 문화에는 자신만의 특징이 있습니다. 새로운 환경에서 당신은 모든 것이 다 새로우면서 또한 조금은 이상하다고 느낄 겁니다. 어떤 나라는 이름을 성 앞에 쓰고, 어떤 나라는 이름을 성 뒤에 쓰는 것처럼요. 그러나 어느 정도 시간이 지나면 천천히 익숙해질 것입니다.

19 못 알아보겠어?

대화하기

1 딸의 헤어 스타일

아빠 우리 딸은 요즘 머리카락을 귀 뒤로 넘기길 좋아하더라고요. 왜 그런지 알아요?
엄마 그렇게 하면 얼굴이 좀 예뻐 보이니까요.
아빠 난 요즘 그 애가 예전이랑 좀 달라진 것 같아요.
엄마 우리 딸은 많이 변했죠. 어릴 적에는 짧은 머리를 좋아했지요. 남자 애들처럼요.
아빠 나도 생각 나요. 그 애는 요즘 조금씩 여성스러워지기 시작해요.

2 옷이 날개

샤오리 지난번 우리가 말타기 대회에 참가했던 사진을 내가 몇 장 골라서 인화했어.
동 료 어서 보여줘. 제일 빠른 이 분 누구지?
샤오리 너 못 알아보겠어? 샤오깡이잖아.
동 료 어떻게 지금과는 좀 달라 보이지?
샤오리 출근할 때는 양복과 와이셔츠를 입고, 시합할 때는 운동복을 입잖아.
동 료 그는 오늘 파란 양복을 입었는데, 마흔 넘어 보이더라. 운동복을 입는 것이 더 젊어 보이네.

3 친구의 딸

친 구 우리 일 년 동안 못 만났지?
샤오리 듣자 하니 너 벌써 딸이 있다면서? 몇 살이야?
친 구 작년 가을에 태어났어. 막 한 살 생일 지났어.
샤오리 그 아이는 뭐 좋아해? 내가 선물하게.
친 구 걔는 자기 아빠가 새소리 흉내 내는 걸 좋아해. 울 때 아빠가 새소리만 흉내 내면 금새 조용해져.
샤오리 응? 그건 내가 선물할 방법이 없네.

단문 읽기

■ **황허 여행**

이번 여행에 저는 많은 곳에 갔습니다. 모든 곳이 다 나로 하여금 잊을 수 없게 만듭니다. 저는 먼저 황허를 보러 갔습니다. 황허는 중국의 유명한 큰 강입니다. 저는 배를 타고 구경도 하고 사진도 찍었습니다. 가는 길 내내 많은 곳을 지났는데 모든 곳이 다 달랐습니다. 저는 빨리 사진을 모두에게 보내서 친구들도 즐겁게 해 주고 싶습니다.

20 저는 그에게 영향을 받았어요.

대화하기

1 사라진 카메라

샤오리 내 카메라 누가 들고 갔나? 왜 찾을 수가 없지?
동 료 다시 좀 찾아봐. 안 가져온 거 아냐?
샤오리 찾아봤는데. 못 찾겠어.
동 료 슬퍼하지 마. 하나 다시 사. 회사 동문 밖에 대형마트 하나 있잖아?
샤오리 하지만 나 이번 달 신용카드 한도를 벌써 거의 다 썼어.

2 사랑의 힘

샤오밍 너 왜 갑자기 스포츠에 관심이 생겼어?
친 구 남자 친구가 축구 보는 걸 좋아해. 나 그에게 영향을 받았어.
샤오밍 널 보니까 사랑만이 사람을 변화시키는 것 같다.
친 구 맞아. 그와 같은 취미를 갖기 위해 나 매일 축구를 봐.
샤오밍 축구 말고 그는 또 너에게 무슨 영향을 줬어?
친 구 나 요즘 날마다 인터넷으로 게임을 해. 성적이 아주 엉망이 됐어.

3 닮은꼴 두 형제

친 구 저기 그릇 들고 밥 먹는 사람이 네 형이야? 너랑 정말 닮았다.
데이비드 우리는 자주 사람들이 잘 못 알아봐.
친 구 너희 아빠, 엄마만 누가 형이고 누가 동생인지 구분할 수 있겠다.
데이비드 부모님 말고도 우리들 자신도 가능하지.
친 구 너희 둘은 생긴 것이 닮은 거 말고 또 같은 게 뭐가 있어?
데이비드 우리는 같은 건물, 같은 방에 살고 있지.

단문 읽기

■ **불가능은 없다**

젊은이들은 힘든 문제를 만나면 자주 조급해져서 어찌할 바를 모릅니다. 사실, 문제마다 다른 해결책이 있습니다. 어떤 문제들은 보기에는 매우 어렵지만 해 보면 아주 쉽습니다. 때문에 시도해 봐야 합니다. 어떤 문제들은 보기에는 비록 쉽지만 해결하려면 아주 어렵습니다. 때문에 진짜로 일을 해봐야 얼마나 힘든지 알 수 있습니다. 그러나 우리는 아무리 어려운 문제도 모두 해결될 수 있다고 믿어야 합니다.

모범 답안

01 周末你有什么打算?

미리 보기

1. A 지도　　B 빵　　C 주말
2. ① 咖啡 커피　　② 旅游 여행하다
   ③ 手机 휴대전화

서로 묻고 답하기

■ 대화하기 1

① 주말에 샤오깡은 무엇을 할 계획인가요?
答 周末小刚打算请小丽吃饭、看电影、喝咖啡。
　주말에 샤오깡은 샤오리에게 같이 밥 먹고, 영화 보고, 커피 마시자고 할 계획이에요.

② 샤오리는 샤오깡과 함께 가려고 하나요?
答 小丽还没想好要不要跟小刚去。
　샤오리는 아직 샤오깡과 같이 갈지 말지도 결정 못 했어요.

■ 대화하기 2

① 아들은 무엇을 하고 있나요?
答 儿子在玩电脑游戏。
　아들은 컴퓨터 게임을 하고 있어요.

② 그는 시험 준비를 다 했나요?
答 他早就复习好了。
　벌써 복습을 다 했어요.

■ 대화하기 3

① 샤오리는 언제 여행을 가나요?
答 小丽下个月去旅游。
　샤오리는 다음 달에 여행을 가요.

② 샤오깡은 어디가 제일 재미있다고 생각하나요? 왜 그런가요?
答 小刚觉得北方最好玩儿，因为南方太热，北方好一些，不冷也不热。
　샤오깡은 북쪽 지방이 제일 재미있다고 생각해요. 남쪽 지방은 너무 덥기 때문에 북쪽 지방이 좀 낫다고 생각해요.

■ 대화하기 4

① 샤오깡과 샤오리는 무슨 물건을 가지고 가나요?
答 小刚和小丽带了水果、面包、茶、手机、电脑、地图和一些衣服。
　샤오깡과 샤오리는 과일, 빵, 차, 휴대전화, 컴퓨터, 지도와 옷 조금을 가져가요.

② 샤오깡과 샤오리는 이사하려고 하나요?
答 他们不是要搬家，他们是准备去旅游。
　그들은 이사하려는 것이 아니라, 여행을 가려고 준비하고 있어요.

연습해 보기

■ 결과보어 '好'

(1) 我不能跟你出去玩儿，明天的汉语课我还没准备好。
(2) 我们打算去旅游，我已经买好票了。

■ 一……也/都+不/没……

(1) 这些汉字太难了，我一个字也不认识。
(2) 这件衣服真便宜，一点儿都不贵。
(3) 我没带钱，一点儿东西都没买。

■ 접속사 '那'

(1) A 周末我不想去商店买东西。
　　B 那我也不去了。
(2) A 下大雨了，不能去踢足球了。
　　B 那在家看电视吧。

실력다지기

1 (1) 游客　(2) 外地　(3) 北门

2 (1) 你写完作业了吗?
　(2) 别玩儿游戏了，快去睡觉。
　(3) 明天我要上课，不能跟你们一起去玩儿。
　(4) A 考完试你有什么打算?
　　　B 我还没想好。
　(5) A 你好，我要买一张地图。
　　　B 三块钱。
　(6) A 你是什么时候搬家的? 我怎么不知道?
　　　B 上个月。

3 (1) A 衣服都洗了吗?
　　　B 我一点儿也没洗。
　(2) A 我的狗生病了，一点儿饭也不吃。
　　　B 那带你的狗去医院吧。
　(3) A 我们休息一下再搬吧。
　　　B 没关系，我一点儿也不累。
　(4) A 你什么时候回家?
　　　B 我还没买好飞机票呢，你知道在哪儿买票吗?

4

여행 장소	교통 수단	여행 전 준비 사항
上海	坐火车	带好电脑和一些衣服

成民打算坐火车去上海旅游，他在旅游以前要带好电脑和一些衣服。
성민은 기차를 타고 상하이에 여행할 계획입니다. 그는 여행하기 전에 컴퓨터와 옷 조금을 챙겨두려고 합니다.

02 他什么时候回来？

미리 보기

1 A 발   B 사무실   C 빌딩

2
No.	행동 1	행동 2
①	吃饭 밥을 먹다	运动 운동하다
②	写作业 숙제를 하다	喝咖啡 커피를 마시다
③	下课 수업이 끝나다	回家 집으로 돌아가다

서로 묻고 답하기

■ 대화하기 1

① 샤오리는 지금 무슨 일 있나요?
② 小丽现在腿也疼，脚也疼，很累。
　샤오리는 지금 다리도 아프고, 발도 아파요. 아주 힘들어해요.

② 샤오리는 올라갈 때 왜 힘들다고 느끼지 않나요?
② 因为上山容易下山难。
　산을 오르기는 쉽고 산에서 내려가기는 힘들기 때문이에요.

■ 대화하기 2

① 저우 팀장은 어디에 갔나요?
② 周经理出去办事了。
　저우 팀장은 일하러 나갔어요.

② 저우 팀장은 언제 돌아오나요?
② 他下午回来。
　오후에 돌아와요.

■ 대화하기 3

① 샤오리는 어떻게 돌아가나요?
② 小丽叫出租车回去。
　샤오리는 택시를 불러서 돌아가요.

② 샤오깡은 올라가서 무엇을 해요?
② 小刚上楼去给小丽拿把伞。
　샤오깡은 올라가서 샤오리에게 우산을 하나 가져다줍니다.

■ 대화하기 4

① 저우 부인은 왜 이렇게 뚱뚱해요?
② 因为周太太每天晚上吃了饭就睡觉，也不出去走走。
　저우 부인은 매일 저녁 밥 먹고 바로 자고, 나가서 걷지도 않기 때문이에요.

② 저우 부인은 매일 운동을 하나요?
② 周太太每天不做运动。
　저우 부인은 매일 운동을 하지 않아요.

연습해 보기

■ 단순 방향보어

(1) 已经9点半了，快点儿起来，别睡了。
(2) 明天去朋友家，我想带去一些水果。

■ 두 가지 동작의 연속 발생

(1) 我打算吃了晚饭就给妈妈打电话。
(2) 你怎么到了家就睡觉啊？

■ 반어문 '能……吗？'

(1) 你今天跑步跑得那么快，能不累吗？
(2) 天气这么冷，你穿得这么少，能不生病吗？

실력 다지기

1 (1) 办公楼 (2) 外出 (3) 午觉

2 (1) 我在505教室上课，我现在要上楼去。
　(2) 你看，小狗在树下做什么呢？
　(3) 我太胖了，不能吃那么多饭。
　(4) A 你真爱看书，买了这么多！
　　 B 其实我一点儿也不喜欢看书，这是给我弟弟买的。
　(5) A 下雨了！我没带伞，怎么办？
　　 B 去商店买一把吧。
　(6) A 我想买这辆车。
　　 B 太贵了，你有那么多钱吗？

3 (1) A 周经理真忙！他到了办公室就开始办事。
　　 B 那么多工作，他能不忙吗？
　(2) A 电影就要开始了，你怎么还不进来？
　　 B 我在外边等朋友呢，他来了就进去。
　(3) A 你现在没胖了。
　　 B 我现在每天都运动，能胖起来吗？
　(4) A 哥哥去哪儿了？
　　 B 他下楼去看朋友了。

4 생략

03 桌子上放着很多饮料。

미리 보기

1 A 셔츠   B 바지   C 음료

2 ① 桌子上 책상 위   ② 椅子下 의자 아래
　 ③ 车里 차 안

서로 묻고 답하기

■ 대화하기 1

① 내일 샤오깡은 무엇을 하나요?
② 明天小刚去爬山。
　내일 샤오깡은 등산하러 가요.

② 샤오리는 샤오깡과 함께 가나요?
② 小丽不去。
　샤오리는 가지 않아요.

■ 대화하기 2
① 저우 부인은 바지를 샀나요? 왜 그런가요?
🖎 周太太没买裤子，因为她已经有两条这样的裤子了。
저우 부인은 바지를 사지 않았어요. 그녀는 이미 이런 바지가 두 벌 있기 때문이에요.

② 저우 부인은 무엇을 샀나요? 얼마인가요?
🖎 周太太买了一件衬衫，320元。
저우 부인은 셔츠를 하나 샀어요. 320위안이에요.

■ 대화하기 3
① 저우밍과 아내는 무슨 과일을 샀나요?
🖎 周明和太太买了一个大西瓜和几个苹果。
저우밍과 아내는 큰 수박 하나와 사과 몇 개를 샀어요.

② 저우밍과 아내는 저녁에 무엇을 먹나요? 왜 그런가요?
🖎 今天晚上他们只吃水果不吃饭，因为买了很多水果。
오늘 저녁에 그들은 과일만 먹고 밥은 먹지 않아요. 과일을 많이 샀기 때문이에요.

■ 대화하기 4
① 샤오깡은 무엇을 마시길 좋아하나요?
🖎 茶或咖啡，他都喜欢喝。
차나 커피를 그는 다 잘 마셔요.

② 샤오리는 무엇을 마시길 좋아하나요? 왜 그런가요?
🖎 茶是她的最爱，花茶、绿茶、红茶，她都喜欢。因为喝热茶会很舒服。
차를 제일 좋아해요. 화차, 녹차, 홍차를 그녀는 다 좋아해요. 뜨거운 차를 마시면 한결 편안해지기 때문이에요.

연습해 보기

■ '还是'와 '或者'
(1) 你喜欢看书还是玩儿游戏？
(2) 我们出去吧，买东西或者看电影。
(3) 我还没想好穿红色的裤子还是咖啡色的裤子。

■ 존재를 나타내는 구문
(1) 我家的桌子上放着一些水果。
(2) 公共汽车上坐着几个人。
(3) 我的电脑旁边没放着书包。

■ 只A不B
(1) 每个星期天，我只看书不出去玩。
(2) 我的猫病了，只睡觉不吃东西了。

실력다지기

1 (1) 鲜奶 (2) 冷饮 (3) 上面

2 (1) 你想喝点儿什么？茶还是咖啡？
  (2) 这条裤子一点儿也不贵，买吧。
  (3) 你穿昨天新买的那件衬衫吧。

(4) A 你跟我一起出去走走吧。
    B 我现在只想睡觉。
(5) A 饭菜做好了吗？
    B 做好了，已经放饭桌上了。
(6) A 您慢走，路上小心点儿。
    B 谢谢你，再见。

3 (1) A 桌子上放着这么多好吃的，你说我吃什么好？
    B 水果或者面包都会对你的身体好。
  (2) A 我们什么时候去上海？
    B 机票上写着12月4号。
  (3) A 我的笔呢？你看见了吗？
    B 红的还是黑的？
  (4) A 你家楼上住着很多人吗？
    B 不，只有两个学生。

4 A 일찍 자고 일찍 일어나는 게 좋아요, 아니면 늦게 자고 늦게 일어나는 게 좋아요?
  B 我喜欢早睡早起。
    저는 일찍 자고 일찍 일어나는 게 좋아요.

  A 아침에 커피를 주로 마셔요, 아니면 우유를 마셔요?
  B 我喜欢喝咖啡。
    저는 커피 마시는 것을 좋아해요.

  A 걷는 것을 좋아해요, 아니면 차 타는 것을 좋아해요?
  B 我喜欢坐车。
    차 타는 것을 좋아해요.

  A 텔레비전 보는 것을 좋아해요, 아니면 영화 보는 것을 좋아해요?
  B 我喜欢看电影。
    영화 보는 것을 좋아해요.

04 她总是笑着跟客人说话。

미리 보기

1 A 시합, 시합하다 B 슈퍼마켓, 마트 C 사진
2 ① 看电视 텔레비전을 보다 ② 喝茶 차를 마시다
  ③ 走路 길을 걷다

서로 묻고 답하기

■ 대화하기 1
① 그 사진은 언제 찍었나요?
🖎 那张照片是比赛后照的。
그 사진은 시합 후에 찍었어요.

② 사진 속에서 마르코는 무엇을 하고 있나요?
답 照片里马可在拿着书笑。
　사진 속에서 마르코는 책을 들고 웃고 있어요.

■ 대화하기 2
① 샤오홍을 좋아하는 사람은 많은가요?
답 喜欢小红的人很多。
　샤오홍을 좋아하는 사람은 아주 많아요.
② 샤오홍은 어떤가요?
답 她又聪明又热情，也很努力。她对每个人都笑。
　그녀는 똑똑하고 친절하고, 또 아주 열심이에요. 그녀는 모든 사람에게 웃어요.

■ 대화하기 3
① 샤오깡과 샤오리는 무엇을 사려고 하나요?
답 小刚和小丽打算买两块蛋糕和咖啡。
　샤오깡과 샤오리는 케이크 두 조각과 커피를 사려고 해요.
② 샤오깡과 샤오리는 집에 돌아가서 무엇을 할 생각인가요?
답 他们回家后打算喝着咖啡吃蛋糕。
　집에 돌아가서 커피를 마시면서 케이크를 먹을 생각이에요.

■ 대화하기 4
① 손님은 누구를 찾나요?
답 客人要找李小美。
　손님은 리샤오메이를 찾아요.
② 손님이 찾는 그녀는 어떤가요?
답 她又年轻又漂亮，工作也又认真又热情，总是笑着跟客人说话。
　그녀는 젊고 예뻐요. 일을 열심히 하고 친절해요. 늘 웃으면서 손님과 말해요.

연습해 보기

■ 又……又……
(1) 这家超市的东西又便宜又好。
(2) 他做饭做得又好看又好吃。
(3) 我喜欢又好看又便宜的衣服。

■ 동사1+着+동사2
(1) 我喜欢听着歌喝咖啡。
(2) 我们不能打着电话开车。
(3) 我们的老师拿着书上课。

■ 병렬 부사 '也'
(1) 这个咖啡馆有咖啡，也有茶。
(2) 这次我要去上海，也要去北京。
(3) 他对我很好，也对每个同学热情。

실력 다지기

1 (1) 女孩　(2) 做客　(3) 鲜花

2 (1) 客人快到了，快去洗水果。

(2) 工作到下午三点的时候，我常常很饿。
(3) 这是什么比赛？你能给我介绍一下吗？
(4) A 你怎么还看电视？不努力学习，怎么能找到好工作呢？
　 B 我只看了半个小时。
(5) A 你怎么总是想睡觉？
　 B 我工作太累了，起得早，睡得晚。
(6) A 您来几块蛋糕？
　 B 两块。

3 (1) A 哪个女孩儿是马丽？
　 B 你看，那个拿着手机的就是。
(2) A 我现在又累又饿，不想爬了。
　 B 休息一下再爬吧。
(3) A 今天天气真不好！
　 B 我们去旁边的咖啡店坐着喝咖啡再走吧。
(4) A 为什么你的作业写得又快又好？
　 B 因为我写作业的时候很认真。

4 A 살고 있는 곳이 좋은가요? 왜 그런가요?
B 我喜欢我住的地方，因为那儿又安静又漂亮。
　저는 제가 사는 곳을 좋아해요. 그곳은 조용하고 또 예쁘기 때문이에요.

A 쉴 때 어디에 가는 것을 좋아하나요? 왜 그런가요?
B 休息的时候喜欢去学校里的咖啡馆，因为那儿的咖啡又便宜又好喝。
　쉴 때 학교 안의 커피숍에 가는 것을 좋아해요. 그곳의 커피가 싸고 맛있기 때문이에요.

A 친한 친구는 누구인가요? 그 사람은 어떤 사람인가요?
B 我的好朋友是成民，他是又聪明又努力的人。
　제 친한 친구는 성민이에요. 그는 똑똑하고 열심이에요.

A 옷을 사러 상점에 가나요? 왜 그런가요?
B 不，我喜欢上网买衣服，因为网上的衣服又漂亮又便宜。
　아니요. 저는 인터넷으로 옷 사는 것을 좋아해요. 인터넷의 옷이 예쁘고 싸기 때문이에요.

05 我最近越来越胖了。

미리 보기

1 A 여름　　B 치마　　C 감기, 감기에 걸리다

2 ① 很冷 아주 춥다　② 很绿 아주 푸르다
　③ 很好吃 아주 맛있다

서로 묻고 답하기

■ 대화하기 1

① 샤오리는 어떻게 불편했나요?
답 小丽有点儿发烧。
샤오리는 열이 조금 났어요.

② 지금 샤오리는 무엇을 해야 하나요?
답 现在小丽要吃药了。
지금 샤오리는 약을 먹어야 해요.

■ 대화하기 2

① 저우 부인은 놀러 나갈 수 있나요? 왜 그런가요?
답 周太太不能出去玩了，因为她儿子生病了，她要在家照顾儿子。
저우 부인은 놀러 나갈 수 없어요. 왜냐하면 그녀 아들이 병이 나서 그녀는 집에서 아들을 돌봐야 하기 때문이에요.

② 저우 부인의 아들은 지금 몸 상태가 어떤가요?
답 因为他昨天吃了感冒药，现在好一些了。
어제 감기약을 먹어서 지금은 조금 나아졌어요.

■ 대화하기 3

① 샤오리는 어떤 계절을 좋아하나요? 왜 그런가요?
답 小丽喜欢夏天，因为她可以穿漂亮的裙子。
샤오리는 여름을 좋아해요. 그녀가 예쁜 치마를 입을 수 있기 때문이에요.

② 샤오깡은 어떤 계절을 좋아하나요? 왜 그런가요?
답 小刚喜欢夏天，因为他喜欢看小丽穿漂亮的裙子。
샤오깡은 여름을 좋아해요. 샤오리가 예쁜 치마를 입은 모습을 보는 걸 좋아하기 때문이에요.

■ 대화하기 4

① 샤오리는 최근 어떤가요? 왜 그런가요?
답 小丽最近越来越胖了，因为她吃得太多了。
샤오리는 최근에 갈수록 뚱뚱해져요. 너무 많이 먹기 때문이에요.

② 샤오리는 왜 많이 먹나요?
답 因为她觉得自己做的饭越来越好吃。
왜냐하면 그녀는 자기가 한 밥이 갈수록 맛있어진다고 느끼기 때문이에요.

연습해 보기

■ 변화를 나타내는 어기조사 '了'

(1) 上个月草和树都没绿，现在花都开了。
(2) 昨天腿有点儿疼，今天早上好多了。
(3) 这些水果是我上个星期买的，现在都不能吃了。

■ '一'의 생략

(1) 上个星期，我认识了个新同学。
(2) 你买些水果来。
(3) 早上你给小美打个电话问问。

■ 越来越……

(1) 最近天气越来越热。
(2) 她每天都运动，现在越来越健康。
(3) 快要考试了，我越来越着急。

실력다지기

1 (1) 听说　(2) 有点儿　(3) 草地

2 (1) 我是不是发烧了？怎么总是觉得冷？
(2) 快来看一下，这是我为你买的衣服。
(3) 这条裙子真漂亮，是新买的吗？
(4) A 来一个西瓜。
　　B 这个季节的西瓜又大又甜，多来几个吧。
(5) A 明天天气不好，你还去看比赛吗？
　　B 我当然要去，这是我最喜欢的比赛！
(6) A 明天考试，你现在就睡觉了？不再看看书了？
　　B 不用看了，我已经复习好了。

3 (1) A 儿子怎么没去上学？
　　B 他有点儿发烧，现在好多了。
(2) A 天快黑了，我们快点儿走吧。
　　B 好的。
(3) A 你最近真是越来越努力了。
　　B 你看，我的汉语是不是越来越好？
(4) A 你现在回来得早多了。
　　B 最近越来越不忙。

4

이전	현재
喜欢吃面包	没有以前那么喜欢吃面包了

我以前很喜欢吃面包，现在没有以前那么喜欢吃面包了。
나는 예전에 빵 먹는 걸 좋아했어요. 지금은 예전만큼 좋아하지 않아요.

06 怎么突然找不到了？

미리 보기

1 A 떠나다　　B 단련하다　　C 돕다

2

동사	보어
① 看 보다	去 가다
② 听 듣다	清楚 분명하다
③ 上 오르다	完 끝나다
④ 做 하다	见 감각을 느끼다

① 看 — 见
② 听 — 清楚
③ 上 — 去
④ 做 — 完

서로 묻고 답하기

■ 대화하기 1

① 저우밍은 무엇을 찾으려고 하나요?
❷ 周明要找眼镜。
저우밍은 안경을 찾으려고 해요.

② 안경이 없으면 저우밍은 어떻게 되나요?
❷ 他离不开眼镜，没有眼镜，他一个字也看不清楚。
그는 안경이 없으면 안 돼요. 안경이 없으면 그는 한 글자도 제대로 볼 수 없어요.

■ 대화하기 2

① 저우밍의 아들은 숙제를 다 했나요?
❷ 周明的儿子刚做完作业。
저우밍의 아들은 방금 숙제를 다 했어요.

② 저우밍 아들의 친구는 잠시 후에 무엇을 하려고 하나요?
❷ 周明儿子的同学一会儿要锻炼，然后去周明儿子家。
저우밍 아들의 친구는 잠시 후에 운동을 하려고 해요. 그런 다음에 저우밍 아들 집에 가려고 해요.

■ 대화하기 3

① 샤오깡은 오늘 어떤가요? 왜 그런가요?
❷ 小刚今天有点不高兴。因为他想请小丽吃饭，但是找不到好饭店。
샤오깡은 오늘 기분이 좀 별로예요. 그는 샤오리에게 밥을 먹자고 하고 싶은데, 괜찮은 식당을 찾지 못했기 때문이에요.

② 샤오깡은 왜 음악 공연을 안 가려 하고 공원에 가서 걷기도 안 하려 하나요?
❷ 小刚觉得音乐会人太多，买不到票，公园太大，太累。
샤오깡은 음악회는 사람이 너무 많아 표를 살 수가 없고, 공원은 너무 넓어서 아주 피곤하다고 생각해요.

■ 대화하기 4

① 저우밍은 무엇을 마시고 있었나요?
❷ 周明在喝咖啡。
저우밍은 커피를 마시고 있었어요.

② 저우밍은 우유를 마셨나요? 왜 그런가요?
❷ 周明没喝牛奶，因为牛奶还没买呢。
저우밍은 우유를 마시지 않았어요. 우유를 아직 사지 않아서요.

연습해 보기

■ 가능보어

(1) 你说话说得太快了，我<u>听不清楚</u>。
(2) 那么多饭你<u>吃得完</u>？

■ 이합사

(1) 明天我<u>上了班</u>就给你打电话。
(2) 我刚<u>跑完步</u>，太累了。

■ '刚'과 '刚才'

(1) <u>刚才</u>你去哪儿了？
(2) 我<u>刚</u>做完作业，真累啊！
(3) 白先生<u>刚</u>到北京，还没休息呢。

실력 다지기

1 (1) 校园　(2) 饭桌　(3) 花园

2 (1) 刚才还是晴天，怎么现在<u>突然</u>就下雨了？
(2) 今天的语法课我没去，你给我<u>讲</u>一下吧。
(3) 他说什么？你听<u>清楚</u>了吗？
(4) A 请问，去<u>公园</u>怎么走？
　　B 一直往前走就是。
(5) A 你最喜欢做什么？
　　B 跟朋友<u>聊天儿</u>。
(6) A 你<u>刚才</u>做什么去了？
　　B 我帮小丽买了个面包。

3 (1) A 周经理呢？
　　B 他<u>刚</u>出去。
(2) A 我想请你<u>帮一个忙</u>。
　　B 今天的工作太多了，我也<u>做不完</u>。
(3) A 我们什么时候吃晚饭？
　　B 我<u>刚</u>到家，让我休息一下。
(4) A 那个电影<u>真</u>有意思，我们一起去看吧。
　　B 那么多人看，<u>买得到</u>票吗？

4 A 刚才你做什么了？ 너 방금 뭐 했어?
　　B 刚才我给妈妈打电话了。 방금 나 엄마한테 전화했어.

07 我跟她都认识五年了。

미리 보기

1 A 结婚하다　　B 은행　　C 欢迎하다

2

No.	한 일	몇 시부터 몇 시까지	시간
①	吃晚饭 저녁밥을 먹다	七点到八点 일곱 시부터 여덟 시까지	一个小时 한 시간
②	睡觉 잠을 자다	十一点到七点 11시부터 7시까지	八个小时 여덟 시간

서로 묻고 답하기

■ 대화하기 1

① 샤오리는 이전에 어디에서 일했나요?
❷ 小丽以前在银行工作了。
샤오리는 이전에 은행에서 일했어요.

② 샤오리는 얼마나 일했나요?
答 小丽在银行工作了两年。
　　샤오리는 은행에서 2년 일했어요.

■ 대화하기 2
① 샤오깡과 샤오리는 주말에 무엇을 했나요? 얼마나 오래 했나요?
答 小刚和小丽周末去唱歌了，唱了两个小时歌。
　　샤오깡과 샤오리는 주말에 노래를 부르러 갔어요. 두 시간 동안 불렀어요.
② 샤오리는 무엇에 관심이 있나요? 샤오깡은요?
答 小丽对音乐感兴趣，小刚对小丽感兴趣。
　　샤오리는 음악에 관심이 있어요. 샤오깡은 샤오리에게 관심이 있어요.

■ 대화하기 3
① 샤오깡과 샤오리는 언제 결혼하나요?
答 小丽和小刚下个月结婚。
　　샤오깡과 샤오리는 다음 달에 결혼해요.
② 동료는 왜 샤오깡 결혼이 아주 갑작스럽다고 생각하나요?
答 因为同事觉得小刚和小丽刚认识。
　　동료는 샤오깡과 샤오리가 막 알았다고 생각했기 때문이에요.

■ 대화하기 4
① 샤오깡은 몇 시에 샤오리를 데리러 왔나요?
答 小刚七点半来接小丽。
　　샤오깡은 일곱 시 반에 샤오리를 데리러 왔어요.
② 샤오깡은 왜 지각을 했나요?
答 小刚没迟到，是小丽的表快了一刻钟。
　　샤오깡은 지각하지 않았어요. 샤오리의 시계가 15분 빨라요.

연습해 보기

■ 시량보어
(1) 我在这个地方住了十年。
(2) 你今天玩儿了一个小时电脑。
(3) 老师看了我一会儿就笑。

■ 对……感兴趣
(1) A 你对什么运动感兴趣？
　　B 我对游泳很感兴趣。
(2) A 你喜欢汉语吗？
　　B 我对汉语没有兴趣。
(3) A 你对音乐有兴趣吗？
　　B 我不喜欢听音乐。

■ 시간 표현
(1) 十点半
(2) 十二点三十四分
(3) 差一分十二点

실력다지기

1 (1) 以后　(2) 到时候　(3) 迎接

2 (1) 小明每天都听歌，对音乐有兴趣。
(2) 欢迎你来我家玩儿。
(3) 下个月我们就要结婚了。
(4) A 你今天怎么迟到了？
　　B 对不起，我起晚了。
(5) A 你现在要去哪儿？
　　B 我去机场接一个朋友。
(6) A 请问，哪儿有银行？
　　B 一直往前走，超市的旁边。

3 (1) A 都差五分十二点了，不累吗？
　　B 我对游戏很感兴趣，一点儿也不累。
(2) A 你一直在这家公司工作吗？
　　B 对，我已经在这家公司工作了三年了。
(3) A 快点儿吧，我已经等了三十分钟了。
　　B 好，你别着急，我快到了。
(4) A 你们结婚多长时间了？
　　B 快50年了。

4
취미	언제부터	지금까지의 기간
唱歌 노래하기	10岁 10살 때	25年 25년

我对唱歌很感兴趣，我是10岁开始唱歌的，到现在已经唱了25年了。
나는 노래 부르기에 대해 관심이 많아요. 나는 10살 때부터 노래를 부르기 시작했고, 지금까지 25년을 불렀어요.

08 你去哪儿我就去哪儿。

미리 보기

1 A 무서워하다　　B 엘리베이터　　C 조용하다
2 ① 什么 무엇　　　② 哪儿 어디
　③ 为什么 왜　　　④ 怎么 어떻게
　⑤ 什么时候 언제

서로 묻고 답하기

■ 대화하기 1
① 샤오리는 최근에 무엇을 하나요?
答 小丽最近打算买房子，每天都去看房子。
　　샤오리는 최근에 집을 사려고 해요. 매일 집을 보러 다녀요.
② 샤오리는 왜 만족하지 못하나요?
答 因为一个没有电梯，不方便。一个在二十层，往下看太害怕了。
　　한 집은 엘리베이터가 없기 때문에 불편해요. 한 집은 20층이라 내려다보면 무서워요.

■ 대화하기 2
① 샤오밍은 마르코에게 무슨 물건을 줬나요?

答 小明送给了马可一个小熊猫。
샤오밍은 마르코에게 꼬마 판다를 줬어요.

② 他为什么送给马可东西？
그는 왜 마르코에게 물건을 줬나요?

答 因为马可马上就要回国了。
마르코가 곧 귀국하기 때문이에요.

■ 대화하기 3

① 샤오리와 샤오깡은 어디에 있나요? 무엇을 하나요?

答 小丽和小刚在咖啡馆聊天儿。
샤오리와 샤오깡은 카페에서 수다를 떨고 있어요.

② 샤오리는 어디에 가려고 하나요? 샤오깡도 가나요?

答 小丽要去洗手间，小刚不能去女洗手间。
샤오리는 화장실에 가려고 해요. 샤오깡은 여자 화장실에 갈 수 없어요.

■ 대화하기 4

① 저우 부인은 왜 자신을 뚱뚱해졌다고 하나요?

答 因为周太太以前的衣服都不能穿了。
저우 부인의 예전 옷을 모두 못 입게 되었기 때문이에요.

② 저우 부인이 밥을 하나요? 저우밍이 하나요?

答 周太太做饭，她想吃什么就做什么，想吃多少就做多少。
저우 부인이 해요. 그녀는 뭐든 먹고 싶은 것을 하고, 먹고 싶은 만큼 해요.

연습해 보기

■ 부사 '又'와 '再'

(1) 我上个星期去了那个中国饭馆，明天想再去一次。
(2) 你怎么又买了一条裤子？不是已经有一条了吗？
(3) 刚才我去找他，他没在办公室，我一会儿再去。

■ 의문대사의 활용 (1)

(1) A 你想喝点儿什么？
    B 你给什么我就喝什么。
(2) A 我们什么时候去爬山？
    B 你什么时候有时间我们就什么时候去。
(3) A 你想跟谁一起去旅游？
    B 谁想去我就跟谁去。

실력다지기

1 (1) 面试　(2) 自学　(3) 离婚

2 (1) 你看你，这几年一点儿变化都没有。
  (2) 你家住几层？
  (3) 没事儿，我一点儿也不害怕。
  (4) A 您对我们的服务满意吗？
      B 不错，我玩儿得很高兴。
  (5) A 周末你做什么了？
      B 我去看熊猫了。
  (6) A 我们几点见面？
      B 三点半吧。

3 (1) A 您对这个房子满意吗？
      B 有点儿贵，我想再去看看别的房子。
  (2) A 你怎么又生病了？感冒不是刚好吗？
      B 昨天下大雨，我没带伞。
  (3) A 这两件衣服都很好看，你说我买哪件？
      B 你喜欢哪件就买哪件。
  (4) A 妈妈，吃苹果对身体好，我们买一些吧。
      B 好，你想吃几个就买几个吧。

4 A 어디에 가서 여행을 할 계획이에요?
  B 哪儿好玩儿我就去哪儿
  아무데나 재미있는 곳이 있으면 그곳에 갈 거예요.

  A 언제 가나요?
  B 什么时候有时间就什么时候去。
  아무 때나 시간 있을 때 갈 거예요.

  A 어떻게 가나요?
  B 能坐什么去就坐什么去。
  뭐든 타고 갈 것이 있으면 타고 갈 거예요.

  A 누구와 함께 가나요?
  B 谁有时间就跟谁一起去。
  누구든 시간 있으면 함께 갈 거예요.

09 她的汉语说得跟中国人一样好。

미리 보기

1 A 같다　　B 걱정하다　　C 중간

2

No.	나의 상황	어떠한가
①	我汉语说得 내 중국어 말하기가	越来越好 점점 좋아진다
②	我做的饭 내가 만든 밥이	越来越好吃 점점 맛있어진다
③	我跑步跑得 내 달리기가	越来越快 점점 빨라진다

서로 묻고 답하기

■ 대화하기 1

① 마르코의 중국어는 어떤가요?
答 他的中文越说越好。
그는 중국어를 갈수록 잘해요.

② 리징의 중국어는 어떤가요? 왜 그런가요?
答 李静汉语说得跟中国人一样好，因为李静是马可的汉语老师。

리징은 중국어를 중국인만큼 잘해요. 리징은 마르코의 중국어 선생님이거든요.

■ **대화하기 2**

① 샤오깡은 모두 케이크 몇 조각을 먹었나요?
㉠ 小刚一共吃了四块儿蛋糕。已经吃了三块，又吃最后一块。
샤오깡은 모두 케이크 네 조각을 먹었어요. 벌써 세 조각 먹었고, 마지막 한 조각을 또 먹었어요.

② 샤오리는 샤오깡이 점점 뚱뚱해질 거라고 생각하나요? 왜 그런가요?
㉠ 小丽觉得小刚会越来越胖，因为小刚总是吃甜的东西。
샤오리는 샤오깡이 점점 뚱뚱해질 거라고 생각해요. 왜냐하면 샤오깡은 늘 단 것을 먹기 때문이에요.

■ **대화하기 3**

① 샤오리는 왜 무서워하나요?
㉠ 因为山越高，路越难走，她也越爬越冷。
왜냐하면 산이 높아질수록 길이 험해지고, 올라갈수록 추워지기 때문이에요.

② 샤오깡은 무서워하나요?
㉠ 小刚不害怕。因为他对这儿比较了解。
샤오깡은 무섭지 않아요. 그는 이곳을 비교적 이해하고 있기 때문이에요.

■ **대화하기 4**

① 샤오밍은 무슨 일 있나요?
㉠ 小明这几天脚疼，没休息好。
샤오밍은 요 며칠 발이 아파서 제대로 쉬지 못했어요.

② 샤오밍은 농구 시합에 참가할 수 있나요? 왜 그런가요?
㉠ 小明能参加篮球比赛，因为休息得越多，好得越快，一点儿影响也没有。
샤오밍은 농구 시합에 참가할 수 있어요. 많이 쉴수록 회복도 빨라서, 조금도 지장 줄 것이 없으니까요.

연습해 보기

■ **越A越B**
(1) 这个电影越看越好看。
(2) 我们越聊越高兴。
(3) 她回来得越晚，我越担心。

■ **반어문**
(1) A 女儿，怎么又玩游戏了？
    B 妈妈，我已经作业都作好了。
(2) A 听说你有女朋友了。
    B 谁是我的女朋友？

■ **'A跟B一样' 비교문**
(1) 我的杯子三十块钱，小丽的杯子也三十块钱。
    → 我的杯子跟小丽的一样贵。

(2) 今天的生词很难，昨天的生词也难。
    → 今天的生词跟昨天的生词一样难。
(3) 小王的儿子三岁，我的女儿也三岁。
    → 小王的儿子跟我的女儿一样大。

실력다지기

1 (1) 课间   (2) 山路   (3) 参赛

2 (1) 这件事比较难，你再给我几天时间。
   (2) 你想不想去参加爬山比赛?
   (3) 少玩儿一会儿电子游戏吧，别影响了学习。
   (4) A 你怎么又迟到了？
       B 对不起，这是最后一次，以后一定不迟到了。
   (5) A 你怎么知道她会来？
       B 我很了解她，她每天都在这儿吃饭。
   (6) A 下午你打算做什么？
       B 我想先去超市买点儿东西。

3 (1) A 这本书很有意思，我越看越喜欢。
       B 我跟你一样，也非常喜欢。
   (2) A 我觉得打篮球越打越有意思。
       B 我跟你一样，也对打篮球感兴趣。
   (3) A 你多练习写，越练习越写得好。
       B 我的汉字一直很好，这次考试一定没问题。
   (4) A 我最近变胖了，你几乎没变化，跟以前一样瘦。
       B 是哥哥影响了我，每天跟他一起跑步，越跑越瘦。

4

No.	질문	상대방의 상황	나와의 비교	나의 상황
②	中午去哪儿吃饭？ 점심을 어디에서 먹나요?	有真中午在家吃饭。 유진은 점심 때 집에서 밥을 먹어요.	我跟她一样。 나는 그녀와 같아요.	我也在家吃饭。 나도 집에서 먹어요.

10 数学比历史难多了。

미리 보기

1 A 수학   B 역사   C 체육

2 ① 近 가깝다   ② 便宜 싸다
   ③ 瘦 마르다   ④ 旧 오래되다
   ⑤ 矮 (키가) 작다   ⑥ 容易 쉽다

서로 묻고 답하기

■ 대화하기 1

① 마르코와 따샨은 누가 더 큰가요? 누구 나이가 더 많은가요?
🅰 马可比大山高，大山比马可年龄大。
마르코가 따샨보다 크고, 따샨이 마르코보다 나이가 많아요.

② 마르코와 따샨은 누가 중국어를 더 잘하나요?
🅰 马可比大山汉语说得好。
마르코가 따샨에 비해 중국어를 잘해요.

■ 대화하기 2

① 샤오밍은 왜 수학 수업을 싫어하나요?
🅰 因为小明觉得数学比历史难多了。
샤오밍은 수학이 역사보다 훨씬 어렵다고 생각하기 때문이에요.

② 샤오밍과 학교 친구는 매일 같이 무엇을 하려고 하나요? 얼마나 하나요?
🅰 小明和同学打算每天一起学数学，每天学一两个小时。
샤오밍과 학교 친구는 매일 같이 수학을 공부하려고 해요. 매일 한두 시간 하려고 해요.

■ 대화하기 3

① 샤오리는 왜 예전보다 일찍 오나요?
🅰 因为小丽最近搬家了，搬到了很近的地方。
샤오리는 최근에 이사했어요. 아주 가까운 곳으로 이사를 왔어요.

② 샤오리는 왜 자전거를 사고 싶어 하나요?
🅰 因为骑车会比现在来得更早，七八分钟就能到。
자전거를 타면 지금보다 더 일찍 올 수 있기 때문이에요. 칠팔 분이면 도착할 수 있어요.

■ 대화하기 4

① 학교 안과 밖에 사는 것은 어떤 다른 점이 있나요?
🅰 外边比里边房子大一些，环境也安静一点儿。但是外边没有里边方便。
밖이 안보다 집이 조금 크고, 환경도 조금 조용해요. 그러나 밖은 안만큼 편하지는 않아요.

② 따샨은 집이 어땠으면 하나요?
🅰 他希望环境安静一些，大小没关系。
따샨은 환경이 조용하길 바라요. 크기는 상관없어요.

연습해 보기

■ '比' 비교문
(1) 小美今年24岁。我比她大一岁。
(2) 我朋友个子1.74米。他比我高得多。

■ '没有' 비교문
(1) 我做的饭没有妈妈做的饭那么好吃。
(2) 骑自行车上班没有开车快。
(3) 他住得没有我这么近。

■ 어림수 (1)
(1) 这辆自行车七八百块钱。
(2) 今天的作业我一两个小时能做完。
(3) 我有四五条黑色的裤子。

실력다지기

1 (1) 换季 (2) 地面 (3) 主菜

2 (1) 我个子比他高一点儿。
(2) 我最喜欢体育课，多有意思啊。
(3) 这条裤子太旧了，再买一条吧。
(4) A 我觉得你的比我的好。
    B 你想要这个吗？没问题，我跟你换。
(5) A 你哪天比较方便，我们见面聊聊天儿？
    B 周末吧，来我家吃饭。
(6) A 请问，这儿附近有超市吗？
    B 有，一直往前走就是。

3 (1) A 你和妈妈谁起得早？
    B 妈妈比我起得早。
(2) A 今天我们班来了多少学生？
    B 今天来了八九个学生。
(3) A 你们今天怎么玩儿了这么长时间？
    B 昨天玩儿了三个小时，今天没有昨天玩得多。
(4) A 这条裤子太贵了，要七八百块钱。
    B 那条呢？没有这条贵。

4 A 我看过很多电影，一两百个吧。
나는 많은 영화를 봤어요. 1~200개일 거예요.
B 我看过的电影没有A多。我只看过几十个。
나는 본 영화가 A만큼 많지 않아요. 나는 겨우 수십 개 봤어요.
C 我看过的电影跟A一样多，我很喜欢看电影。
내가 본 영화는 A와 마찬가지로 많아요. 나는 영화 보는 걸 좋아해요.
D 大家看过的电影没有我这么多吧。我每星期看四五个。
다들 본 영화가 나만큼 많지 않을 거예요. 나는 주마다 4~5개씩 봐요.

⑪ 别忘了把空调关了。

미리 보기

1 A 에어컨　　　B 병　　　C 지하철
2 ① 条 벌, 마리
  ② 辆 대
  ③ 本 권

서로 묻고 답하기

■ 대화하기 1

① 샤오밍은 친구를 도와 무엇을 하려고 하나요?
답 小明要帮同学把词典还给图书馆。
　　샤오밍은 친구 대신에 사전을 도서관에 반납하려 해요.

② 샤오밍은 친구에게 무엇을 하라고 알려줬나요?
답 小明告诉同学离开教室的时候把灯关了。
　　샤오밍은 친구에게 교실을 떠날 때 전등을 끄라고 알려줬어요.

■ 대화하기 2

① 왕 팀장은 지금 어디에 있나요?
답 王经理已经到北京了，在来公司的路上。
　　왕 팀장은 지금 베이징에 왔어요. 회사로 오는 길이에요.

② 저우밍은 샤오리에게 왕 팀장이 오거든 무엇을 하라고 했나요?
답 周明让小丽等王经理到了就告诉自己。
　　저우밍은 샤오리에게 왕 팀장이 오면 바로 자신에게 알리라고 했어요.

■ 대화하기 3

① 엄마는 오늘 왜 그렇게 많은 요리를 했나요?
답 因为今天是爸爸的生日。
　　오늘은 아빠 생일이기 때문이에요.

② 아빠는 술을 마실 수 있나요? 왜요?
답 爸爸不能喝酒，因为医生说爸爸一口酒都不能喝。
　　아빠는 술을 마실 수 없어요. 왜냐하면 의사가 아빠는 술 한 모금도 마시면 안 된다고 말했기 때문이에요.

■ 단문 읽기

① '나'는 지금 무엇을 하고 싶어 하나요?
답 "我"想把现在的电脑卖了，再买一个更好的。
　　'나'는 지금 컴퓨터를 팔고, 다시 더 좋은 걸로 사고 싶어해요.

② '나'는 지금 매일 컴퓨터로 무엇을 하나요?
답 "我"每天用电脑看电子邮件。
　　'나'는 매일 컴퓨터를 이용해서 이메일을 봐요.

연습해 보기

■ '把'자문 (1)

(1) 房间里有点儿冷，你可以<u>把门关上吗</u>？
(2) 你发烧还没好，快<u>把药吃了吧</u>。
(3) 吃饭以前别忘了<u>把手洗了</u>。

■ 어림수 (2)

(1) A 你每天几点睡觉？
　　B <u>十一点左右</u>。
(2) A 你学了多长时间的汉语了？
　　B <u>学了半年左右</u>。
(3) A 从你家到学校坐多长时间车？
　　B <u>坐四十分钟左右的车</u>。

실력 다지기

1　(1) 字<u>典</u>　(2) 运动<u>会</u>　(3) 开<u>会</u>

2　(1) 拿两<u>双</u>筷子就可以了，今天爸爸不回来吃晚饭。
　　(2) 这种咖啡特别好喝，你快来喝一<u>口</u>吧。
　　(3) 你怎么没开<u>空调</u>？太热了！
　　(4) A 你可以帮我把书<u>还</u>了吗？
　　　　B 明天下午可以吗？
　　(5) A 音乐会<u>结束</u>以后，我们一起去饭馆吃饭吧。
　　　　B 还是回家吃吧。
　　(6) A 你下课以后常常做什么？
　　　　B 我下了汉语课<u>习惯</u>去图书馆。

3　(1) A 音乐会就要开始了，先生，请您<u>把手机关了</u>。
　　　　B 好的，我马上关。请问还有多长时间开始？
　　(2) A 你今天打算几点睡觉？
　　　　B 十点半<u>左右</u>。
　　(3) A 你是不是忘了<u>把灯关好</u>？
　　　　B 对不起，我以后一定不会忘。
　　(4) A 你可以帮我<u>还他钱吗</u>？
　　　　B 没问题，我帮你还他。

4

언제	어디서	할 일
今天下午 오늘 오후에	回学校 학교로 돌아와서	把课文复习了 본문을 복습해요

12 把重要的东西放在我这儿吧。

미리 보기

1　A 여행 가방　　B 여권　　C 그림
2　① 铅笔 연필　　② 照片 사진
　　③ 衣服 옷

서로 묻고 답하기

■ 대화하기 1

① 샤오깡은 평소에 몇 시에 잠을 자나요?
답 小刚平时12点以后才睡觉。
　　샤오깡은 평소에 12시 이후에야 잠을 자요.

② 샤오깡은 오늘 몇 시에 자나요?
답 小刚明天8点就要到公司。
　　샤오깡은 내일 8시에 회사에 도착해야 해요.

■ 대화하기 2

① 샤오깡은 언제 돌아오나요?
답 小刚一个星期就回来。
　　샤오깡은 일주일이면 돌아와요.

② 샤오깡은 샤오리를 위해 무엇을 준비했나요?
答 小刚给小丽准备了吃的和喝的。
　 샤오깡은 샤오리를 위해 먹을 것과 마실 것을 준비했어요.

■ 대화하기 3
① 샤오깡은 오늘 무엇을 깜박했나요?
答 小刚今天忘带护照和钱包了。
　 샤오깡은 오늘 여권과 지갑을 깜박했어요.
② 저우밍은 샤오깡에게 무엇을 하라고 했나요?
答 他让小刚把重要的东西放在他那儿。
　 그는 샤오깡에게 중요한 물건을 그에게 맡기라고 했어요.

■ 단문 읽기
① 매번 수업이 끝나기 전에 선생님은 무엇을 하나요?
答 每次下课以前，老师会把下次学生需要带的东西写在黑板上。
　 매번 수업이 끝나기 전에, 선생님은 다음 번에 학생이 가져와야 할 물건을 칠판에 써요.
② 선생님은 왜 좀 화가 나나요?
答 老师有点儿生气，是因为学生们没有好的学习习惯。
　 선생님이 화가 좀 나는 것은 학생들이 좋은 공부 습관을 갖지 못했기 때문이에요.

연습해 보기

■ '就'와 '才'
(1) A 你昨天几点回的家？
　　B 昨天晚上十二点左右才回家。
(2) A 昨天的作业你多长时间写完的？
　　B 我两个小时才写完作业。
(3) A 你昨天睡了几个小时？
　　B 我昨天睡了4个小时就起床了。

■ '把' 자문 (2)
(1) 我把书放在书包里了。
(2) 司机把我送到家了。
(3) 我想把这些吃的送给王太太。

실력 다지기

1　(1) 钱包　(2) 电子邮箱　(3) 箱子

2　(1) 教室后边的那块黑板上写着几个字，你看得见吗？
　(2) 你看，就是那位司机找到了我的手机。
　(3) 桌子上有一本护照，是谁的？
　(4) A 你怎么了？
　　　B 今天我又迟到了，老师都生气了。
　(5) A 我的衣服太多了！
　　　B 你把衣服放在我的行李箱里吧，我的箱子大。
　(6) A 我出国一个星期，你怎么办？
　　　B 不用担心，我可以照顾好自己。

3　(1) A 你怎么不上飞机？
　　　B 我现在才发现忘了带护照了。
　(2) A 你的车呢？
　　　B 我把车放在家里了。
　(3) A 你带我们去游泳吧。
　　　B 好，我一会儿就把你们带去游泳馆。
　(4) A 起床吧，已经8点了。
　　　B 再让我睡会儿吧，昨晚我才睡了三个小时。

4

물건	습관이 비슷한 사람	보관 장소
钱包	小丽、小刚	我们都把钱包放在包里。
지갑	샤오리, 샤오깡	우리는 모두 지갑을 가방에 둬요.

13 我是走回来的。

미리 보기

1　A 올라가다　　B 내려오다　　C 건너오다

2

No.	동작 1	동작 2
①	做作业 숙제를 하다	喝饮料 음료를 마시다
②	运动 운동하다	听音乐 음악을 듣다
③	看电视 TV를 보다	打电话 전화를 하다

서로 묻고 답하기

■ 대화하기 1
① 샤오깡은 무슨 선물을 사 왔나요?
答 小刚买了红酒回来。
　 샤오깡은 레드 와인을 사 왔어요.
② 샤오깡은 어디에서 물건을 사 왔나요?
答 都是从那边的商店买回来的。
　 전부 그쪽의 상점에서 사 왔어요.

■ 대화하기 2
① 샤오깡은 오늘 무엇을 했나요?
答 小刚遇到一个老同学。他们一起去咖啡店一边喝咖啡一边说了些过去的事。
　 샤오깡은 동창을 우연히 만났어요. 두 사람은 같이 카페에 가서 커피를 마시면서 옛날 일들을 얘기했어요.
② 샤오깡은 왜 늦게 집에 돌아왔나요?
答 因为没有公共汽车了，所以他走回家的。
　 버스가 끊겼기 때문에, 그는 걸어서 집에 돌아왔어요.

■ 대화하기 3
① 샤오리는 TV를 보는 것을 좋아하나요, 영화 보는 것을 좋아하나요? 왜 그런가요?
答 小丽更喜欢看电视，因为可以一边吃一边看，坐久了还可以站起来休息一会儿。

샤오리는 TV를 보는 것을 더 좋아해요. 먹으면서 볼 수 있고, 오래 앉았으면 일어나서 좀 걸 수도 있기 때문이에요.

② 샤오리는 자신의 생활이 어떻다고 생각하나요?
答 她觉得她的生活已经很有意思了，因为有小刚在。
샤오리는 그녀의 생활이 이미 매우 즐겁다고 생각해요. 왜냐하면 샤오깡이 있기 때문이에요.

■ 단문 읽기
① 막 결혼했을 때, 남편은 무엇을 하는 것을 좋아했나요?
答 丈夫喜欢每天早上起床后，一边吃早饭一边看报纸。
남편은 매일 아침에 일어난 다음 아침을 먹으면서 신문을 보는 것을 좋아했어요.

② 지금 남편의 생활은 어떤가요?
答 现在丈夫很忙，每天早上很早就出门了，晚上很晚才回家。
지금 남편은 아주 바빠요. 매일 아침에 아주 일찍 나가고, 저녁에는 아주 늦게 집에 돌아와요.

연습해 보기

■ 복합 방향보어
(1) 小刚买回来几瓶饮料。/ 买回几瓶饮料来。
(2) 周明走进办公室来。

■ 조동사 '应该'
(1) 周末我(c)应该复习一个星期的课。
(2) 在办公室里，不(d)应该抽烟。

■ 一边A一边B
(1) 我跟她去饭馆了，我们一边吃饭一边聊天儿，很高兴。
(2) 我们边聊边爬，一点儿也不累。
(3) 我一般边喝咖啡边看电影。

실력다지기

1 (1) 红酒 (2) 班长 (3) 遇见

2 (1) 你应该早睡早起，别睡得那么晚。
(2) 我不愿意去那个公司工作，太远，也太累。
(3) 终于考完试了，我们去哪儿玩儿玩儿?
(4) A 前边那位老人是谁?
    B 他是我们的校长。
(5) A 你怎么回来这么晚?
    B 回家的路上遇到张老师了，跟他聊了一会儿。
(6) A 一会儿周经理走进来的时候，请大家站起来。
    B 好，我们知道了。

3 (1) A 你去商店买回点儿蛋糕和饮料来吧。
    B 好，我马上去买。
(2) A 累坏了吧?
    B 跟你一起边聊边做饭，一点儿也不累。

(3) A 太累了，我们别跑了，走过去吧。
    B 好，我们可以边聊天儿边走。
(4) A 这么多礼物，都是你丈夫买回来的?
    B 对，他刚从国外回来。

4

누구에게	어떤 선물	이유
成民 성민	红酒 레드 와인	他最喜欢喝酒。 그는 술 마시는 걸 제일 좋아해요.

14 你把水果拿过来。

미리 보기

1 A 냉장고   B 바나나   C 메뉴판

2

No.	시간	일 1	일 2	일 3
①	睡觉以前 자기 전에	刷牙 이를 닦다	洗澡 샤워를 하다	看书 책을 보다
②	吃饭以后 밥 먹은 후에	听音乐 음악을 듣다	睡觉 자다	做作业 숙제를 하다
③	考试以后 시험이 끝나고	见朋友 친구를 만나다	去旅游 여행을 가다	买点衣服 옷을 사다

서로 묻고 답하기

■ 대화하기 1
① 저우밍은 무엇을 하고 있나요?
答 周明在看电视。
저우밍은 텔레비전을 보고 있어요.

② 저우 부인은 그에게 무엇을 시키려고 하나요?
答 周太太想让他先把茶和杯子放好，然后把冰箱里的西瓜拿出来。
부인은 그에게 먼저 차랑 잔을 놓고, 그 다음에 냉장고 안의 수박을 꺼내오게 하려 해요.

■ 대화하기 2
① 샤오깡은 왜 전화를 안 받았나요?
答 小刚刚洗了个澡，没听见。
샤오깡은 막 목욕을 해서 못 들었어요.

② 동료는 왜 샤오깡에게 전화를 했나요?
答 同事想问小刚公司里的一些事情。
동료는 샤오깡에게 회사 일들을 묻고 싶어 해요.

■ 대화하기 3
① 샤오밍과 친구는 무엇을 하려고 하나요?
答 小明和同学打算坐在外边一边看月亮一边吃点儿东西。
샤오밍과 친구는 밖에서 달을 보면서 뭐 좀 먹으려고 해요.

② 그들은 왜 따샨에게 전화를 걸지 않아도 되나요?
답 因为他们听到了外面的声音，一定是大山。
왜냐하면 그들은 밖의 목소리를 들었는데 분명히 따샨이에요.

■ 단문 읽기
① 과일 밥은 어떻게 만드나요?
답 先把米饭做好，然后再把一块块新鲜的水果放进去，水果饭就做好了。
먼저 밥을 잘 짓고, 그 다음에 신선한 과일 한 조각 한 조각 넣으면, 과일 밥은 완성이에요.
② 왜 과일을 많이 먹어야 하나요?
답 因为多吃水果对身体好。
왜냐하면 과일을 많이 먹으면 몸에 좋기 때문이에요.

연습해 보기
■ '把' 자문 (3)
(1) A 妈妈，让我再看一会儿这个节目吧。
　　B 好吧。你把这个节目看完就去写作业。
(2) A 房间里太热了。
　　B 我把空调打开吧。
(3) A 我的行李呢？
　　B 别着急，我把你的行李拿到房间里去了。

■ 先……，再/又……，然后……
(1) A 下课以后，你做什么？
　　B 下课以后，我先回家，然后写作业。
(2) A 你妈妈来了，你打算带她去哪儿玩儿？
　　B 我打算先带她去明洞，然后一起爬南山。
(3) A 考完试了，你有什么打算？
　　B 我打算和成民一起去打篮球，再去看电影，然后去吃饭。

실력 다지기
1 (1) 名单　(2) 读音　(3) 买单

2 (1) 每天晚上，爸爸都要给女儿讲一个故事。
　(2) 我们买几斤香蕉吧，家里没有水果了。
　(3) 服务员，请拿菜单过来，我们点菜。
　(4) A 听! 是谁在外边说话？
　　　B 没有声音啊。
　(5) A 你觉得洗衣服很简单，可我觉得很难。
　　　B 那你觉得做什么不难呢？
　(6) A 这个地方真美！
　　　B 是啊，像画儿一样。

3 (1) A 你帮我把这本书还给图书馆吧。
　　　B 好的。
　(2) A 今天你下了课就回家吧。
　　　B 我先去锻炼身体，然后回家。
　(3) A 我要把这些衣服洗干净。
　　　B 别着急，我先做完这些事，然后回来帮你。

(4) A 小刚，你现在去哪儿？
　　B 我把公司的客人送到宾馆去。

4 (1) 从西直门到北海北，先坐2号线到车公庄，再换6号线到北海北。
시즈먼(西直门)에서 베이하이베이(北海北)로 가려면, 먼저 2호선을 타고 처공좡(车公庄)으로 가서, 다시 6호선으로 갈아타고 베이하이베이로 갑니다.
(2) 从西单到朝阳门，先坐1号线到建国门，然后再换2号线到朝阳门。
시단(西单)에서 차오양먼(朝阳门)으로 가려면, 먼저 1호선을 타고 젠궈먼(建国门)으로 갑니다. 그런 다음 다시 2호선으로 갈아타고 차오양먼으로 갑니다.

15 其他都没什么问题。

미리 보기
1 A 신문　　B 기념일, 명절　　C 거리

2
No.	종류	좋아하는 것	싫어하는 것
①	水果 과일	西瓜 수박	香蕉 바나나
②	颜色 색깔	蓝色 파란색	黄色 노란색
③	运动 운동	游泳 수영하다	打篮球 농구하다

서로 묻고 답하기
■ 대화하기 1
① 선생님은 따샨의 중국어가 어떻다고 생각하나요?
답 老师觉得大山的汉语一直不错。
선생님은 따샨의 중국어가 줄곧 좋았다고 생각해요.
② 앞으로 이해가 안 되는 부분이 있으면, 따샨은 어떻게 하면 되나요?
답 大山可以给老师打电话或者发电子邮件。
따샨은 선생님에게 전화를 걸거나 혹은 이메일을 보내면 돼요.

■ 대화하기 2
① 시합에 참가하러 모두 왔나요? 누가 안 왔나요?
답 没有。除了小云，其他人都来了。
아니요. 샤오윈을 빼고 다른 사람은 다 왔어요.
② 선생님은 지금 무엇을 하나요?
답 老师现在要给学生们讲这次比赛的要求和一些需要注意的地方。
선생님은 지금 학생들에게 이번 시합의 요구 사항과 주의 사항을 알려주려고 해요.

■ 대화하기 3
① 다들 인터넷으로 무엇을 할 수 있나요?
답 除了看新闻，人们还可以在网上听歌、看电影、买东西。

뉴스 보는 것 말고도 인터넷으로 노래도 듣고, 영화도 보고, 물건도 사요.

② 샤오깡이 인터넷에서 산 그 옷은 어떤가요?
답 小刚从网上买的那件衣服有点儿小，给他弟弟了。
샤오깡이 인터넷에서 산 그 옷은 좀 작아서 동생에게 줬어요.

■ 단문 읽기
① 이곳에서는 언제 맥주 축제를 여나요?
답 这个地方每年夏天都要举行一次啤酒节。
이곳에서는 매년 여름마다 맥주 축제를 한 번씩 열어요.

② 맥주 축제에서는 무엇을 할 수 있나요?
답 啤酒节上，人们可以喝到世界上不同地方的啤酒，还可以看到世界上不同地方的歌舞。
맥주 축제에서 사람들은 세계 여러 지방의 맥주를 마실 수 있고, 세계 각지의 노래와 춤도 볼 수 있어요.

연습해 보기

■ 除了A以外, 都/还/也……
(1) 我喜欢春天，也喜欢夏天。→ 除了春天，我也喜欢夏天。
(2) 我们班只有王老师是中国人，其他人都是外国人。
→ 我们班除了王老师是中国人，其他人都是外国人。
(3) 我只想吃西瓜，其他水果都不想吃。→ 我除了西瓜以外，其他水果都不想吃。

■ 의문대사의 활용 (2)
(1) A 周末有什么打算吗?
    B 周末我跟朋友打算去爬山。
(2) A 最近有没有什么好看的电影?
    B 对不起，我很少看电影，不知道哪个好看。
(3) A 你们有没有什么不懂的?
    B 没有了，老师，我都懂了。

■ 정도 표현 '极了'
(1) 外边天气好极了，我们出去走走吧。
(2) 我工作了一天，累极了。
(3) 她唱歌好极了，大家都喜欢听。

실력다지기

1 (1) 电影节 (2) 春节 (3) 文化节

2 (1) 你每天跟谁练习口语?
  (2) 这个月我的钱都花完了，不能再买新衣服了。
  (3) 我在这里只学了三个月汉语，但是水平提高了不少。
  (4) A 今天听写五个句子，请大家准备好笔和纸。
      B 五个? 老师，太多了!
  (5) A 你为什么想去那个地方旅游?
      B 我对那儿的文化很感兴趣。

  (6) A 刚才电视上的那条新闻真有意思!
      B 你快说说。

3 (1) A 我们去这家饭馆吧，这儿的服务好极了。
      B 我也听说过，除了服务好以外，菜也很好吃。
  (2) A 你想快点儿提高汉语，要多听、多说、多做练习。
      B 没什么更容易的吗?
  (3) A 这儿有一些咖啡。
      B 除了咖啡以外，还有其他的吗?
  (4) A 今天的工作大家有问题吗?
      B 没什么问题，今天的工作我们已经完成了。

4 A 我们班谁最聪明?
    우리 반에 누가 제일 똑똑해요?
  B 我们班成民聪明极了。
    우리 반에 성민이 아주 똑똑해요.
  A 为什么?
    왜 그렇게 생각해요?
  B 他每天都是第一个完成作业。
    그는 매일 첫 번째로 숙제를 끝내요.

16 我现在累得下了班就想睡觉。

미리 보기

1 A 코 B 머리카락 C 이를 닦다

2

No.	상황	하고 싶은 것	하고 싶지 않은 것
①	高兴的时候 기쁠 때	唱歌 노래 부르다	
②	忙的时候 바쁠 때		睡觉 잠자다
③	冷的时候 추울 때		散步 산책하다

서로 묻고 답하기

■ 대화하기 1
① 저우밍은 젊을 때 왜 여행을 가지 못했나요?
답 周明年轻的时候没有钱，所以没去旅游。
저우밍은 젊을 때 돈이 없어서 여행을 가지 못했어요.

② 지금 저우밍은 왜 여행을 가지 못하나요?
답 现在周明没有时间去旅游。
지금 저우밍은 여행을 갈 시간이 없어요.

모범 답안 235

■ 대화하기 2
① 동료의 딸은 어떻게 생겼나요?
答 同事的女儿长得白白的、胖胖的、很可爱。
　　동료의 딸은 하얗고, 통통하고, 아주 사랑스러워요.
② 동료의 딸이 막 태어났을 때, 그녀의 아빠는 어땠나요?
答 她爸爸高兴得一个晚上都没睡。
　　그녀의 아빠는 신나서 밤새 잠도 못 잘 정도였어요.

■ 대화하기 3
① 샤오깡은 병원에 가서 진찰을 받았나요?
答 小刚检查了好几次了，但是没什么用。
　　샤오깡은 꽤 여러 번 진찰 받았어요. 그런데 별 소용이 없어요.
② 샤오깡은 왜 이가 아픈가요?
答 因为小刚不好好刷牙。
　　샤오깡은 양치를 잘 하지 않았기 때문이에요.

■ 단문 읽기
① 왜 요즘 사람과 사람의 관계가 아주 차갑나요?
答 因为现在的人工作忙得没时间跟别人见面，累得不愿意和别人多说话。
　　요즘 사람들은 남들과 만날 시간도 없을 정도로 바쁘고, 피곤해서 남들과 말도 하기 싫을 정도이기 때문이에요.
② 우리가 어떻게 해야 관계가 나아질 수 있을까요?
答 我们应该多对别人笑笑，说话时多用一些"您好""谢谢"这样的词语。
　　우리는 남들에게 더 웃어주고, 말할 때 '안녕하세요', '고맙습니다' 같은 말을 더 해야 해요.

연습해 보기

■ 如果……(的话)，就……
(1) 如果明天下雨的话，<u>就在家看电视吧</u>。
(2) 如果考试考得很好的话，<u>就去旅游吧</u>。
(3) <u>如果妈妈不在家</u>，我就跟朋友去踢足球。

■ 정도보어
(1) 我牙疼得<u>不想说话</u>。
(2) 今天天气热得<u>下课就想去游泳</u>。
(3) 看了这个电影，她笑得<u>肚子都疼</u>。

■ 1음절 형용사 중첩
(1) 她的男朋友个子<u>高高的</u>。
(2) 他的女朋友头发<u>黑黑的</u>。
(3) 这个蛋糕<u>甜甜的</u>，真好吃。

실력다지기

1 (1) 词语　(2) 运动鞋　(3) 体检

2 (1) <u>如果</u>我的丈夫能少一些会议，他就会多跟我和孩子在一起了。
(2) 我和同屋的<u>关系</u>不太好，怎么办？
(3) 那个小狗真<u>可爱</u>，我们把它带回家吧。
(4) A 今天下午你去哪儿了？
　　B 我的车总是有问题，我去<u>检查</u>了一下。
(5) A 你怎么刚吃饭？
　　B 今天起晚了，<u>刷牙</u>以后就来上课了。
(6) A 咱们去南方玩儿玩儿吧。
　　B 我<u>认为</u>还是北方更好玩儿一些。

3 (1) A 这条裙子<u>红红的</u>，真好看。
　　B 是啊。但是太贵了，<u>如果有钱的话</u>，我就买。
(2) A 你怎么还不学习？
　　B 我现在累得<u>一点儿力气都没有</u>。
(3) A 今天我忙得<u>什么都不想做</u>，让我休息一下吧。
　　B 行，我自己去做饭。
(4) A 你看，那个女孩个子<u>高高的</u>，头发<u>长长的</u>，眼睛<u>大大的</u>，真漂亮。
　　B 你如果喜欢她的话，<u>就去认识认识</u>。

4 A 만약에 시간이 있으면, 당신은 무엇을 할 건가요?
B 如果有时间，我就去旅游。
　만약 시간이 있다면, 나는 여행을 갈 거예요.

A 만약에 한 곳에 여행을 갈 수 있다면, 당신은 어디에 갈 건가요?
B 如果能去一个地方旅行，我想去北京。
　만약에 한 곳에 여행을 갈 수 있다면, 저는 베이징에 갈 거예요.

A 만약에 당신이 슈퍼맨이라면, 무엇을 할 건가요?
B 如果我是超人，我会去帮助别人。
　만약에 내가 슈퍼맨이라면, 나는 다른 사람을 도울 거예요.

A 만약에 당신이 아빠/엄마라면, 아이가 무엇을 하는 것을 못 하게 할 건가요?
B 如果我是妈妈，我就不让孩子喝咖啡。
　만약에 내가 엄마라면, 아이가 커피 마시는 것을 못 하게 할 거예요.

17 谁都有办法看好你的"病"。

미리 보기

1　A 겨울　　B 선택하다　　C 취미

2　① 介绍朋友　친구를 소개하다
　　② 打扫房间　방을 청소하다
　　③ 检查身体　신체 검사를 하다
　　④ 复习汉语　중국어를 복습하다

서로 묻고 답하기

■ 대화하기 1

① 샤오리는 왜 휴가를 내려고 하나요?
답 因为她的一个老朋友结婚。
그녀의 오랜 친구가 결혼을 하기 때문이에요.

② 샤오리는 며칠 휴가를 냈나요?
답 一共请三天假。
삼일 동안 휴가를 냈어요.

■ 대화하기 2

① 샤오리와 저 남자는 무슨 관계인가요?
답 他们过去是邻居，后来是大学同学，现在他是小丽的丈夫。
그들은 전에는 이웃이었고, 나중에는 대학 동창이었고, 지금 그는 샤오리의 남편이에요.

② 샤오리의 남편은 어떤 취미가 있나요?
답 小丽的丈夫有很多爱好，唱歌、画画儿、踢足球，什么都会。
샤오리의 남편은 취미가 많아요. 노래 부르기, 그림 그리기, 축구 하기, 뭐든 다 할 수 있어요.

■ 대화하기 3

① 저우 부인은 왜 몸이 좋지 않나요?
답 因为她三年没运动了。
그녀는 삼 년 동안 운동을 하지 않았기 때문이에요.

② 저우 부인은 무슨 계획이 있나요?
답 周太太打算从明天起，每天去长跑。
저우 부인은 내일부터 매일 오래 달리기를 하려고 해요.

■ 단문 읽기

① 어떤 시간이 운동하기에 제일 좋나요?
답 早上9点是最好的运动时间。
아침 9시가 가장 좋은 운동 시간이에요.

② 운동할 때 어떤 문제에 주의해야 하나요?
답 运动的时候要注意时间和地点，也要根据自己的健康情况，还要记得口渴不要马上喝水。
운동할 때 시간과 장소에 주의해야 해요. 또 자신의 건강 상황에 맞춰야 해요. 그리고 목 마를 때 바로 물을 마시면 안 된다는 것을 기억해야 해요.

연습해 보기

■ 동사 중첩
(1) 我不太舒服，我想去医院检查检查。
(2) 太累了，我们休息休息吧。
(3) 房间不太干净，我们打扫打扫吧。

■ 의문대사의 활용 (3)
(1) A 你喜欢吃什么菜?
　　B 我什么都喜欢吃。
(2) A 我们什么时候去看电影?
　　B 我什么时候都行。
(3) A 我们星期天去哪儿玩儿?
　　B 我去哪儿都可以。

실력다지기

1 (1) 婚假　(2) 怎么办　(3) 喜爱

2 (1) 老师，我不舒服，我想跟您请假。
(2) 为了了解中国文化，我常常去旅行。
(3) 我以前在美国学习，后来来中国留学。
(4) A 你认识那个人吗?
　　B 认识，他是我的新邻居。
(5) A 吃饱了吗?
　　B 当然了，你看我们点了这么多菜。
(6) A 明年你打算回国吗?
　　B 我还没决定呢。

3 (1) A 老师，您可以帮我练习练习口语吗?
　　B 当然可以。从什么时候开始?
(2) A 快考试了，我应该复习什么啊?
　　B 你什么都要复习。
(3) A 今天天气不错，我们出去锻炼锻炼吧。
　　B 好，我去换衣服。
(4) A 周末你打算做什么?
　　B 我打算在家里打扫打扫。

4 复习 → 复习复习 → 快要考试了，我应该复习复习了。
복습하다 – 복습 좀 하다 – 곧 시험이야. 나는 복습 좀 해야 돼.

练习 → 练习练习 → 我想练习练习口语，所以打算找中国朋友聊天儿。
연습하다 – 연습 좀 하다 – 나는 회화 연습을 좀 하고 싶어. 그래서 중국 친구를 찾아가서 이야기를 하려고 해.

18 我相信他们会同意的。

미리 보기

1 A 동물　B 믿다　C 만(10,000)

2
원인	결과
① 穿得很少 적게 입다	迟到 지각하다
② 起床太晚 늦게 일어나다	饿 배고프다
③ 不吃早饭 아침을 안 먹다	感冒 감기 걸리다

① 穿得很少 — 感冒
② 起床太晚 — 迟到
③ 不吃早饭 — 饿

서로 묻고 답하기

■ **대화하기 1**

① 친구는 왜 저우밍에게 돈을 빌리려고 하나요?
☞ 因为朋友打算买房子，还差5万块钱。
　　친구는 집을 사려고 하는데, 아직 5만 위안이 부족해요.

② 저우밍은 친구에게 돈을 빌려주려고 하나요? 어떻게 주나요?
☞ 周明要借给朋友钱了，下午打给朋友。
　　저우밍은 친구에게 돈을 빌려주려고 해요. 오후에 이체해주려고 해요.

■ **대화하기 2**

① 샤오밍은 무엇을 사고 싶어 하나요? 왜 그런가요?
☞ 小明想买小狗，因为小狗很可爱。
　　샤오밍은 강아지를 사고 싶어 해요. 강아지가 너무 귀엽기 때문이에요.

② 샤오밍의 엄마는 샤오밍이 그 강아지를 사도록 했나요? 왜 그런가요?
☞ 小明的妈妈不让小明买。因为动物和小孩儿一样，都需要人照顾。
　　샤오밍의 엄마는 샤오밍이 사도록 허락하지 않았어요. 왜냐하면 동물은 아이와 같아서 사람의 돌봄이 필요하기 때문이에요.

■ **대화하기 3**

① 학생은 이 회사에 와서 일하고 싶어 하나요? 왜 그런가요?
☞ 学生愿意来这个公司工作，因为这个公司不但很有名，而且工作环境好。
　　학생은 이 회사에 와서 일하고 싶어 해요. 이 회사는 매우 유명하기도 하고, 업무 환경도 좋아요.

② 팀장은 이 일이 어떻다고 생각하나요?
☞ 经理觉得这个工作有点儿累。
　　팀장은 이 일이 좀 힘들다고 생각해요.

■ **단문 읽기**

① 왜 어떤 사람들은 새로운 환경에서 이상하다고 느끼나요?
☞ 因为不同的国家有不同的文化，每种文化都有自己的特点。
　　왜냐하면 나라마다 다른 문화가 있고, 모든 종류의 문화에는 자신만의 특징이 있기 때문이에요.

② 모든 나라의 이름은 성 뒤에 쓰나요?
☞ 有些国家的人名写在姓前面，有些国家的人名写在姓后面。
　　어떤 나라의 이름은 성 앞에 쓰고, 어떤 나라의 이름은 성 뒤에 써요.

연습해 보기

■ 只要……, 就……

(1) A 你对大家都这么好啊?
　　B 是啊! 我觉得只要我对别人好, <u>别人就对我好</u>。

(2) A 妈妈, 你来跟我们一起玩儿吧。
　　B 你们玩儿吧, 只要你们玩儿得高兴, <u>我就高兴</u>。

(3) A 只要你努力学习, <u>你的水平就会提高得很快</u>。
　　B 老师, 我一定会努力的。

■ 개사 '关于'

(1) 我想去图书馆借一些<u>关于中国节日</u>的书。
(2) 今天没有时间回答了, <u>关于这个问题</u>, 我下次告诉你吧。

■ 구조조사 '地'

(1) 爸爸很高兴(b)<u>地</u>去接老朋友。
(2) 成民客客气气(c)<u>地</u>说了一声"谢谢"。

실력 다지기

1 (1) 动物<u>园</u>　(2) 人<u>名</u>　(3) 自<u>信</u>

2 (1) 你是从哪个<u>国家</u>来的?
(2) 坐火车的时候, 我喜欢<u>向</u>外看。
(3) 这家饭馆不但菜很好吃, <u>而且</u>环境很好。
(4) A 真<u>奇怪</u>, 桌子上的词典怎么不见了?
　　B 刚才马可拿走了。
(5) A 你给我介绍几个<u>关于</u>中国文化的电影吧。
　　B 好, 没问题。
(6) A 我觉得这儿的房子很便宜的, 我们在这儿买吧。
　　B 我不<u>同意</u>, 虽然很便宜, 但是离公司太远了。

3 (1) A 我不想迟到, 但是家太远了。
　　B 你只要早起一点儿, <u>就不会迟到的</u>。
(2) A 你喜欢看哪种电影?
　　B 只要是<u>你喜欢看</u>, 我就喜欢。
(3) A 周末我们去哪儿玩儿?
　　B <u>只要不下雨</u>, 我们就去爬山。
(4) A 你吃得这么多, 小心会<u>长胖</u>的。
　　B <u>关于</u>这个问题, 我不担心, 因为我已经有男朋友了。

4 고민 我现在牙齿不太好, 常常牙疼。
　　나는 지금 이가 별로 좋지 않아요. 자주 이가 아파요.

방법1 <u>只</u>要你常刷牙, 牙<u>就</u>会好的。
　　자주 양치만 해주면, 이가 좋아질 거예요.

방법2 <u>只</u>要你睡觉之前不吃东西, 牙<u>就</u>会好的。
　　자기 전에 뭘 먹지만 않아도, 이가 좋아질 거예요.

19 你没看出来吗?

미리 보기

1. A 귀   B 얼굴   C 울다

2.
No.	감정	장소
①	生气 화가 나다	在公司 회사에서
②	害怕 무서워하다	在牙科 치과에서
③	着急 조급해하다	考试的地方 시험 보는 곳

서로 묻고 답하기

■ 대화하기 1

① 딸은 요즘 무슨 변화가 있나요?
答 女儿最近喜欢把头发放在耳朵后面，慢慢地开始像个女孩子了。
딸은 요즘 머리카락을 귀 뒤로 넘기길 좋아해요. 조금씩 여자다워지기 시작해요.

② 딸은 어릴 적에 어떤 스타일의 머리를 좋아했나요?
答 女儿小时候喜欢短头发，像男孩子一样。
딸은 어릴 적에 짧은 머리를 좋아했어요. 남자 애들처럼요.

■ 대화하기 2

① 동료는 왜 사진 속의 샤오깡을 못 알아봤나요?
答 因为小刚在照片里，他穿的是运动服。
샤오깡은 사진에서는 운동복을 입고 있기 때문이에요.

② 샤오깡 출근할 때는 뭘 입나요? 보기에 어떤가요?
答 小刚上班穿西服、衬衫。今天穿了蓝西服，看上去像40多岁。
샤오깡은 출근할 때 양복과 와이셔츠를 입어요. 오늘 파란 양복을 입었는데, 마흔이 넘어 보여요.

■ 대화하기 3

① 친구의 딸은 언제 태어났나요?
答 她是去年秋天出生的，刚过完一岁生日。
그녀는 작년 가을에 태어났어요. 막 한 살 생일이 지났어요.

② 샤오리는 왜 친구 딸에게 좋아하는 선물을 줄 수가 없다고 말했나요?
答 因为朋友的女儿就喜欢听她爸爸学鸟叫。
친구 딸은 자기 아빠가 새소리 흉내 내는 것만 좋아하기 때문이에요.

■ 단문 읽기

① '나'는 이번 여행이 어땠다고 생각해요?
答 这次旅游，每个地方都让"我"非常难忘。
이번 여행은 모든 곳이 다 '나'로 하여금 잊을 수 없게 해요.

② '나'는 모두에게 무엇을 보여주고 싶나요? 왜 그런가요?
答 "我"想给大家看照片，因为想叫朋友们也高兴高兴。

'나'는 모두에게 사진을 보여주고 싶어요. 친구들도 즐겁게 해 주고 싶기 때문이에요.

연습해 보기

■ 방향보어의 확장 의미
(1) 雨下了三个小时，现在终于小了下来。
(2) 你能看出来谁是哥哥，谁是弟弟吗?
(3) 穿了这条裙子，你看起来只有18岁。

■ 사역동사 '让', '使', '叫'
(1) 他学习不努力，这让妈妈很担心。
(2) 这双皮鞋有点儿小，让他的脚很不舒服。
(3) 她又聪明又热情，叫人很喜欢。

실력 다지기

1. (1) 前年   (2) 路过   (3) 运动服

2. (1) 帮我把这几张照片洗出来吧。
   (2) 她真爱说话，像只小鸟一样。
   (3) 我希望能坐船去旅行一次。
   (4) A 你一会儿经过超市吗? 帮我买瓶水吧。
       B 行，没问题。
   (5) A 您好，欢迎，请问您几位?
       B 您好，我们一共是五个人。
   (6) A 你会骑马吗?
       B 不会，我从来没骑过。

3. (1) A 你看上去不太舒服。
       B 昨天晚上没休息好。
   (2) A 天黑起来了。
       B 你快点儿回家吧。
   (3) A 阿姨，我是大卫啊! 您还记得我吗?
       B 几年没见了，我真看不出来了。
   (4) A 外边雨那么大，你怎么才回来? 真让我担心。
       B 别担心，雨已经小下来了。

4.
이름	겪은 일	받은 영향
成民 성민	第一次去中国的时候，起得很晚。 처음 중국에 가서, 늦게 일어났어요.	让他坐出租车去机场，让他花了很多钱。 택시 타고 공항에 가야 했고, 많은 돈을 썼어요.

20 我被他影响了。

미리 보기

1. A 신용카드   B 카메라   C 그릇

2

동사	목적어
① 影响 영향을 주다	钱 돈
② 开走 운전해 가다	朋友 친구
③ 花完 다 쓰다	自行车 자전거
④ 骑走 타고 가다	汽车 자동차

① 影响 — 朋友
② 开走 — 汽车
③ 花完 — 钱
④ 骑走 — 自行车

서로 묻고 답하기

■ 대화하기 1

① 샤오리는 무엇을 찾을 수 없나요?
🅐 小丽找不到照相机了。
　샤오리는 카메라를 찾을 수가 없어요.

② 샤오리는 새 것을 하나 살 수 있나요? 왜 그런가요?
🅐 不能买，因为她这个月把信用卡里的钱已经花得差不多了。
　살 수 없어요. 그녀는 이번 달 신용카드 한도를 벌써 거의 다 썼기 때문이에요.

■ 대화하기 2

① 친구의 남자 친구는 뭘 하는 것을 좋아하나요?
🅐 他喜欢看足球比赛，也喜欢玩游戏。
　그는 축구 보는 것을 좋아하고, 게임하는 것도 좋아해요.

② 샤오밍 친구의 성적은 왜 아주 엉망인가요?
🅐 因为她天天上网玩儿游戏。
　그녀는 날마다 인터넷으로 게임을 하기 때문이에요.

■ 대화하기 3

① 데이비드와 형이 닮아서 무슨 일이 자주 발생하나요?
🅐 他们经常被别人认错。
　사람들이 그들을 자주 잘못 알아봐요.

② 데이비드와 그의 형은 어떤 점이 같나요?
🅐 他们长得很像，而且他们也住在同一个楼、同一个房间。
　그들은 생긴 게 매우 닮았어요. 또한 그들은 같은 건물, 같은 방에 살아요.

■ 단문 읽기

① 젊은이들은 어려운 문제를 만나면 어떻게 해야 하나요?
🅐 年轻人遇到难题时应该试着做做。
　젊은이들은 어려운 문제를 만나면 한번 시도해 봐야 합니다.

② 우리는 문제를 해결할 때 무엇을 믿어야 하나요?
🅐 我们要相信：多么难得问题，都会被解决的。
　우리는 아무리 어려운 문제도 모두 해결될 수 있다고 믿어야 합니다.

연습해 보기

■ '被' 자문

(1) A 你的自行车呢?
　　B 我的自行车被成民借走了。

(2) A 你怎么没带照相机?
　　B 我的照相机被用坏了。

(3) A 我刚买的咖啡呢?
　　B 对不起，你的咖啡让我喝完了。

■ 只有……, 才……

(1) A 你怎么学得这么认真?
　　B 妈妈说，只有学得好，才能玩游戏。

(2) A 最近你怎么吃得越来越少?
　　B 男朋友说，只有瘦下来，穿衣服才漂亮。

(3) A 你怎么又出去锻炼啊?
　　B 爸爸说，只有常常锻炼，身体才会健康。

실력 다지기

1 (1) 碗筷　(2) 房卡　(3) 东北

2 (1) 别难过了，手机坏了就再买一个吧。
(2) 我什么时候能知道这次考试的成绩?
(3) 今天的天气多么好啊!
(4) A 他怎么又看篮球比赛了?
　　B 只有看球赛，才能让他变得高兴。
(5) A 我的电脑又坏了。
　　B 我试一下，看看有什么问题。
(6) A 请问，去中国银行怎么走?
　　B 一直往东走。

3 (1) A 把你的手机借给我，我玩儿会儿游戏。
　　B 我的手机被妈妈拿走了。
(2) A 妈妈，我那件白色的衣服呢?
　　B 刚被我洗了。你今天要穿吗?
(3) A 孩子拿走你的信用卡，你不担心啊?
　　B 信用卡只有大卫拿着，我才担心。
(4) A 快到春节了，你不想出去旅游吗?
　　B 想啊，但是只有买到飞机票，才能去旅游。

4

이름	좋지 않은 경험
成民	女朋友的旅行箱被拿走了。
성민	여자 친구의 여행 가방을 (누가) 들고 갔어요.

단어 색인

HSK 3급 단어

단어	한어병음	뜻	단원
A			
阿姨	āyí	명 아주머니, 이모	14
啊	a	조 문장 끝에 쓰여 긍정 또는 방어적인 어감을 나타냄	01
矮	ǎi	형 (키가) 작다	10
爱好	àihào	명 취미	17
安静	ānjìng	형 조용하다	08
B			
把	bǎ	양 자루 [우산 등 손잡이가 있는 물건을 세는 단위]	02
把	bǎ	개 ~를 [처리 대상을 나타냄]	11
搬	bān	동 옮기다	01
班	bān	명 반	09
半	bàn	수 반	07
办法	bànfǎ	명 방법	17
办公室	bàngōngshì	명 사무실	02
帮忙	bāng máng	동 돕다	06
包	bāo	명 가방	12
饱	bǎo	형 배부르다	17
北方	běifāng	명 북쪽 지방	01
被	bèi	개 ~에 의해	20
鼻子	bízi	명 코	16
比较	bǐjiào	부 비교적	09
比赛	bǐsài	동 시합하다 명 시합	04
必须	bìxū	부 반드시	17
变化	biànhuà	동 변화하다 명 변화	08
别人	biérén	대 다른 사람	16
冰箱	bīngxiāng	명 냉장고	14
不但…… 而且……	búdàn…… érqiě……	접 ~뿐 아니라 게다가~	18
C			
菜单	càidān	명 메뉴판	14
参加	cānjiā	동 참가하다	09
草	cǎo	명 풀	05
层	céng	양 층	08
差	chà	형 모자라다, 부족하다	07
超市	chāoshì	명 슈퍼마켓, 마트	04
衬衫	chènshān	명 셔츠	03
成绩	chéngjì	명 성적	20
城市	chéngshì	명 도시	16
迟到	chídào	동 지각하다, 늦게 오다	07
除了	chúle	개 ~를 제외하고	15
船	chuán	명 배	19
春天	chūntiān	명 봄	05
词典	cídiǎn	명 사전	11
聪明	cōngming	형 똑똑하다	04
D			
打扫	dǎsǎo	동 청소하다	01
打算	dǎsuàn	명 계획 동 계획하다	01
带	dài	동 지니다, 휴대하다	01
担心	dān xīn	동 걱정하다	09
蛋糕	dàngāo	명 케이크	04
当然	dāngrán	부 당연히	05
地	de	조 부사어를 만들어 주는 구조조사	18
灯	dēng	명 전등	11
地方	dìfang	명 장소, 곳	10
地铁	dìtiě	명 지하철	11
地图	dìtú	명 지도	01
点	diǎn	명 소수점	04
电梯	diàntī	명 엘리베이터	08
电子邮件	diànzǐ yóujiàn	명 이메일	11
东	dōng	명 동(쪽)	20
冬天	dōngtiān	명 겨울	17
动物	dòngwù	명 동물	18
短	duǎn	형 짧다	19
段	duàn	양 기간 [일정한 범위의 구간을 세는 단위]	18
锻炼	duànliàn	동 단련하다	06
多么	duōme	부 얼마나, 아무리	20
E			
饿	è	형 배고프다	04
耳朵	ěrduo	명 귀	19
F			
发	fā	동 보내다	15
发烧	fā shāo	동 열이 나다	05
发现	fāxiàn	동 발견하다	12
方便	fāngbiàn	형 편리하다	08
放	fàng	동 놓다	03
放心	fàng xīn	동 마음을 놓다	09
分	fēn	동 구분하다	20
附近	fùjìn	명 근처	10

复习	fùxí	동 복습하다	01

G

干净	gānjìng	형 깨끗하다	14
感冒	gǎnmào	동 감기 걸리다 명 감기	05
感兴趣	gǎn xìngqù	관심이 있다, 흥미를 느끼다	07
刚才	gāngcái	명 방금	06
个子	gèzi	명 키	10
跟	gēn	개 ~와	01
根据	gēnjù	개 ~에 근거해서	17
更	gèng	부 더욱, 더	06
公斤	gōngjīn	양 킬로그램(kg)	16
公园	gōngyuán	명 공원	06
故事	gùshi	명 이야기	14
刮风	guā fēng	동 바람이 불다	14
关	guān	동 닫다, 끄다	11
关系	guānxi	명 관계	16
关心	guānxīn	동 관심을 갖다	20
关于	guānyú	개 ~에 관해서	18
国家	guójiā	명 국가	18
过	guò	동 (명절, 생일 등) 보내다	19
过去	guòqù	명 과거	13

H

还是	háishi	접 아니면	03
害怕	hài pà	동 무서워하다	08
黑板	hēibǎn	명 칠판	12
后来	hòulái	명 그 다음, 그 후	17
护照	hùzhào	명 여권	12
花	huā	명 꽃	03
花	huā	동 (돈을) 쓰다	15
画	huà	동 그리다 명 그림	12
坏	huài	형 나쁘다	13
欢迎	huānyíng	동 환영하다	07
还	huán	동 돌려주다	11
环境	huánjìng	명 환경	10
换	huàn	동 바꾸다	10
回答	huídá	동 대답하다	04
会议	huìyì	명 회의	11
或者	huòzhě	접 혹은, 아니면	03

J

几乎	jīhū	부 거의	08
机会	jīhuì	명 기회	18
极了	jí le	부 극도로 ~하다	15
记得	jìde	동 기억하다	03
季节	jìjié	명 계절	05

检查	jiǎnchá	동 검사하다, 검진하다	16
简单	jiǎndān	형 간단하다	14
见面	jiàn miàn	동 만나다	08
健康	jiànkāng	형 건강하다	08
讲	jiǎng	동 설명하다	06
教	jiāo	동 가르치다	12
脚	jiǎo	명 발	02
接	jiē	동 마중하다, (전화를) 받다	07
街道	jiēdào	명 거리	15
节目	jiémù	명 방송 프로그램	14
节日	jiérì	명 기념일, 명절	15
结婚	jié hūn	동 결혼하다	07
结束	jiéshù	동 끝나다	11
解决	jiějué	동 해결하다	20
借	jiè	동 빌리다	11
经常	jīngcháng	부 자주	13
经过	jīngguò	동 경과하다, 지나다	18
经理	jīnglǐ	명 팀장, 사장	02
久	jiǔ	형 (시간이) 오래되다	07
旧	jiù	형 낡다	10
句子	jùzi	명 문장	15
决定	juédìng	동 결정하다	17

K

渴	kě	형 갈증나다	17
可爱	kě'ài	형 귀엽다	16
刻	kè	양 15분	07
客人	kèrén	명 손님	04
空调	kōngtiáo	명 에어컨	11
口	kǒu	양 모금 명 입	11
哭	kū	동 울다	19
裤子	kùzi	명 바지	03
筷子	kuàizi	명 젓가락	11

L

蓝	lán	형 파랗다	19
老	lǎo	형 늙다, 오래되다	08
离开	lí kāi	동 떠나다	06
礼物	lǐwù	명 선물	13
历史	lìshǐ	명 역사	10
脸	liǎn	명 얼굴	19
练习	liànxí	동 연습하다	15
辆	liàng	양 대 [자동차 등을 세는 단위]	02
聊天儿	liáo tiānr	동 잡담하다, 이야기하다	06
了解	liǎojiě	동 이해하다	09
邻居	línjū	명 이웃	17
留学	liú xué	동 유학하다	15

| 楼 | lóu | 명 건물, 층 | 02 |
| 绿 | lǜ | 형 푸르다 | 03 |

M

马	mǎ	명 말	19
马上	mǎshàng	부 곧	08
满意	mǎnyì	동 만족하다	08
帽子	màozi	명 모자	16
米	mǐ	양 미터(m)	16
面包	miànbāo	명 빵	01
明白	míngbai	형 분명하다	06

N

拿	ná	동 잡다, 들다	02
奶奶	nǎinai	명 할머니	13
难	nán	형 어렵다	02
南方	nánfāng	명 남쪽 지방	01
难过	nánguò	형 슬프다, 견디기 어렵다	20
年级	niánjí	명 학년	04
年轻	niánqīng	형 젊다	04
鸟	niǎo	명 새	19
努力	nǔlì	형 노력하다	04

P

爬山	pá shān	동 등산하다	03
盘子	pánzi	명 접시, 쟁반	14
胖	pàng	형 뚱뚱하다	02
啤酒	píjiǔ	명 맥주	11
皮鞋	píxié	명 구두	16
瓶子	píngzi	명 병	11

Q

骑	qí	동 (자전거, 말 등을) 타다	10
奇怪	qíguài	형 이상하다	18
其实	qíshí	부 사실	02
其他	qítā	대 기타, 그 밖에	15
起飞	qǐfēi	동 (비행기가) 이륙하다	12
起来	qǐlai	동 일어나다	13
清楚	qīngchu	형 뚜렷하다	06
请假	qǐng jià	동 휴가를 내다	17
秋天	qiūtiān	명 가을	19
裙子	qúnzi	명 치마	05

R

然后	ránhòu	접 그런 다음	14
热情	rèqíng	형 친절하다, 열정적이다	04
认为	rènwéi	동 생각하다, 여기다	16
认真	rènzhēn	형 진지하다, 성실하다	04
容易	róngyì	형 쉽다	02
如果	rúguǒ	접 만약에	16

S

伞	sǎn	명 우산	02
上网	shàng wǎng	동 인터넷을 하다	15
生气	shēng qì	동 화를 내다	12
声音	shēngyīn	명 목소리, 소리	14
试	shì	동 시도하다	20
世界	shìjiè	명 세계	15
瘦	shòu	형 마르다, 여위다	02
舒服	shūfu	형 편안하다	03
叔叔	shūshu	명 아저씨, 삼촌	14
树	shù	명 나무	02
数学	shùxué	명 수학	10
刷牙	shuā yá	동 이를 닦다	16
双	shuāng	양 벌, 켤레 [쌍을 이루는 물건을 세는 단위]	11
水平	shuǐpíng	명 수준	15
司机	sījī	명 운전기사	12

T

太阳	tàiyáng	명 태양	12
特别	tèbié	부 특히	06
疼	téng	형 아프다	02
提高	tí gāo	동 높이다	15
体育	tǐyù	명 체육	10
甜	tián	형 달다	03
条	tiáo	양 벌, 마리 [치마, 바지 혹은 물고기 등을 세는 단위]	03
同事	tóngshì	명 동료	07
同意	tóngyì	동 동의하다	18
头发	tóufa	명 머리카락	16
突然	tūrán	부 갑자기	06
图书馆	túshūguǎn	명 도서관	11
腿	tuǐ	명 다리	02

W

完成	wán chéng	동 완성하다	15
碗	wǎn	명 그릇	20
万	wàn	수 만, 10,000	18
忘记	wàngjì	동 잊다	11
位	wèi	양 분 [사람을 세는 단위로 공경의 의미가 내포됨]	19
为	wèi	개 ~를 위해서	05

为了	wèile	개 ~를 위하여	17
文化	wénhuà	명 문화	15

X

西	xī	명 서쪽	12
习惯	xíguàn	동 습관이 되다 명 습관	11
洗手间	xǐshǒujiān	명 화장실	08
洗澡	xǐ zǎo	동 목욕하다, 몸을 씻다	14
夏天	xiàtiān	명 여름	05
先	xiān	부 먼저, 우선	09
香蕉	xiāngjiāo	명 바나나	14
相信	xiāngxìn	동 믿다	18
向	xiàng	개 ~를 향하여	18
像	xiàng	동 닮다	14
小心	xiǎoxīn	형 조심하다	03
校长	xiàozhǎng	명 교장	13
新闻	xīnwén	명 뉴스	15
新鲜	xīnxiān	형 신선하다	03
信用卡	xìnyòngkǎ	명 신용카드	20
行李箱	xínglixiāng	명 여행 가방	12
熊猫	xióngmāo	명 판다	08
需要	xūyào	동 필요하다	12
选择	xuǎnzé	동 선택하다	17

Y

要求	yāoqiú	동 요구하다 명 요구	15
爷爷	yéye	명 할아버지	13
一定	yídìng	부 분명히, 반드시	09
一共	yígòng	부 모두	17
一会儿	yíhuìr	명 잠시 동안	08
一样	yíyàng	형 같다	09
以前	yǐqián	명 이전, 예전	07
一般	yìbān	형 보통이다, 일반적이다	13
一边	yìbiān	부 한편으로	13
一直	yìzhí	부 계속, 줄곧	01
音乐	yīnyuè	명 음악	06
银行	yínháng	명 은행	07
饮料	yǐnliào	명 음료	03
应该	yīnggāi	조동 ~해야 한다	13
影响	yǐngxiǎng	명 영향 동 영향을 주다	09
用	yòng	동 필요하다	05
游戏	yóuxì	명 게임, 놀이	01
有名	yǒumíng	형 유명하다	18
又	yòu	부 또, 한편	04
遇到	yùdào	동 만나다, 마주치다	13
元	yuán	양 위안 [중국의 화폐 단위]	03
愿意	yuànyì	동 바라다	13
越	yuè	부 점점, 갈수록	05
月亮	yuèliang	명 달	14

Z

站	zhàn	동 서다	04
张	zhāng	양 장 [종이 등 얇은 물건을 세는 단위]	19
长	zhǎng	동 (몸이) 자라다, (모습이) 생기다	16
着急	zháojí	형 (마음이) 급하다, (행동을) 서두르다	01
照顾	zhàogù	동 돌보다, 보살피다	05
照片	zhàopiàn	명 사진	04
照相机	zhàoxiàngjī	명 카메라	20
只	zhī	양 마리 [동물을 세는 단위]	18
只	zhǐ	부 그저, 단지	03
只有……才……	zhǐyǒu……cái……	접 ~해야 비로소 ~하다	20
中间	zhōngjiān	명 중간	09
中文	Zhōngwén	명 중국의 언어와 문자	09
终于	zhōngyú	부 결국	13
种	zhǒng	양 종류	18
重要	zhòngyào	형 중요하다	08
周末	zhōumò	명 주말	01
主要	zhǔyào	형 주요하다	10
注意	zhù yì	동 주의하다	15
自己	zìjǐ	대 혼자서, 스스로	12
自行车	zìxíngchē	명 자전거	10
总是	zǒngshì	부 늘	04
嘴	zuǐ	명 입	18
最后	zuìhòu	명 최후, 마지막	09
最近	zuìjìn	부 최근	05
作业	zuòyè	명 숙제	01

고유 명사

단어	한어병음	뜻	단원

C

春节	Chūnjié	춘절, 음력 정월 초하루	15

D

大山	Dàshān	따샨 [인명]	09

H

黄河	Huáng Hé	황허 [중국의 강 이름]	19

L

李静	Lǐ Jìng	리징 [인명]	09
李小美	Lǐ Xiǎoměi	리샤오메이 [인명]	04

단어	한어병음	뜻	단원	급수
M				
马可	Mǎkě	마르코 [인명]	04	
X				
小刚	Xiǎogāng	샤오깡 [인명]	01	
小丽	Xiǎolì	샤오리 [인명]	01	
小明	Xiǎomíng	샤오밍 [인명]	04	
小云	Xiǎoyún	샤오윈 [인명]	15	
Z				
张	Zhāng	장 [성씨]	05	
中秋节	Zhōngqiū Jié	추석	15	
周	Zhōu	저우 [성씨]	02	
周明	Zhōu Míng	저우밍 [인명]	02	

HSK 3급 외 단어

단어	한어병음	뜻	단원	급수
C				
差不多	chà bu duō	형 큰 차이가 없다	20	4급
出生	chūshēng	동 태어나다	16	4급
词语	cíyǔ	명 말, 단어	16	4급
D				
大夫	dàifu	명 의사 선생님	16	4급
得	děi	조동 ~해야 한다	20	4급
地点	dìdiǎn	명 지점, 장소	17	4급
F				
父母	fùmǔ	명 부모	20	
G				
各	gè	대 각	15	4급
J				
举行	jǔxíng	동 개최하다	15	4급
K				
可乐	kělè	명 콜라	08	
M				
秘书	mìshū	명 비서	02	5급
Q				
情况	qíngkuàng	명 상황	17	4급
S				
生活	shēnghuó	명 생활	13	4급
使	shǐ	동 ~를 하게 하다	19	4급
睡着	shuì zháo	동 잠들다	06	
T				
太太	tàitai	명 아주머니, 부인	02	5급
特点	tèdiǎn	명 특징	18	4급
X				
相同	xiāngtóng	형 서로 같다, 일치하다	20	4급
Y				
呀	ya	조 '啊'가 앞 음절 모음의 영향을 받아 변화된 음을 표기하기 위한 글자	08	4급
眼镜	yǎnjìng	명 안경	06	4급
要是	yàoshi	접 만약 ~이라면	14	4급
云	yún	명 구름	03	4급
Z				
真正	zhēnzhèng	부 진정한, 진짜로	20	4급
只要	zhǐyào	접 ~하기만 하면	18	4급
中介	zhōngjiè	명 중개소	10	5급
左右	zuǒyòu	명 가량, 안팎	11	4급

HSK 3급 조합 새 단어

1. 본문에 활용된 단어

HSK 3급 단어는 아니지만 3급 단어로 조합된 단어로, 본서 본문에 사용되었습니다.

단어	한어병음	뜻	단원	3급 단어
B				
办	bàn	동 처리하다, 다루다	02	办法
办事	bàn shì	동 일을 처리하다	02	办公室, 事
帮	bāng	동 돕다	06	帮忙
笔记本电脑	bǐjìběn diànnǎo	명 노트북 컴퓨터	11	笔记本, 电脑
变	biàn	동 변화하다	09	变化
D				
打	dǎ	동 보내다	08	打篮球
到时候	dào shíhou	그때	07	到, 时候
G				
刚	gāng	부 막	06	刚才
歌舞	gēwǔ	동 노래하고 춤추다	15	唱歌, 跳舞
H				
红酒	hóngjiǔ	명 레드 와인	13	红, 啤酒

J				
句	jù	양 마디 [문장을 세는 단위]	17	句子
N				
哪里	nǎli	대 뭘요 [칭찬을 들었을 때 하는 말]	09	哪儿, 里
Q				
钱包	qiánbāo	명 지갑	12	钱, 包
R				
人名	rénmíng	사람 이름	18	人, 名字
认	rèn	동 인식하다	20	认识
S				
上	shàng	동 오르다	02	上边
T				
听说	tīngshuō	동 듣자 하니	05	听, 说
W				
外地	wàidì	명 외지	18	外面, 地方
X				
鲜花	xiānhuā	명 생화	04	新鲜, 花
Y				
一般来说	yìbān lái shuō	일반적으로 말하면	17	一般, 来, 说
音乐会	yīnyuèhuì	명 음악회	06	音乐, 会议
Z				
早	zǎo	형 이르다	10	早上
怎么办	zěnme bàn	어떻게 할까	07	怎么, 办公室
照	zhào	동 사진을 찍다	04	照片
照相	zhào xiàng	동 사진을 찍다	19	照相机

N				
奶瓶	nǎipíng	명 우유병		牛奶, 瓶子
Y				
以上	yǐshàng	명 이상		以前, 上

2. 보충 단어

HSK 3급 단어는 아니지만 본문에 사용된 3급 단어로 응용할 수 있는 단어입니다.

단어	한어병음	뜻	3급 단어
D			
电子游戏	diànzǐ yóuxì	명 컴퓨터 게임	电子邮件, 游戏
电子词典	diànzǐ cídiǎn	명 전자사전	电子邮件, 词典
H			
花瓶	huāpíng	명 꽃병	花, 瓶子

다락원 홈페이지에서 MP3 파일
다운로드 및 실시간 재생 서비스

중급 중국어와 HSK의 동시 완성

표준 중국어 3급

본서

편저 姜丽萍
편역 이준복, 성룡
펴낸이 정규도
펴낸곳 (주)다락원

초판 1쇄 발행 2017년 12월 20일
초판 5쇄 발행 2024년 9월 4일

기획·편집 윤현정, 이지연, 이상윤
디자인 조화연, 최영란
일러스트 이신혜

 다락원 경기도 파주시 문발로 211
전화 (02)736-2031(내선 250~252/내선 430)
팩스 (02)732-2037
출판등록 1977년 9월 16일 제406-2008-000007호

HSK标准教程_3
姜丽萍 主编
Copyright ⓒ 2014 by Beijing Language and Culture
University Press
All rights reserved
[KOREA] copyright ⓒ 2017 by Darakwon
[KOREAN] edition arranged with Beijing Language and
Culture University Press

저자 및 출판사의 허락 없이 이 책의 일부 또는 전부를 무단 복제·전재·
발췌할 수 없습니다. 구입 후 철회는 회사 내규에 부합하는 경우에 가능
하므로 구입처에 문의하시기 바랍니다. 분실·파손 등에 따른 소비자 피
해에 대해서는 공정거래 위원회에서 고시한 소비자 분쟁 해결 기준에 따
라 보상 가능합니다. 잘못된 책은 바꿔 드립니다.

ISBN 978-89-277-2223-6 18720
978-89-277-2212-0 (set)

http://www.darakwon.co.kr
다락원 홈페이지를 방문하시면 상세한 출판 정보와 함께
동영상 강좌, MP3 자료 등 다양한 어학 정보를 얻으실 수 있습니다.

표준 중국어 시리즈 커리큘럼

『표준 중국어』 시리즈는 HSK의 출제 요강에 따라 체계적으로 설계된 교과 과정을 기반으로 하여 HSK 내용과 형식, 등급을 전면적으로 반영한 중국어 종합 학습 교재입니다. 본 시리즈를 통해 중국어 회화 능력의 향상과 동시에 HSK의 고득점 합격까지 마스터할 수 있습니다.

도서명	HSK 급수	누적 어휘 수
초급 중국어와 HSK의 동시 완성 **표준 중국어 1급**	1급	150개
초급 중국어와 HSK의 동시 완성 **표준 중국어 2급**	2급	300개
중급 중국어와 HSK의 동시 완성 **표준 중국어 3급**	3급	600개
중급 중국어와 HSK의 동시 완성 **표준 중국어 4급 상**	4급	1,200개
중급 중국어와 HSK의 동시 완성 **표준 중국어 4급 하**		
고급 중국어와 HSK의 동시 완성 **표준 중국어 5급 상**	5급	2,500개
고급 중국어와 HSK의 동시 완성 **표준 중국어 5급 하**		
고급 중국어와 HSK의 동시 완성 **표준 중국어 6급 상**	6급	5,000개 이상
고급 중국어와 HSK의 동시 완성 **표준 중국어 6급 하**		

www.darakwon.co.kr
다락원 홈페이지를 방문하시면 상세한 출판 정보와 함께 동영상 강좌, MP3 자료 등 다양한 어학 정보를 얻으실 수 있습니다.
다락원 TEL.(02)736-2031 FAX.(02)732-2037

중급 중국어와 HSK의 동시 완성

표준 중국어 3급

- **1단계** HSK 어휘와 어법으로 구성된 **본서**로 중국어 표현 학습
- **2단계** HSK 형식과 동일하게 구성된 **워크북**으로 HSK 실력 향상
- **3단계** 워크북에 포함된 **HSK 모의고사**를 풀며 실전 적응 훈련

ISBN 978-89-277-2223-6
978-89-277-2212-0(set)

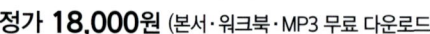

정가 18,000원 (본서·워크북·MP3 무료 다운로드)

다락원 홈페이지에서 MP3 파일
다운로드 및 실시간 재생 서비스

중급 중국어와 HSK의 동시 완성

표준 중국어

3급

원제 HSK标准教程_3
편저 姜丽萍
편역 이준복·성룡

워크북

다락원

중급 중국어와 HSK의 동시 완성
표준 중국어 3급

워크북

편저 姜丽萍
북경어언대학 국제중국어교육연구기관 교수
『HSK标准教程』 시리즈 대표 저자
『体验汉语基础教程』, 『魅力汉语』 시리즈 대표 저자

외 于淼, 李琳

편역 이준복
투맨중국어 대표 강사
前 YBM 강남센터 HSK 대표 강사
前 고려중국어학원 HSK 전문 강사
前 숭의여자대학교 관광과 겸임교수

성룡(圣龙)
투맨중국어 대표 강사
前 YBM 강남센터 HSK 대표 강사
前 고려중국어학원 HSK 전문 강사
前 중국 평안금융그룹 교육 강사

중급 중국어와 HSK의 동시 완성

표준 중국어

3급

워크북

다락원

다락원 홈페이지에서 MP3 파일
다운로드 및 실시간 재생 서비스

중급 중국어와 HSK의 동시 완성

표준 중국어 3급

워크북

편저 姜丽萍
편역 이준복, 성룡
펴낸이 정규도
펴낸곳 (주)다락원

기획·편집 윤현정, 이지연, 이상윤
디자인 조화연, 최영란
일러스트 이신혜

㈜다락원 경기도 파주시 문발로 211
전화 (02)736-2031(내선 250~252/내선 430)
팩스 (02)732-2037
출판등록 1977년 9월 16일 제406-2008-000007호

HSK标准教程_3
姜丽萍 主编
Copyright ⓒ 2014 by Beijing Language and Culture
University Press
All rights reserved
[KOREA] copyright ⓒ 2017 by Darakwon
[KOREAN] edition arranged with Beijing Language and
Culture University Press

저자 및 출판사의 허락 없이 이 책의 일부 또는 전부를 무단 복제·전재·
발췌할 수 없습니다. 구입 후 철회는 회사 내규에 부합하는 경우에 가능
하므로 구입처에 문의하시기 바랍니다. 분실·파손 등에 따른 소비자 피
해에 대해서는 공정거래 위원회에서 고시한 소비자 분쟁 해결 기준에 따
라 보상 가능합니다. 잘못된 책은 바꿔 드립니다.

ISBN 978-89-277-2223-6 18720
978-89-277-2212-0 (set)

www.darakwon.co.kr
다락원 홈페이지를 방문하시면 상세한 출판 정보와 함께
동영상 강좌, MP3 자료 등 다양한 어학 정보를 얻으실 수 있습니다.

이 책의 구성과 활용

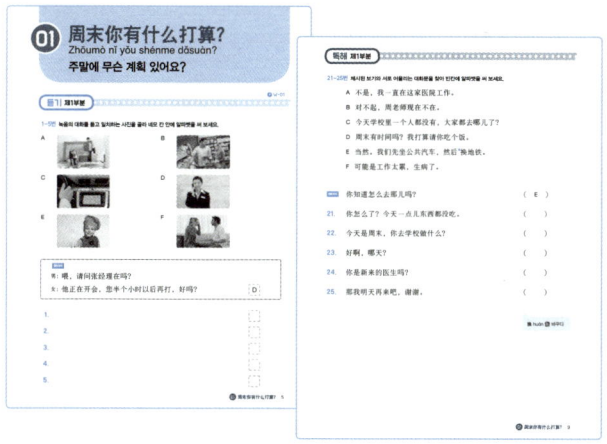

듣기, 독해

듣기 영역은 제1부분부터 제4부분까지, 독해 영역은 제1부분부터 제3부분까지로 HSK 3급의 시험 형식과 동일하게 구성되어 있습니다. 본서에서 배운 어휘와 어법을 활용하여 HSK 형식의 연습문제를 풀어 보세요.

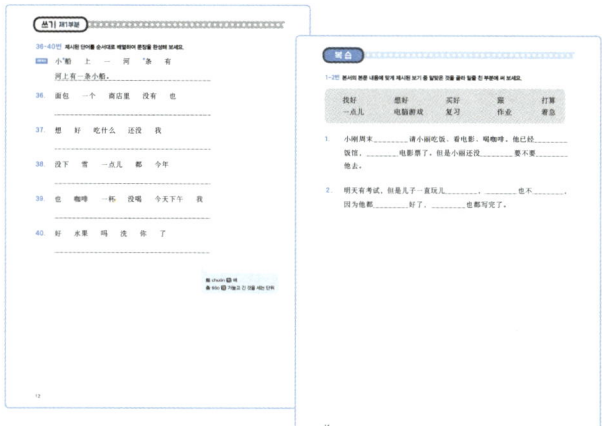

쓰기

쓰기 영역은 제1부분부터 제3부분까지 총 3영역으로 구성하여 HSK 3급 시험에 확실히 대비할 수 있도록 하였습니다.

복습

복습은 본서에서 학습한 대화하기1, 2, 3, 4와 단문 읽기를 짧은 문장으로 재구성한 것으로 정확한 어휘 사용과 문장 이해 능력을 점검할 수 있습니다.

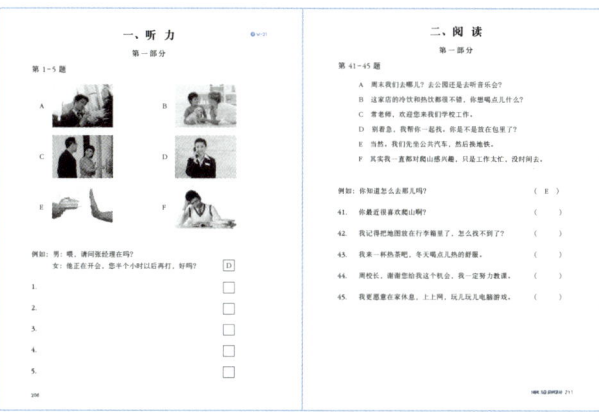

모의고사

모든 단원의 학습이 끝나면 실제 난이도를 반영한 HSK 3급 모의고사를 풀며 자신의 실력을 점검합니다.

★ 워크북의 정답과 녹음 대본은 **다락원 홈페이지(www.darakwon.co.kr)의 '학습자료 > 중국어'** 에서 다운로드 받으실 수 있습니다.

차례

- 이 책의 구성과 활용　3
- 차례　4
- 01　周末你有什么打算?　주말에 무슨 계획 있어요?　5
- 02　他什么时候回来?　그는 언제 돌아와요?　15
- 03　桌子上放着很多饮料。　탁자 위에 음료가 많이 놓여 있어요.　25
- 04　她总是笑着跟客人说话。　그녀는 늘 웃으며 손님과 이야기해요.　35
- 05　我最近越来越胖了。　나는 요즘 갈수록 뚱뚱해지고 있어.　45
- 06　怎么突然找不到了?　어째서 갑자기 찾을 수 없는 걸까요?　55
- 07　我跟她都认识五年了。　그녀와 안 지 벌써 5년 됐어.　65
- 08　你去哪儿我就去哪儿。　당신이 가는 곳이 어디든 저도 갈래요.　75
- 09　她的汉语说得跟中国人一样好。　그녀는 중국어를 중국인처럼 잘해요.　85
- 10　数学比历史难多了。　수학이 역사보다 훨씬 어려워요.　95
- 11　别忘了把空调关了。　에어컨 끄는 것을 잊지 마세요.　105
- 12　把重要的东西放在我这儿吧。　중요한 물건은 저에게 맡겨 두세요.　115
- 13　我是走回来的。　저는 걸어 돌아왔어요.　125
- 14　你把水果拿过来。　네가 과일을 가지고 와.　135
- 15　其他都没什么问题。　다른 것은 모두 문제 없어요.　145
- 16　我现在累得下了班就想睡觉。　요즘 피곤해서 퇴근하면 바로 자고 싶어요.　155
- 17　谁都有办法看好你的"病"。　누구라도 당신의 '병'을 진단할 수 있는 방법이 있어요.　165
- 18　我相信他们会同意的。　저는 그들이 동의할 것이라고 믿어요.　175
- 19　你没看出来吗?　못 알아보겠어?　185
- 20　我被他影响了。　저는 그에게 영향을 받았어요.　195
- HSK 3급 모의고사　205

01 周末你有什么打算?
Zhōumò nǐ yǒu shénme dǎsuàn?
주말에 무슨 계획 있어요?

듣기 | 제1부분

1-5번 녹음의 대화를 듣고 일치하는 사진을 골라 네모 칸 안에 알파벳을 써 보세요.

A

B

C

D

E

F

예제

男：喂，请问张经理在吗？
女：他正在开会，您半个小时以后再打，好吗？   D

1.

2.

3.

4.

5.

듣기 제2부분

6-10번 녹음을 듣고 내용과 일치하면 ✓, 일치하지 않으면 ✗를 표시해 보세요.

> **예제**
>
> 为了让自己更健康，他每天都*花一个小时去锻炼身体。
>
> ★ 他希望自己很*健康。　　　　　　　　　　　　　(✓)
>
> 今天我想早点儿回家。看了看手表，才5点。过了一会儿再看表，还是5点，我这才发现我的手表不走了。
>
> ★ 那块儿手表不是他的。　　　　　　　　　　　　(✗)

6. ★ 他不喜欢这个电影。　　　　　　　　　　　　(　　)

7. ★ 他一点儿也不着急。　　　　　　　　　　　　(　　)

8. ★ 他考试考得很好。　　　　　　　　　　　　　(　　)

9. ★ 他还没想好去哪儿旅游。　　　　　　　　　　(　　)

10. ★ 家里还有很多鸡蛋。　　　　　　　　　　　　(　　)

花 huā 명 꽃
健康 jiànkāng 형 건강하다

듣기 제3부분

11-15번 녹음의 짧은 대화를 듣고 제시된 보기 중 알맞은 답을 골라 보세요.

예제

男：小王，帮我开一下门，好吗？谢谢！
女：没问题。您去超市了？买了这么多东西。

问：男的想让小王做什么？

A 开门 ✓　　　　B 拿东西　　　　C 去超市买东西

11. A 送朋友　　　　B 送衣服　　　　C 去外边

12. A 去过一次南方　　B 上个月去了南方　　C 很想去南方

13. A 买东西　　　　B 搬东西　　　　C 找儿子

14. A 票卖完了　　　B 没有好看的电影　　C 没带钱

15. A 他带地图了　　B 他没带地图　　C 他知道这是哪儿

듣기 제4부분

16-20번 녹음의 긴 대화를 듣고 제시된 보기 중 알맞은 답을 골라 보세요.

> **예제**
> 女：晚饭做好了，准备吃饭了。
> 男：等一会儿，比赛还有三分钟就*结束了。
> 女：快点儿吧，一起吃，菜冷了就不好吃了。
> 男：你先吃，我*马上就看完了。
>
> 问：男的在做什么？
>
> A *洗澡　　　　　B 吃饭　　　　　C 看电视 ✓

16. A 公司南边　　B 医院北边　　C 医院北门

17. A 谢谢　　　　B 漂亮　　　　C 还没有名字

18. A 没去过那个饭馆　B 晚上没有时间　C 要请男的吃饭

19. A 考得不好　　B 没带手表　　C 还没复习

20. A *爱买书　　　B 爱看书　　　C 读了一本书

结束 jiéshù 동 끝나다
马上 mǎshàng 부 곧, 바로
洗澡 xǐ zǎo 동 샤워하다
爱 ài 동 좋아하다

독해 제1부분

21-25번 제시된 보기와 서로 어울리는 대화문을 찾아 빈칸에 알파벳을 써 보세요.

A 不是，我一直在这家医院工作。

B 对不起，周老师现在不在。

C 今天学校里一个人都没有，大家都去哪儿了？

D 周末有时间吗？我打算请你吃个饭。

E 当然。我们先坐公共汽车，然后*换地铁。

F 可能是工作太累，生病了。

예제	你知道怎么去那儿吗？	(E)
21.	你怎么了？今天一点儿东西都没吃。	( )
22.	今天是周末，你去学校做什么？	( )
23.	好啊，哪天？	( )
24.	你是新来的医生吗？	( )
25.	那我明天再来吧，谢谢。	( )

换 huàn 통 바꾸다

독해 제2부분

26-30번 제시된 보기 중 괄호 안에 들어갈 알맞은 답을 골라 빈칸에 써 보세요.

A 一直   B 周末   C 带   D 搬   E 声音   F 面包

예제 她说话的（ E ）多好听啊！

26. 这几年我（　　）忙工作，没时间去旅游。

27. 你（　　）家的时候，我来帮你吧。

28. 这个（　　）很不错，是你买的吗？

29. A：这件新衣服是什么时候买的？
    B：上（　　），我妹妹跟我一起去买的。

30. A：现在北方很冷，多（　　）几件衣服吧。
    B：我已经准备好了。

독해 제3부분

31-35번 문장을 읽고 제시된 보기 중 질문에 알맞은 답을 골라 ✓를 표시해 보세요.

예제 您是来*参加今天*会议的吗？您来早了一点儿，现在才八点半。您先进来坐吧。

★ 会议最可能几点开始？

A 8点　　　　　　B 8点半　　　　　　C 9点 ✓

参加 cānjiā 동 참가하다
会议 huìyì 명 회의

31. 妈妈是个北方人，20岁的时候跟爸爸一起搬到南方住，一直住到今天。南方话她现在能听懂一点儿，但是一点儿也不会说。

    ★ 妈妈：

    A 不是南方人　　　　B 会说南方话　　　　C 今天搬到南方

32. 我们小时候，下了课都在外边玩儿游戏，那时候的游戏是运动。现在的孩子也玩儿游戏，他们在家里，坐在电脑桌前，玩儿的是电脑游戏。

    ★ 现在的孩子们喜欢：

    A 运动　　　　　　　B 玩儿电脑游戏　　　C 在外边玩儿游戏

33. 中国人说：做事的时候别着急，要多想想，想好了再做。

    ★ 中国人觉得做事不能：

    A 着急　　　　　　　B 想好　　　　　　　C 多想

34. 我爱旅游，喜欢走南走北。第一次去旅游，我买最便宜的火车票，因为那时候没有那么多钱。现在，我可以开车去想去的地方，车上有电子地图，能告诉我怎么走。

    ★ 我现在：

    A 没有那么多钱　　　B 喜欢坐火车　　　　C 可以开车旅游

35. 南方我去过很多次，但是妻子一次也没去过。我说过很多次"明年带你去"，但是因为工作忙，一直到现在也没带她去，我觉得很对不起妻子。

    ★ 妻子：

    A 工作很忙　　　　　B 没去过南方　　　　C 觉得很对不起

쓰기 제1부분

36-40번 제시된 단어를 순서대로 배열하여 문장을 완성해 보세요.

예제 小*船　上　一　河　*条　有

河上有一条小船。

36. 面包　一个　商店里　没有　也

_____

37. 想　好　吃什么　还没　我

_____

38. 没下　雪　一点儿　都　今年

_____

39. 也　咖啡　一杯　没喝　今天下午　我

_____

40. 好　水果　吗　洗　你　了

_____

船 chuán 명 배
条 tiáo 양 가늘고 긴 것을 세는 단위

쓰기 제2부분

41-45번 한어병음을 보고 제시된 문장에 알맞은 한자를 써 보세요.

예제 没（ 关^{guān} ）系，别*难过，高兴点儿。

41. 下午我一（ 直^{zhí} ）在房间里看书。

42. 我家在学校的（ 北^{běi} ）边。

43. 周（ 末^{mò} ）我请你去跳舞，怎么样？

44. 我想（ 跟^{gēn} ）你们一起去打篮球，可以吗？

45. 我们明天就要（ 搬^{bān} ）家了。

难过 nánguò 형 견디기 어렵다

쓰기 제3부분

46-50번 괄호 안의 한자 중에 알맞은 한자를 골라 밑줄 친 부분에 써 보세요.

예제 我不知道 __那__ 个地方在 __哪__ 儿。（那，哪）

46. 小丽说她要_____我一起去外地旅游，我_____高兴。（很，跟）

47. 这个_____末，我们几个_____学要去老师家。（同，周）

48. 那个商店的东西非_____便宜，明天我_____你去看看。（常，带）

49. 这个星期我一_____忙，_____累啊！（真，直）

50. _____天的_____业一点儿也不多。（昨，作）

복습

1-2번 본서의 본문 내용에 맞게 제시된 보기 중 알맞은 것을 골라 밑줄 친 부분에 써 보세요.

| 找好 | 想好 | 买好 | 跟 | 打算 |
| 一点儿 | 电脑游戏 | 复习 | 作业 | 着急 |

1. 小刚周末_____请小丽吃饭、看电影、喝咖啡。他已经_____饭馆，_____电影票了。但是小丽还没_____要不要_____他去。

2. 明天有考试，但是儿子一直玩儿_____，_____也不_____，因为他都_____好了，_____也都写完了。

02 他什么时候回来?
Tā shénme shíhou huílai?
그는 언제 돌아와요?

🎧 W-02

듣기 | 제1부분

1-5번 녹음의 대화를 듣고 일치하는 사진을 골라 네모 칸 안에 알파벳을 써 보세요.

A

B

C

D

E

F

예제

男: 喂，请问张经理在吗?
女: 他正在开会，您半个小时以后再打，好吗?   D

1.

2.

3.

4.

5.

듣기 제2부분

6-10번 녹음을 듣고 내용과 일치하면 ✓, 일치하지 않으면 ✗를 표시해 보세요.

> **예제**
>
> 为了让自己更健康，他每天都花一个小时去锻炼身体。
>
> ★ 他希望自己很健康。　　　　　　　　　　　　(✓)
>
> 今天我想早点儿回家。看了看手表，才5点。过了一会儿再看表，还是5点，我这才发现我的手表不走了。
>
> ★ 那块儿手表不是他的。　　　　　　　　　　　(✗)

6. ★ 乐乐现在不在外边。　　　　　　　　　　　(　　)

7. ★ 王经理在楼下。　　　　　　　　　　　　　(　　)

8. ★ 他已经到楼上了。　　　　　　　　　　　　(　　)

9. ★ 他们现在在外边。　　　　　　　　　　　　(　　)

10. ★ 同学们现在在树下。　　　　　　　　　　　(　　)

듣기 | 제3부분

11-15번 녹음의 짧은 대화를 듣고 제시된 보기 중 알맞은 답을 골라 보세요.

예제

男：小王，帮我开一下门，好吗？谢谢！
女：没问题。您去超市了？买了这么多东西。

问：男的想让小王做什么？

A 开门 ✓   B 拿东西   C 去超市买东西

---

11. A 做饭　　　　B 吃饭　　　　C 打电话

12. A 公司　　　　B 医院　　　　C 学校

13. A 老师和学生　B 丈夫和妻子　C 经理和秘书

14. A 喜欢看书　　B 考得很好　　C 喜欢玩儿电脑游戏

15. A 运动一下　　B 去办事　　　C 穿衣服

듣기 제4부분

16-20번 녹음의 긴 대화를 듣고 제시된 보기 중 알맞은 답을 골라 보세요.

> **예제**
>
> 女：晚饭做好了，准备吃饭了。
> 男：等一会儿，比赛还有三分钟就结束了。
> 女：快点儿吧，一起吃，菜冷了就不好吃了。
> 男：你先吃，我马上就看完了。
>
> 问：男的在做什么？
>
> A 洗澡　　　　　　B 吃饭　　　　　　C 看电视 ✓

16. A 楼下　　　　　　B 楼上　　　　　　C 办公室

17. A 他去拿东西　　　B 他没带手机　　　C 他要去办公楼打电话

18. A 已经到了　　　　B 走北边的路　　　C 走得很快

19. A 在楼上　　　　　B 在楼下　　　　　C 不知道在哪儿

20. A 还没回家　　　　B 不着急　　　　　C 很着急

독해 제1부분

21-25번 제시된 보기와 서로 어울리는 대화문을 찾아 빈칸에 알파벳을 써 보세요.

A 今天的题一点儿也不难。

B 我的头怎么这么疼?

C 喂,我到你家楼下了。

D 那喝了这杯牛奶就睡觉吧。

E 当然。我们先坐公共汽车,然后换地铁。

F 请问,周明在吗?

예제	你知道怎么去那儿吗?	(E)
21.	你每天进了办公室就坐在电脑前,身体能好吗?	( )
22.	妈,我今天太累了,不想看书了。	( )
23.	他现在出去了,十点回来。	( )
24.	好,你等我一下,我现在就下去。	( )
25.	因为你准备得好,所以觉得很容易。	( )

독해 제2부분

26-30번 제시된 보기 중 괄호 안에 들어갈 알맞은 답을 골라 빈칸에 써 보세요.

> A 难　　B 办公室　　C 楼　　D 辆　　E 声音　　F 拿

예제　她说话的（ E ）多好听啊！

26. 小方，周经理请你去他（　　）一下。

27. （　　）下那个穿着白衣服的男人是谁？

28. 今天的考试一点儿也不（　　）。

29. A: 快上课了，你怎么往回走？
　　B: 我没带书，回去（　　）。

30. A: 这么多好看的车，我们买哪（　　）？
　　B: 买红的吧，我最喜欢红色。

독해 제3부분

31-35번 문장을 읽고 제시된 보기 중 질문에 알맞은 답을 골라 ✓를 표시해 보세요.

예제　您是来参加今天会议的吗？您来早了一点儿，现在才八点半。您先进来坐吧。
　　★ 会议最可能几点开始？
　　A 8点　　　　　　　　B 8点半　　　　　　　　C 9点 ✓

31. 现在的孩子真不容易。从周一到周五每天都要上课，下了课还要做作业。周末也不能休息，起了床就出去学这学那，能不累吗？

    ★ 现在的孩子：

    A 一点儿也不累　　　B 每天都很忙　　　C 周末起床很晚

32. 很多人都喜欢睡*午觉。但是有些人吃了午饭就睡，这样对身体好吗？医生告诉我们：吃了午饭要休息一下。睡午觉的时间也不能太长，一个小时最好。

    ★ 睡午觉：

    A 对身体不好　　　B 不能吃饭　　　C 时间不能很长

33. 我丈夫每天5点多起床，吃了早饭就去上班。我让他多休息、少工作，但是他说："那么多*病人都在等我，我能休息吗？"我真希望丈夫别那么累。

    ★ 我丈夫是做什么工作的？

    A 老师　　　B 经理　　　C 医生

34. 今天早上我起晚了，穿了衣服就出来了。钱、电脑、手机都没带，早饭也没吃。小丽告诉我，妻子打来电话，让我到了办公室就给她回电话。

    ★ 妻子：

    A 起晚了　　　B 没带手机　　　C 找我

35. 去年12月我带妻子去了一次北方。没想到到了那儿妻子就开始生病，没玩儿好也没吃好，一直病到回来。妻子说，下次不要在那么冷的时候旅游了。

    ★ 我妻子：

    A 还没去过北方　　　B 玩儿得不好　　　C 回来的时候生病了

午觉 wǔjiào 낮잠
病人 bìngrén 환자

쓰기 제1부분

36-40번 제시된 단어를 순서대로 배열하여 문장을 완성해 보세요.

예제 小船 上 一 河 条 有

河上有一条小船。

36. 下 课 了 买书 就 去

37. 快 去 看看 下楼 吧

38. 飞机 上 就 我弟弟 睡觉 了

39. 我 写完 了 出去玩儿 作业 就

40. 教室 请 进 来 快

쓰기 제2부분

41-45번 한어병음을 보고 제시된 문장에 알맞은 한자를 써 보세요.

예제 没（ 关^{guān} ）系，别难过，高兴点儿。

41. 这是你的（ bàn ）公室吗？

42. 这次考试题都很（ nán ），我不会做。

43. 我的房间里有两（ bǎ ）椅子。

44. 我觉得说汉语比写汉字（ róng ）易。

45. 看，那儿不是有一（ liàng ）出租车吗？我们快过去。

쓰기 제3부분

46-50번 괄호 안의 한자 중에 알맞은 한자를 골라 밑줄 친 부분에 써 보세요.

예제 我不知道 那 个地方在 哪 儿。（那，哪）

46. 听说下个星期的考试很_____，你_____备好了吗？（准，难）

47. 你知道我今天_____什么来你的_____公室吗？（办，为）

48. 其_____，我没去_____东西，我去医院了。（实，买）

49. 帮你买票很_____易，你别_____气。（容，客）

50. 我们坐_____共汽车去吧，怎_____样？（么，公）

복습

1-2번 본서의 본문 내용에 맞게 제시된 보기 중 알맞은 것을 골라 밑줄 친 부분에 써 보세요.

| 腿 | 难 | 脚 | 过去 | 容易 |
| 下来 | 上楼 | 辆 | 拿 | 伞 |

1. 上山的时候，小丽没觉得很累，但是下山的时候，她_____也疼，_____也疼。小刚说，这叫"上山_____下山_____"。那边树多，小刚和小丽打算_____休息一下。

2. 雨下得很大，小丽没带_____，她打算出去叫_____出租车。小刚让小丽等一下，他_____去_____了伞就_____。

03 桌子上放着很多饮料。
Zhuōzi shang fàngzhe hěn duō yǐnliào.
탁자 위에 음료가 많이 놓여 있어요.

W-03

듣기 | 제1부분

1-5번 녹음의 대화를 듣고 일치하는 사진을 골라 네모 칸 안에 알파벳을 써 보세요.

A 　　B

C 　　D

E 　　F

예제
男: 喂，请问张经理在吗?
女: 他正在开会，您半个小时以后再打，好吗?　　D

1.

2.

3.

4.

5.

듣기 | 제2부분

6-10번 녹음을 듣고 내용과 일치하면 ✓, 일치하지 않으면 ✗를 표시해 보세요.

> **예제**
>
> 为了让自己更健康，他每天都花一个小时去锻炼身体。
>
> ★ 他希望自己很健康。　　　　　　　　　　　　　　(✓)
>
> 今天我想早点儿回家。看了看手表，才5点。过了一会儿再看表，还是5点，我这才发现我的手表不走了。
>
> ★ 那块儿手表不是他的。　　　　　　　　　　　　　(✗)

6. ★ 他不认识那个女孩儿。　　　　　　　　　　　　　(　　)

7. ★ 这条裤子现在便宜得多。　　　　　　　　　　　　(　　)

8. ★ 运动时可以听歌。　　　　　　　　　　　　　　　(　　)

9. ★ 他不知道*鲜奶在哪儿。　　　　　　　　　　　　 (　　)

10. ★ 她菜吃得很少。　　　　　　　　　　　　　　　　(　　)

鲜奶 xiānnǎi 명 신선한 우유

듣기 제3부분

11-15번 녹음의 짧은 대화를 듣고 제시된 보기 중 알맞은 답을 골라 보세요.

예제

男: 小王，帮我开一下门，好吗？谢谢！
女: 没问题。您去超市了？买了这么多东西。

问: 男的想让小王做什么？

A 开门 ✓　　　　B 拿东西　　　　C 去超市买东西

11.　A 脚不舒服　　　B 想看电视　　　C 想玩儿游戏

12.　A 不太甜　　　　B 要睡觉　　　　C 太冷了

13.　A 买裤子　　　　B 洗衬衫　　　　C 拿裤子

14.　A 找他去上课　　B 不小心打错了　C 上午有事

15.　A 男的的　　　　B 女的的　　　　C 小丽的

듣기 | 제4부분

16-20번 녹음의 긴 대화를 듣고 제시된 보기 중 알맞은 답을 골라 보세요.

> **예제**
> 女: 晚饭做好了，准备吃饭了。
> 男: 等一会儿，比赛还有三分钟就结束了。
> 女: 快点儿吧，一起吃，菜冷了就不好吃了。
> 男: 你先吃，我马上就看完了。
>
> 问: 男的在做什么？
>
> A 洗澡　　　　　　B 吃饭　　　　　　C 看电视 ✓

16. A 衬衫　　　　　　B 裤子　　　　　　C 饮料

17. A 有问题问他　　　B 找手机　　　　　C 她很着急

18. A 绿茶　　　　　　B 水果　　　　　　C 饮料

19. A 不想去上学　　　B 觉得累　　　　　C 不舒服

20. A 牛肉不新鲜　　　B 没有*牛肉了　　　C 要吃米饭

牛肉 niúròu 명 소고기

독해 제1부분

21-25번 제시된 보기와 서로 어울리는 대화문을 찾아 빈칸에 알파벳을 써 보세요.

A 我今天不舒服，觉得很累。

B 你还认识我吗? 我们在中国见过。

C 你喜欢吃红苹果还是绿苹果?

D 妈妈，我下课回来了。

E 当然。我们先坐公共汽车，然后换地铁。

F 上面写着二十元一把。

| 예제 | 你知道怎么去那儿吗? | (E) |

21. 今天你怎么了? 一直在睡觉。 (   )

22. 啊，对，我记得你，你瘦了。 (   )

23. 桌子上放着饮料，你先喝点儿吧。 (   )

24. 我喜欢吃红苹果，我觉得红苹果甜。 (   )

25. 这种雨伞多少钱一把? (   )

독해 제2부분

26-30번 제시된 보기 중 괄호 안에 들어갈 알맞은 답을 골라 빈칸에 써 보세요.

> A 裤子   B 或者   C 还是   D 记得   E 声音   F 小心

예제 她说话的（ E ）多好听啊!

26. 老师，我们今天复习第三课（　　）学习第四课?

27. 周末你是不是要带学生去爬山? 穿这条（　　）吧。

28. 这杯饮料很热，喝的时候（　　）点儿。

29. A: 你想喝点儿什么茶?
    B: 花茶（　　）绿茶都行。

30. A: 经理旁边坐着一个人，你知道是谁吗?
    B: 你不（　　）了? 那是小周啊，去年来过。

독해 제3부분

31–35번 문장을 읽고 제시된 보기 중 질문에 알맞은 답을 골라 ✓를 표시해 보세요.

예제 您是来参加今天会议的吗？您来早了一点儿，现在才八点半。您先进来坐吧。

★ 会议最可能几点开始？

A 8点　　　　　　　B 8点半　　　　　　C 9点 ✓

31. 这条裤子是去年过生日时我哥送我的，只穿了一次，就没再穿，一直放在这里。

★ 这条裤子：

A 是绿色的　　　　B 没穿过几次　　　　C 是我买的

32. 多吃新鲜的苹果对身体好，早上和上午是吃苹果最好的时间。

★ 我们应该：

A 晚上吃苹果　　　B 上午吃苹果　　　　C 身体好的时候吃苹果

33. 我先生不爱吃西瓜，你也不爱吃，西瓜那么好吃，又那么甜，为什么你们会不喜欢呢？

★ 她：

A 爱吃西瓜　　　　B 不喜欢吃甜的　　　C 没买西瓜

34. 我们的办公室里放着很多吃的东西，下午工作累了的时候，大家都会吃点儿。

★ 我们下午：

A 去买吃的东西　　B 只吃东西不工作　　C 累了就吃点儿东西

35. 周六周日我们事情不多，喜欢和学生们去爬爬山，或者打打篮球，有时候也会在家里看书。

★ 我们：

A 周末工作很忙　　B 周末喜欢去爬山　　C 每天在家看书

쓰기 제1부분

36-40번 제시된 단어를 순서대로 배열하여 문장을 완성해 보세요.

예제 小船　　上　　一　　河　　条　　有

河上有一条小船。

36. 放着　　裤子　　床上　　一条

37. 的时候　　要　　小心点儿　　爬山

38. 穿了　　一件　　我记得　　白衬衫　　他

39. 红茶　　想喝　　绿茶　　还是　　你

40. 还是　　他想买　　裤子　　衬衫　　我不知道

쓰기 제2부분

41-45번 한어병음을 보고 제시된 문장에 알맞은 한자를 써 보세요.

예제 没（ 关^guān ）系，别难过，高兴点儿。

41. 我想喝点儿（ yǐn ）料。

42. 水很热，喝的时候小（ xīn ）点儿。

43. 一（ tiáo ）裤子三百元。

44. 我觉得胖或（ zhě ）瘦没关系。

45. 我不喜欢这个（ tián ）面包。

쓰기 제3부분

46-50번 괄호 안의 한자 중에 알맞은 한자를 골라 밑줄 친 부분에 써 보세요.

예제 我不知道 那 个地方在 哪 儿。（那，哪）

46. 我打算周末跟学生＿＿＿＿去，一起爬＿＿＿＿。（山，出）

47. 你现在真瘦！我记＿＿＿＿你上学的时候不是＿＿＿＿瘦啊。（得，很）

48. 你送爸爸衬衫或＿＿＿＿裤子，他＿＿＿＿会很喜欢。（者，都）

49. 我今天下午去＿＿＿＿友家，他身体不舒＿＿＿＿。（服，朋）

50. 这是什么＿＿＿＿料，我一＿＿＿＿也没喝过。（饮，次）

복습

1-2번 본서의 본문 내용에 맞게 제시된 보기 중 알맞은 것을 골라 밑줄 친 부분에 써 보세요.

条	记得	裤子	元	衬衫
绿茶	饮料	舒服	放	或者

1. 周明不让太太买_____，因为他_____太太已经有两_____这样的裤子了。周明想买一件_____，这件衬衫三百二十_____。

2. 桌子上_____着很多_____，小刚想喝茶_____咖啡，小丽最喜欢喝茶，花茶、_____、红茶，她都喜欢，因为工作累了的时候，喝杯茶，她会觉得很_____。

04 她总是笑着跟客人说话。
Tā zǒngshì xiàozhe gēn kèrén shuō huà.
그녀는 늘 웃으며 손님과 이야기해요.

W-04

듣기 제1부분

1-5번 녹음의 대화를 듣고 일치하는 사진을 골라 네모 칸 안에 알파벳을 써 보세요.

A

B

C

D

E

F

예제

男：喂，请问张经理在吗？
女：他正在开会，您半个小时以后再打，好吗？   D

1.

2.

3.

4.

5.

듣기 제2부분

6-10번 녹음을 듣고 내용과 일치하면 ✓, 일치하지 않으면 ✗를 표시해 보세요.

예제

为了让自己更健康，他每天都花一个小时去锻炼身体。

★ 他希望自己很健康。　　　　　　　　　　　　　(✓)

今天我想早点儿回家。看了看手表，才5点。过了一会儿再看表，还是5点，我这才发现我的手表不走了。

★ 那块儿手表不是他的。　　　　　　　　　　　　(✗)

---

6. ★ 这几天他吃得很少。　　　　　　　　　　　　(　)

7. ★ 他学习很好。　　　　　　　　　　　　　　　(　)

8. ★ 他手机里钱不多了。　　　　　　　　　　　　(　)

9. ★ 妈妈现在有问题。　　　　　　　　　　　　　(　)

10. ★ 他在请人回答问题。　　　　　　　　　　　　(　)

듣기 제3부분

11-15번 녹음의 짧은 대화를 듣고 제시된 보기 중 알맞은 답을 골라 보세요.

> **예제**
>
> 男：小王，帮我开一下门，好吗？谢谢！
> 女：没问题。您去超市了？买了这么多东西。
>
> 问：男的想让小王做什么？
>
> A 开门 ✓　　　　B 拿东西　　　　C 去超市买东西

11. A 认真写作业　　　B 认真听音乐　　　C 听着音乐写作业

12. A 打电话　　　　　B 去做客　　　　　C 回家

13. A 去比赛　　　　　B 看比赛　　　　　C 去上课

14. A 跟爸妈一起*出国　B 要去*国外上学　　C 总是出去走

15. A 说话很快　　　　B 都听懂了　　　　C 不能回答

出国 chūguó 동 출국하다
国外 guówài 명 외국

듣기 제4부분

16-20번 녹음의 긴 대화를 듣고 제시된 보기 중 알맞은 답을 골라 보세요.

> **예제**
> 女：晚饭做好了，准备吃饭了。
> 男：等一会儿，比赛还有三分钟就结束了。
> 女：快点儿吧，一起吃，菜冷了就不好吃了。
> 男：你先吃，我马上就看完了。
>
> 问：男的在做什么？
>
> A 洗澡　　　　　B 吃饭　　　　　C 看电视 ✓

16. A 学习很认真　　B 现在三年级　　C 总是不写作业

17. A 现在胖了　　　B 正在*照相　　　C 现在上小学五年级

18. A 坐着吃蛋糕　　B 不年轻　　　　C 很漂亮，也很热情

19. A 爬山　　　　　B *问路　　　　　C 放照片

20. A 去买菜　　　　B 看电视　　　　C 去爬山

> **照相** zhào xiàng 동 사진을 찍다
> **问路** wènlù 동 길을 묻다

독해 제1부분

21-25번 제시된 보기와 서로 어울리는 대화문을 찾아 빈칸에 알파벳을 써 보세요.

A 你怎么没吃我给你买的蛋糕呢?

B 你怎么到家就坐着看电视，也不帮我做饭?

C 你觉得小丽怎么样?

D 这么晚了，你去哪儿?

E 当然。我们先坐公共汽车，然后换地铁。

F 我昨天没有认真复习。

예제 你知道怎么去那儿吗?　　　　　　　　　　　(E)

21. 老师的问题你怎么都不回答?　　　　　　　　　(   )

22. 她又聪明又热情，大家都喜欢她。　　　　　　　(   )

23. 太甜了，你吃吧。　　　　　　　　　　　　　　(   )

24. 我又累又饿，你让我休息一下吧。　　　　　　　(   )

25. 有点儿饿，我去超市买点儿吃的。　　　　　　　(   )

독해 제2부분

26-30번 제시된 보기 중 괄호 안에 들어갈 알맞은 답을 골라 빈칸에 써 보세요.

> A 努力　　B 回答　　C 照片　　D 比赛　　E 声音　　F 客人

예제　她说话的（ E ）多好听啊！

26. 今天晚上我晚点儿回来，跟朋友去看足球（　　）。

27. 弟弟回了家就复习，学习非常（　　）。

28. 家里来（　　）了，你回来的时候去超市买点儿水果。

29. A: 这是我们爬山的（　　），你看看。
    B: 这个站在你旁边的人是谁？

30. A: 你觉得今天的考试怎么样？
    B: 很多问题我都不会（　　）。

독해 제3부분

31-35번 문장을 읽고 제시된 보기 중 질문에 알맞은 답을 골라 ✓를 표시해 보세요.

예제　您是来参加今天会议的吗？您来早了一点儿，现在才八点半。您先进来坐吧。

★ 会议最可能几点开始？

A 8点　　　　　　　　B 8点半　　　　　　　　C 9点 ✓

31. 这张照片是我姐姐13岁那年照的，那时她正在读五年级，照片上的姐姐又黑又瘦。看看现在的姐姐，又高又漂亮，大家都喜欢她。

★ 姐姐：

A 现在又高又漂亮　　　B 很喜欢大家　　　C 现在读五年级

32. 3月15号早上，她正要去上班的时候，看见男朋友拿着鲜花站在门口，她一下想到了，今天是她的生日。

★ 根据这段话，可以知道：

A 她那天不上班　　　B 男朋友要送她花　　　C 她记得男朋友的生日

33. 客人有问题的时候，她总是热情回答。客人喜欢这样的服务员，经理也喜欢这样的服务员。

★ *根据这段话，可以知道：

A 客人很热情　　　B 大家都喜欢这个服务员　　　C 经理喜欢回答问题

34. 王老师有个20岁的女儿，现在读大学三年级，又聪明又漂亮，学习也很努力。

★ 王老师的女儿：

A 很年轻　　　B 是老师　　　C 喜欢笑

35. 他姓高，但是长得不高，只有一米六。朋友们都说："我们就叫你小高吧！"他笑着回答："可以，大家都这么叫我。"

★ 他：

A 又高又胖　　　B 姓高，也长得高　　　C 喜欢小高这个名字

根据 gēnjù 개 ~에 근거해서

쓰기 제1부분

36-40번 제시된 단어를 순서대로 배열하여 문장을 완성해 보세요.

예제 小船　上　一　河　条　有

河上有一条小船。

---

36. 女儿　聪明　他的　非常

---

37. 服务员　热情　的　都很　这家饭馆

---

38. 超市　哪家　买蛋糕　你去

---

39. 站着　总是　吃饭　他

---

40. 回答　你去　一下　客人的问题

쓰기 제2부분

41-45번 한어병음을 보고 제시된 문장에 알맞은 한자를 써 보세요.

예제 没（ 关^{guān} ）系，别难过，高兴点儿。

41. 小明，快回家吧！你家来（ ^{kè} ）人了。

42. 周老师的儿子今年上小学三年（ ^{jí} ）。

43. 他工作很（ ^{rèn} ）真，经理很喜欢他。

44. 你看，这是我年轻时的照（ ^{piàn} ），漂亮吗？

45. 那个拿着书（ ^{zhàn} ）在门口的就是我们的老师。

쓰기 제3부분

46-50번 괄호 안의 한자 중에 알맞은 한자를 골라 밑줄 친 부분에 써 보세요.

예제 我不知道 _那_ 个地方在 _哪_ 儿。（那，哪）

46. 今天晚上电视里有_____京和上海的足球_____赛。（北，比）

47. 我有一个中国女_____友，她又聪_____又漂亮。（明，朋）

48. 他考试考得很好，因_____他学习很努_____。（力，为）

49. 你_____了吗？_____去超市给你买点儿蛋糕吧。（饿，我）

50. 老师问了_____个问题，他一个也不会_____答。（回，四）

복습

1-2번 본서의 본문 내용에 맞게 제시된 보기 중 알맞은 것을 골라 밑줄 친 부분에 써 보세요.

| 努力 | 鲜花 | 热情 | 站 | 回答 |
| 年轻 | 总是 | 客人 | 认真 | 又 |

1. 小红又聪明又_____，也很_____，总是笑着_____老师的问题，大家都很喜欢她。你看，那些_____在门口的都是来送她_____的。

2. 李小美在饭馆里工作，她_____漂亮又_____，工作又_____又热情，她_____笑着跟_____说话。

05 我最近越来越胖了。
Wǒ zuìjìn yuè lái yuè pàng le.
나는 요즘 갈수록 뚱뚱해지고 있어.

W-05

듣기 | 제1부분

1-5번 녹음의 대화를 듣고 일치하는 사진을 골라 네모 칸 안에 알파벳을 써 보세요.

A

B

C

D

E

F

예제

男: 喂，请问张经理在吗?

女: 他正在开会，您半个小时以后再打，好吗?   D

1.

2.

3.

4.

5.

듣기 제2부분

6-10번 녹음을 듣고 내용과 일치하면 ✓, 일치하지 않으면 ✗를 표시해 보세요.

> **예제**
>
> 为了让自己更健康，他每天都花一个小时去锻炼身体。
>
> ★ 他希望自己很健康。　　　　　　　　　　　　　(✓)
>
> 今天我想早点儿回家。看了看手表，才5点。过了一会儿再看表，还是5点，我这才发现我的手表不走了。
>
> ★ 那块儿手表不是他的。　　　　　　　　　　　　(✗)

6. ★ 这几天的天气不太好。　　　　　　　　　　　　(　　)

7. ★ 现在他的病好了。　　　　　　　　　　　　　　(　　)

8. ★ 小方现在比去年瘦。　　　　　　　　　　　　　(　　)

9. ★ 儿子不想吃饭，所以瘦了。　　　　　　　　　　(　　)

10. ★ 冬天快到了。　　　　　　　　　　　　　　　　(　　)

듣기 제3부분

11-15번 녹음의 짧은 대화를 듣고 제시된 보기 중 알맞은 답을 골라 보세요.

예제

男: 小王，帮我开一下门，好吗？谢谢！
女: 没问题。您去超市了？买了这么多东西。

问: 男的想让小王做什么？

A 开门 ✓   B 拿东西   C 去超市买东西

11. A 吃药   B 多喝水   C 少吃水果

12. A 越来越好   B 不发烧了   C 还在生病

13. A 女的很聪明 B 女的很不错   C 女的给他介绍的女朋友很好

14. A 越来越不容易 B 越来越容易   C 越来越没意思

15. A 越来越好   B 没来上班   C 不用吃药了

듣기 제4부분

16-20번 녹음의 긴 대화를 듣고 제시된 보기 중 알맞은 답을 골라 보세요.

> **예제**
> 女：晚饭做好了，准备吃饭了。
> 男：等一会儿，比赛还有三分钟就结束了。
> 女：快点儿吧，一起吃，菜冷了就不好吃了。
> 男：你先吃，我马上就看完了。
>
> 问：男的在做什么？
>
> A 洗澡　　　　　B 吃饭　　　　　C 看电视 ✓

16. A 天气不那么冷了　　B 草和树都绿了　　C 没有课了

17. A 天黑了　　B 白天没有时间　　C 天黑得晚了

18. A 男女朋友　　B 医生和病人　　C 丈夫和妻子

19. A 买花　　B 看花　　C 看雨

20. A 瘦了　　B 胖了　　C 吃得少了

독해 제1부분

21-25번 제시된 보기와 서로 어울리는 대화문을 찾아 빈칸에 알파벳을 써 보세요.

A 要来客人了，我出去买点儿水果吧。

B 当然是春天。

C 你今天觉得怎么样？还发烧吗？

D 我们快回家去吧。

E 当然。我们先坐公共汽车，然后换地铁。

F 谢谢你照顾我，我的腿越来越好了。

| 예제 | 你知道怎么去那儿吗？ | (E) |

21. 天越来越黑，快要下雨了。　　　　　　　　　　( )

22. 你最喜欢什么季节？　　　　　　　　　　　　　( )

23. 我吃了药，也喝了很多水，现在不发烧了。　　　( )

24. 不用去，家里还有一些苹果和西瓜。　　　　　　( )

25. 别这么客气。　　　　　　　　　　　　　　　　( )

독해 제2부분

26-30번 제시된 보기 중 괄호 안에 들어갈 알맞은 답을 골라 빈칸에 써 보세요.

> A 照顾　　B 当然　　C 最近　　D 裙子　　E 声音　　F 为

예제　她说话的（ E ）多好听啊!

26. 这是我（　　）你买的蛋糕，你看看，喜欢吗?

27. 下个星期我不在家，你能帮我（　　）一下我的小狗吗?

28. 这条（　　）是去年我生日的时候妈妈给我买的。

29. A: 你怎么瘦了? 是不是（　　）工作太忙了?
    B: 我一点儿也没瘦，很多人都说我胖了。

30. A: 今天晚上你想不想跟我一起去看电影?
    B: （　　）想去，我们什么时候走?

독해 제3부분

31-35번 문장을 읽고 제시된 보기 중 질문에 알맞은 답을 골라 ✓를 표시해 보세요.

예제　您是来参加今天会议的吗? 您来早了一点儿，现在才八点半。您先进来坐吧。

★ 会议最可能几点开始?
A 8点　　　　　　B 8点半　　　　　　C 9点 ✓

31. 北京一年有四个季节，我最喜欢春天。北京的春天是绿色的，因为树绿了，草地也都绿了，天气不那么冷了，花也开了。这么漂亮的季节，你不喜欢吗？

    ★ 北京的春天：

    A 天气非常冷　　　　B 花还没开　　　　C 树和草都绿了

32. 现在的"小*胖子"越来越多了，因为现在的孩子吃得越来越多，越来越不爱运动。吃饭的时候不爱吃菜，只爱吃肉，还喜欢吃甜的，这样当然会越来越胖了。

    ★ "小胖子"们：

    A 爱吃菜　　　　B 爱吃肉　　　　C 爱运动

33. 中国人一年四季都喜欢喝茶。中国有很多种茶，有红茶，也有绿茶，还有花茶。茶是中国人非常爱喝的饮料。

    ★ 中国人觉得茶：

    A 是红色的　　　　B 很好喝　　　　C 很贵

34. 很多女孩儿晚上不吃饭，只吃水果，白天吃得也很少。她们说这样可以瘦一点儿，可以穿漂亮的裙子。其实，不吃饭对身体不好。晚上可以少吃一点儿，但不能不吃，也不能吃得太晚。

    ★ 根据这段话，可以知道：

    A 不吃饭对身体不好　　B 晚上可以不吃饭　　C 白天可以不吃饭

35. 你知道生病的时候怎么吃药吗？有人用茶水吃药，有人用热牛奶吃药。其实，吃药的时候用热水是最好的。药，你吃对了吗？

    ★ 吃药的时候要用：

    A 热茶水　　　　B 热牛奶　　　　C 热水

胖子 pàngzi 명 뚱보

쓰기 제1부분

36-40번 제시된 단어를 순서대로 배열하여 문장을 완성해 보세요.

예제   小船   上   一   河   条   有

河上有一条小船。

36. 外边的   绿   草   都   了

37. 好   现在   我的病   了

38. 热   越来越   天气   最近

39. 越来越   雨   大   下得

40. 漂亮   越来越   现在   我妹妹

쓰기 제2부분

41-45번 한어병음을 보고 제시된 문장에 알맞은 한자를 써 보세요.

예제 没（ 关^guān ）系，别难过，高兴点儿。

41. 听说你（ ^fā ）烧了，我来看看你。

42. 今天是周末，不（ ^yòng ）去公司上班。

43. 你觉得哪个（ ^jì ）节去南方最好？

44. 大家都说北京的（ ^chūn ）天是最漂亮的。

45. 你说我今天穿裤子还是穿（ ^qún ）子？

쓰기 제3부분

46-50번 괄호 안의 한자 중에 알맞은 한자를 골라 밑줄 친 부분에 써 보세요.

예제 我不知道_那_个地方在_哪_儿。（那，哪）

46. 你_____，_____天到了，花都开了。（看，春）

47. 今年_____天，我没去旅游，一直在家里_____习。（复，夏）

48. 我的朋_____有点儿_____烧，我要去他家照顾他。（发，友）

49. 你穿了那么多衣服，当_____觉得很_____。（热，然）

50. 今天_____上，我看到树下的小_____都绿了。（草，早）

1-2번 본서의 본문 내용에 맞게 제시된 보기 중 알맞은 것을 골라 밑줄 친 부분에 써 보세요.

| 春天 | 裙子 | 季节 | 草 | 夏天 |
| 越来越 | 少吃点儿 | 做的饭 | 可是 | 不能穿 |

1. 小刚最喜欢的_____是_____，因为天气不那么冷了，_____和树都绿了，花也开了。小丽最喜欢_____，因为可以穿漂亮的_____。现在小刚也喜欢夏天了。

2. 小丽去年买的裙子，今年_____了。因为小丽吃得太多，小刚让她_____。_____小丽_____胖，是因为她_____太好吃了。

06 怎么突然找不到了?
Zěnme tūrán zhǎo bu dào le?
어째서 갑자기 찾을 수 없는 걸까요?

> W-06

듣기 제1부분

1-5번 녹음의 대화를 듣고 일치하는 사진을 골라 네모 칸 안에 알파벳을 써 보세요.

A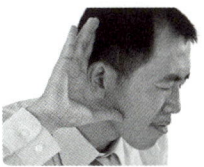

B

C

D

E

F

예제

男: 喂，请问张经理在吗?
女: 他正在开会，您半个小时以后再打，好吗?   D

1.
2.
3.
4.
5.

듣기 제2부분

6-10번 녹음을 듣고 내용과 일치하면 ✓, 일치하지 않으면 ✗를 표시해 보세요.

> **예제**
> 为了让自己更健康，他每天都花一个小时去锻炼身体。
> ★ 他希望自己很健康。　　　　　　　　　　　　　　（ ✓ ）
>
> 今天我想早点儿回家。看了看手表，才5点。过了一会儿再看表，还是5点，我这才发现我的手表不走了。
> ★ 那块儿手表不是他的。　　　　　　　　　　　　　（ ✗ ）

6. ★ 外面下雪了。　　　　　　　　　　　　　　　　（　　）

7. ★ 这辆车他们不打算上去。　　　　　　　　　　　（　　）

8. ★ 他正在打电话。　　　　　　　　　　　　　　　（　　）

9. ★ 他每天都运动。　　　　　　　　　　　　　　　（　　）

10. ★ 他想知道小丽觉得作业难不难。　　　　　　　　（　　）

듣기 제3부분

11-15번 녹음의 짧은 대화를 듣고 제시된 보기 중 알맞은 답을 골라 보세요.

> **예제**
> 男：小王，帮我开一下门，好吗？谢谢！
> 女：没问题。您去超市了？买了这么多东西。
>
> 问：男的想让小王做什么？
>
> A 开门 ✓　　　　B 拿东西　　　　C 去超市买东西

11. A 蛋糕不好吃　　　B 没吃*饱　　　　C 蛋糕太多了

12. A 没听清楚　　　　B 没听明白　　　C 讲了三次

13. A 聊天儿　　　　　B 找人　　　　　C 问旁边办公室的人

14. A 现在没有车　　　B 要去外地　　　C 这几天不在家

15. A 在*花园　　　　　B 在饭馆　　　　C 在宾馆

饱 bǎo 형 배부르다
花园 huāyuán 명 화원

듣기 제4부분

16-20번 녹음의 긴 대화를 듣고 제시된 보기 중 알맞은 답을 골라 보세요.

> **예제**
> 女: 晚饭做好了，准备吃饭了。
> 男: 等一会儿，比赛还有三分钟就结束了。
> 女: 快点儿吧，一起吃，菜冷了就不好吃了。
> 男: 你先吃，我马上就看完了。
>
> 问: 男的在做什么?
>
> A 洗澡　　　　　　B 吃饭　　　　　　C 看电视 ✓

16. A 在学校工作过　　B 在女的的公司工作过　　C 一直没有工作

17. A 现在更漂亮　　　B 小时候更漂亮　　　　　C 最爱看照片

18. A 考得不好　　　　B 睡不着　　　　　　　　C 喜欢看电视

19. A 去商店买东西了　B 找不到回家的路了　　　C 帮孩子的忙了

20. A 手里的东西多　　B 看不见前边那个人　　　C 离周朋很近

독해 제1부분

21-25번 제시된 보기와 서로 어울리는 대화문을 찾아 빈칸에 알파벳을 써 보세요.

A 他刚离开学校，没走太远。
B 我的手表和裤子呢？
C 你刚下飞机，休息一下吧。
D 你不是要出去吗？怎么还在这儿？
E 当然。我们先坐公共汽车，然后换地铁。
F 喂，你听得见我说话吗？

| 예제 | 你知道怎么去那儿吗？ | (E) |

21. 不行，刚才公司来电话，让我过去一下。　　　(　D　)

22. 小方呢？不在*校园里吗？　　　(　A　)

23. 雨下得太大，出不去了。　　　(　C　)

24. 你说什么？我一个字也听不见。　　　(　F　)

25. 你怎么总是找不到东西？　　　(　B　)

校园 xiàoyuán 명 캠퍼스, 교정

독해 제2부분

26-30번 제시된 보기 중 괄호 안에 들어갈 알맞은 답을 골라 빈칸에 써 보세요.

A 离开   B 明白   C 特别   D 音乐   E 声音   F 刚才

예제 她说话的（ E ）多好听啊！

26. 我快要（　　）这儿了，我们一起吃个饭吧。

27. 这个电影（　　）有意思，我给你讲讲吧。

28. 今天的考试有点儿难，不少题我都不（　　）。

29. A：我今天喝了两杯咖啡，现在睡不着了。
    B：你可以听听（　　）。

30. A：小方，（　　）经理找你。
    B：好，我现在就去经理办公室。

독해 제3부분

31-35번 문장을 읽고 제시된 보기 중 질문에 알맞은 답을 골라 ✓를 표시해 보세요.

예제 您是来参加今天会议的吗？您来早了一点儿，现在才八点半。您先进来坐吧。

★ 会议最可能几点开始？

A 8点　　　　　　　B 8半　　　　　　　C 9点 ✓

31. 不少人觉得现在的人都不太会说话了。有时候想得很清楚，但是说不明白。

    ★ 现在的人：

    A 不说话　　　　　B 说话说得太快　　　C 有时候说话说不明白

32. 考试或者做作业不明白的时候别着急问，其实多读读题、多想想，很快就能看懂问题。

    ★ 看不懂问题时：

    A 不要着急问朋友　　B 多问问朋友　　　C 问老师

33. 在中国，去朋友家玩儿，离开时朋友可能对你说"慢走"，很多外国人听不明白。其实他们的意思是让你在回去的路上小心点儿，不是让你慢点儿走。

    ★ 朋友说"慢走"的意思可能是：

    A 路上小心　　　　B 别走得太快　　　C 听不明白

34. 经理，我觉得店里的服务员有点儿少，现在来吃饭的客人越来越多，特别是晚上，这几个人*忙不过来，您看要不要多找几个人来帮忙？

    ★ 说话人的意思是：

    A 客人太少　　　　B 想多找几个服务员　C 让经理来吃饭

35. 小红，你过来帮爸爸一个忙好不好？爸爸的眼镜找不到了，你看看在哪儿呢？我记得刚才放到椅子上了，是不是妈妈拿走了？

    ★ 爸爸让小红：

    A 找眼镜　　　　　B 找妈妈　　　　　C 搬椅子

> 忙不过来 máng bu guòlai 손 쉴 틈도 없다

쓰기 제1부분

36–40번 제시된 단어를 순서대로 배열하여 문장을 완성해 보세요.

예제 小船　上　一　河　条　有

河上有一条小船。

36. 明白　电话里　讲　不

37. 听　清楚　你　什么　说　不

38. 到　买　这儿　不　在　咖啡

39. 完　得　饭不多　吃　我

40. 吗　懂　看　汉语报纸　得　你

쓰기 제2부분

41-45번 한어병음을 보고 제시된 문장에 알맞은 한자를 써 보세요.

예제   没（ 关^guān ）系，别难过，高兴点儿。

41. 我（ ^gāng ）才一直在玩儿电脑游戏，可能没听见。

42. 这个问题我已经（ ^jiǎng ）得很明白了，不要再问我了。

43. 中午休息的时候，大家都去公司楼下的饭馆吃饭、（ ^liáo ）天儿。

44. 我家旁边有一个小公（ ^yuán ），我每天都带我的小狗去那儿走走。

45. 他跑得（ ^tè ）别快，现在已经看不到他了。

쓰기 제3부분

46-50번 괄호 안의 한자 중에 알맞은 한자를 골라 밑줄 친 부분에 써 보세요.

예제   我不知道 那 个地方在 哪 儿。（那，哪）

46. 这条_____裙子一_____块钱。（白，百）

47. 今天的_____乐会很有_____思。（意，音）

48. 对不起，我刚才没听_____楚，_____您再讲一次。（请，清）

49. 学校旁边饭馆的菜比学校里边的_____宜，也_____好吃。（更，便）

50. 明天你跟我一起去公园锻_____，再去商店买_____西吧。（东，炼）

복습

1-2번 본서의 본문 내용에 맞게 제시된 보기 중 알맞은 것을 골라 밑줄 친 부분에 써 보세요.

刚才	清楚	突然	帮他	离不开
公园	音乐会	找不到	买不到	聊聊天儿

1. 周明_____找不到眼镜了，周太太也没看见在哪儿。周明_____眼镜，没有眼镜，他一个字也看不_____。周太太觉得他_____放在桌子上了，但是周明怎么看得到呢？他请周太太过来_____找找。

2. 小刚有点儿不高兴：他想请小丽吃饭，但是_____好饭馆。他想请小丽听_____，但是人太多，_____票。跟小丽去_____走走，_____呢？也不行，小刚觉得太累了。

07 我跟她都认识五年了。
Wǒ gēn tā dōu rènshi wǔ nián le.
그녀와 안 지 벌써 5년 됐어.

W-07

듣기 | 제1부분

1-5번 녹음의 대화를 듣고 일치하는 사진을 골라 네모 칸 안에 알파벳을 써 보세요.

A

B

C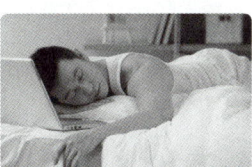

D

E

F

예제

男：喂，请问张经理在吗?

女：他正在开会，您半个小时以后再打，好吗?　　D

1.
2.
3.
4.
5.

듣기 제2부분

6-10번 녹음을 듣고 내용과 일치하면 ✓, 일치하지 않으면 ✗를 표시해 보세요.

예제

为了让自己更健康，他每天都花一个小时去锻炼身体。

★ 他希望自己很健康。　　　　　　　　　　　　　(✓)

今天我想早点儿回家。看了看手表，才5点。过了一会儿再看表，还是5点，我这才发现我的手表不走了。

★ 那块儿手表不是他的。　　　　　　　　　　　　(✗)

---

6. ★ 他现在在银行上班。　　　　　　　　　　　　(　　)

7. ★ 他们还要等。　　　　　　　　　　　　　　　(　　)

8. ★ 他喜欢跟朋友一起去爬山。　　　　　　　　　(　　)

9. ★ 小刚在等人。　　　　　　　　　　　　　　　(　　)

10. ★ 她对音乐不感兴趣。　　　　　　　　　　　　(　　)

듣기 제3부분

11-15번 녹음의 짧은 대화를 듣고 제시된 보기 중 알맞은 답을 골라 보세요.

> **예제**
> 男：小王，帮我开一下门，好吗？谢谢！
> 女：没问题。您去超市了？买了这么多东西。
>
> 问：男的想让小王做什么？
>
> A 开门 ✓   B 拿东西   C 去超市买东西

11. A 打车　　　　　　B 坐公共汽车　　　C 走路

12. A 她病了　　　　　B 她迟到了　　　　C 她没去工作

13. A 看电视　　　　　B 运动　　　　　　C 周末

14. A 同学　　　　　　B 同事　　　　　　C 师生

15. A 一会儿　　　　　B 十二个小时　　　C 很久

듣기 제4부분

16-20번 녹음의 긴 대화를 듣고 제시된 보기 중 알맞은 답을 골라 보세요.

> **예제**
> 女：晚饭做好了，准备吃饭了。
> 男：等一会儿，比赛还有三分钟就结束了。
> 女：快点儿吧，一起吃，菜冷了就不好吃了。
> 男：你先吃，我马上就看完了。
>
> 问：男的在做什么？
>
> A 洗澡　　　　　　B 吃饭　　　　　　C 看电视 ✓

16. A 欢迎男的来公司　　B 要结婚了　　　C 在迎接新同事

17. A 等车　　　　　　　B 接人　　　　　　C 买东西

18. A 银行　　　　　　　B 书店　　　　　　C 学校

19. A 唱歌　　　　　　　B 吃饭　　　　　　C 看电视

20. A 电影　　　　　　　B 运动　　　　　　C 音乐

독해 제1부분

21-25번 제시된 보기와 서로 어울리는 대화문을 찾아 빈칸에 알파벳을 써 보세요.

A 不行，要迟到了，我要走了。

B 我是新来的，刚工作三个月。

C 刚十几分钟，还有很远呢。

D 我看看，慢了半个小时。

E 当然。我们先坐公共汽车，然后换地铁。

F 不太累，每个月的钱也不少。

| 예제 | 你知道怎么去那儿吗？ | (E) |

21. 你在这家公司工作多久了？　　　　　　　　　　(　　)

22. 别着急，再游一会儿吧。　　　　　　　　　　　(　　)

23. 你为什么选择在银行工作？　　　　　　　　　　(　　)

24. 你们爬了多长时间山了？　　　　　　　　　　　(　　)

25. 我的手表怎么了？　　　　　　　　　　　　　　(　　)

독해 제2부분

26-30번 제시된 보기 중 괄호 안에 들어갈 알맞은 답을 골라 빈칸에 써 보세요.

A 以前　　B 半　　C 差　　D 久　　E 声音　　F 同事

예제　她说话的（ E ）多好听啊！

26. 小丽是我的（　　），也是我的好朋友，我们已经认识二十年了。

27. 来这家银行（　　），我在两家公司工作过。

28. 我们每天早上八点（　　）上课，上四个小时。

29. A: 看一下手表，现在几点了？
　　B: （　　）一刻八点。

30. A: 都九点了，你怎么回来这么晚？
　　B: 下班以后跟朋友在咖啡店聊天儿聊了很（　　），天黑了都不知道。

독해 제3부분

31-35번 문장을 읽고 제시된 보기 중 질문에 알맞은 답을 골라 ✓를 표시해 보세요.

예제 您是来参加今天会议的吗？您来早了一点儿，现在才八点半。您先进来坐吧。

★ 会议最可能几点开始？

A 8点　　　　　　　　B 8点半　　　　　　　　C 9点 ✓

31. 六个月大的女儿对音乐很感兴趣。她不高兴的时候，唱歌给她听或者让她听听音乐，一会儿她就笑了。

★ 她的女儿：

A 喜欢音乐　　　　　B 不喜欢听歌　　　　　C 六岁了

32. 我在北京住过十年，吃了不少北京菜，学了不少中国文化，现在还都记得。

★ 我：

A 现在住在北京　　　B 现在不住在北京　　　C 是北京人

33. 我妹妹不喜欢画画儿、唱歌，只对踢足球感兴趣。她会踢足球，也爱看足球比赛。

★ 我妹妹喜欢：

A 唱歌　　　　　　　B 踢足球　　　　　　　C 画画儿

34. 以前中国人结婚的时候，男女都不认识。丈夫会在结婚迎接妻子那天第一次见到妻子，妻子也第一次见到丈夫。

★ 以前中国人结婚，丈夫：

A 对妻子不感兴趣　　B 以前就认识妻子　　　C 结婚那天第一次见到妻子

35. 很多年轻人说不知道怎么找工作，总觉得自己的工作不好。有的人都工作了好几年了，钱也不少，但还不知道喜欢做什么。我觉得找工作的时候，兴趣第一，怎么能把钱放在第一呢？

★ 我觉得找工作的时候要看：

A 公司给多少钱　　　B 喜欢不喜欢　　　　　C 工作时间是多少

쓰기 제1부분

36-40번 제시된 단어를 순서대로 배열하여 문장을 완성해 보세요.

예제 小船　上　一　河　条　有

河上有一条小船。

36. 唱　歌　两个小时　我们　了

37. 什么　感兴趣　对　你

38. 以前　银行　在　我　工作　两年　了

39. 电视　看　了　三个*钟头　弟弟　了

40. 了　听　十几分钟　音乐　昨天　我

钟头 zhōngtóu 명 시간

쓰기 제2부분

41-45번 한어병음을 보고 제시된 문장에 알맞은 한자를 써 보세요.

예제 没（ 关^{guān} ）系，别难过，高兴点儿。

41. 我对音乐（ 感^{gǎn} ）兴趣，你呢？

42. 明天下午你去（ 银^{yín} ）行吗？我跟你一起去吧。

43. 你是什么时候（ 结^{jié} ）婚的？怎么都没告诉我们啊？

44. 您慢走，欢（ 迎^{yíng} ）下次再来。

45. 我问你，你多（ 久^{jiǔ} ）没去公司上班了？

쓰기 제3부분

46-50번 괄호 안의 한자 중에 알맞은 한자를 골라 밑줄 친 부분에 써 보세요.

예제 我不知道 那 个地方在 哪 儿。（那，哪）

46. 小方，你家离学校那么_____，怎么每天都_____到啊？（迟，近）

47. 大家好，这是新来的_____事，他今天刚来我们公_____。（同，司）

48. 我_____前没见过这个人，是昨天朋友给我介绍后_____识的。（认，以）

49. 明天我去_____你，下午三点在你家_____下等你。（接，楼）

50. 现在是三点一_____，五分钟后请大家_____周经理办公室去。（刻，到）

복습

1-2번 본서의 본문 내용에 맞게 제시된 보기 중 알맞은 것을 골라 밑줄 친 부분에 써 보세요.

| 突然 | 欢迎 | 同事 | 感兴趣 | 结婚 |
| 差 | 迟到 | 快了 | 接 | 刻 |

1. 小刚和小丽认识五年了，他们下个月_____，_____大家都去。一个_____觉得很_____，因为他也对小丽_____。

2. 小丽让小刚七点半去_____她。现在已经_____一_____八点了，小刚_____了，小丽特别不高兴。其实，不是小刚来晚了，是小丽的表_____十五分钟。

08 你去哪儿我就去哪儿。
Nǐ qù nǎr wǒ jiù qù nǎr.
당신이 가는 곳이 어디든 저도 갈래요.

W-08

듣기 제1부분

1-5번 녹음의 대화를 듣고 일치하는 사진을 골라 네모 칸 안에 알파벳을 써 보세요.

A

B

C

D

E

F

예제

男：喂，请问张经理在吗？
女：他正在开会，您半个小时以后再打，好吗？   D

1.
2.
3.
4.
5.

듣기 제2부분

6-10번 녹음을 듣고 내용과 일치하면 ✓, 일치하지 않으면 ✗를 표시해 보세요.

> **예제**
>
> 为了让自己更健康，他每天都花一个小时去锻炼身体。
>
> ★ 他希望自己很健康。　　　　　　　　　　　　　(✓)
>
> 今天我想早点儿回家。看了看手表，才5点。过了一会儿再看表，还是5点，我这才发现我的手表不走了。
>
> ★ 那块儿手表不是他的。　　　　　　　　　　　　(✗)

6. ★ 周经理换办公室了。　　　　　　　　　　　　(　　)

7. ★ 他们以前总是见面。　　　　　　　　　　　　(　　)

8. ★ 他喜欢安静的地方。　　　　　　　　　　　　(　　)

9. ★ 那位小姐要去十层。　　　　　　　　　　　　(　　)

10. ★ 他现在在洗手间。　　　　　　　　　　　　　(　　)

듣기 제3부분

11-15번 녹음의 짧은 대화를 듣고 제시된 보기 중 알맞은 답을 골라 보세요.

> **예제**
> 男: 小王，帮我开一下门，好吗? 谢谢!
> 女: 没问题。您去超市了? 买了这么多东西。
>
> 问: 男的想让小王做什么?
>
> A 开门 ✓　　　B 拿东西　　　C 去超市买东西

11. A 不让女的喝可乐　　B 不让女的睡觉　　C 不想喝可乐

12. A 想休息　　B 感冒了　　C 要照顾妈妈

13. A 她要去洗手间　　B 这儿有人　　C 男的可以坐这儿

14. A 儿子身体不健康　　B 儿子学习不好　　C 儿子没去考试

15. A 买裙子　　B *面试　　C 买衬衫

面试 miànshì 통 면접 시험을 보다

듣기 제4부분

16-20번 녹음의 긴 대화를 듣고 제시된 보기 중 알맞은 답을 골라 보세요.

> **예제**
>
> 女：晚饭做好了，准备吃饭了。
> 男：等一会儿，比赛还有三分钟就结束了。
> 女：快点儿吧，一起吃，菜冷了就不好吃了。
> 男：你先吃，我马上就看完了。
>
> 问：男的在做什么?
>
> A 洗澡　　　　　　B 吃饭　　　　　　C 看电视 ✓

16. A 咖啡馆　　　　B 电梯那儿　　　　C 超市

17. A 药　　　　　　B 面条　　　　　　C 鸡蛋

18. A 去洗手间　　　B 找雨伞　　　　　C 去吃饭

19. A 明天中午不忙　B 不想跟男的吃饭　C 不知道哪天吃饭

20. A 考得很好　　　B 不会写汉字　　　C 一个题都不会

독해 제1부분

21-25번 제시된 보기와 서로 어울리는 대화문을 찾아 빈칸에 알파벳을 써 보세요.

A 你下课以后去哪儿学习?

B 周末你有什么打算?

C 听说你最近打算买房子了?

D 可能吃的东西有问题，不太舒服。

E 当然。我们先坐公共汽车，然后换地铁。

F 那我们再买几块吧。

예제	你知道怎么去那儿吗?	(E)
21.	你怎么又去洗手间啊?	( )
22.	这种蛋糕很甜，孩子们很喜欢。	( )
23.	是啊，看了很多，但是都不太满意。	( )
24.	我要去跟几个老朋友见面。	( )
25.	哪儿安静我就去哪儿。	( )

독해 제2부분

26-30번 제시된 보기 중 괄호 안에 들어갈 알맞은 답을 골라 빈칸에 써 보세요.

A 电梯　　B 洗手间　　C 几乎　　D 重要　　E 声音　　F 又

예제　她说话的（ E ）多好听啊！

26. 你等我一会儿，我去一下（　　），马上回来。

27. 他（　　）每天都要去公园锻炼一个小时。

28. （　　）里人太多了，我们别坐了。

29. A：今天晚上你（　　）要去听音乐会？
    B：是啊，我现在对音乐非常感兴趣。

30. A：我觉得我越来越胖了，以后我不吃晚饭了。
    B：其实胖点儿或者瘦点儿都没关系，健康最（　　）。

독해 제3부분

31-35번 문장을 읽고 제시된 보기 중 질문에 알맞은 답을 골라 ✓를 표시해 보세요.

예제 您是来参加今天会议的吗？您来早了一点儿，现在才八点半。您先进来坐吧。

★ 会议最可能几点开始？

A 8点　　　　　　　　B 8点半　　　　　　　　C 9点 ✓

31. "再见"是一个很有意思的词，"再见"的意思是"再一次见面"，所以人们离开时说"再见"，是希望以后再见面。

★ 什么时候说"再见"？

A 离开　　　　　　　　B 见面　　　　　　　　C 上课

32. 我男朋友的家虽然不大，但是住着很舒服，楼里很安静，还有电梯，他很喜欢他现在的家。

★ 男朋友觉得他的家怎么样？

A 不舒服　　　　　　　B 太小了　　　　　　　C 很满意

33. 女孩子都喜欢穿裙子，爱唱歌、跳舞，但是我哥的女儿不是这样，她对运动很感兴趣，还喜欢玩儿电脑游戏，我几乎没见她穿过裙子。

★ 哥哥的女儿：

A 喜欢唱歌　　　　　　B 很少穿裙子　　　　　C 不爱运动

34. 丈夫最近很忙，没有时间去运动，又胖了几斤。他打算忙完这几天，就去跑步和游泳。

★ 丈夫最近：

A 变化不大　　　　　　B 身体不健康　　　　　C 很少锻炼

35. 你要明白，想让每个人都喜欢你是几乎不可能的，所以做事情不要害怕别人不满意，最重要的就是你很满意。

★ 做事情，最重要的是：

A 让每个人都喜欢你　　B 不害怕别人　　　　　C 你觉得做得很好

쓰기 제1부분

36-40번 제시된 단어를 순서대로 배열하여 문장을 완성해 보세요.

예제 小船　　上　　一　　河　　条　　有

河上有一条小船。

---

36. 健康　　就　　吃什么　　我　　什么东西

---

37. 又　　你　　不满意了　　怎么

---

38. 熊猫　　再　　看一次　　我想　　去

---

39. *离婚　　很多　　瘦了　　以后　　她

---

40. 坐电梯　　上去　　我们　　吧

离婚 lí hūn 동 이혼하다

쓰기 제2부분

41-45번 한어병음을 보고 제시된 문장에 알맞은 한자를 써 보세요.

예제   没（ guān 关 ）系，别难过，高兴点儿。

41. 房间里很（ ān   ）静，我很满意。

42. 太晚了，我有点儿害（ pà   ），你送我回家吧。

43. 你住的楼里有（ diàn   ）梯吗？

44. 下课以后我（ mǎ   ）上回家吃饭。

45. 你觉得工作和健康，哪个更（ zhòng   ）要？

쓰기 제3부분

46-50번 괄호 안의 한자 중에 알맞은 한자를 골라 밑줄 친 부분에 써 보세요.

예제   我不知道_那_个地方在_哪_儿。（那，哪）

46. 今天下午你＿＿＿＿跟我一起去看＿＿＿＿猫吗？（熊，能）

47. 请＿＿＿＿，洗手＿＿＿＿在哪儿？（间，问）

48. ＿＿＿＿试的时候不认真，这是你的＿＿＿＿问题了。（老，考）

49. 你先上去，一＿＿＿＿儿我去十＿＿＿＿找你。（会，层）

50. 你离开的这＿＿＿＿年变化真大，我＿＿＿＿乎不认识你了。（几，九）

복습

1-2번 본서의 본문 내용에 맞게 제시된 보기 중 알맞은 것을 골라 밑줄 친 부분에 써 보세요.

层	满意	害怕	又	电梯
重要	健康	见面	变化	老

1. 小丽最近打算买房子，今天_____去看了看，但是都不_____，一个没有_____，不方便，一个在二十_____，太高了，她觉得往下看太_____了。

2. 周太太和_____同学五年没_____了，同学觉得周太太几乎没_____，但是周太太说她胖了，现在想吃什么就吃什么，想吃多少就吃多少，因为_____最_____，胖瘦没关系。

09 她的汉语说得跟中国人一样好。
Tā de Hànyǔ shuō de gēn Zhōngguó rén yíyàng hǎo.
그녀는 중국어를 중국인처럼 잘해요.

듣기 | 제1부분

W-09

1-5번 녹음의 대화를 듣고 일치하는 사진을 골라 네모 칸 안에 알파벳을 써 보세요.

A    B

C    D

E    F

예제
男：喂，请问张经理在吗？
女：他正在开会，您半个小时以后再打，好吗？   D

1.
2.
3.
4.
5.

듣기 제2부분

6-10번 녹음을 듣고 내용과 일치하면 ✓, 일치하지 않으면 ✗를 표시해 보세요.

예제

为了让自己更健康，他每天都花一个小时去锻炼身体。

★ 他希望自己很健康。　　　　　　　　　　　　　　（ ✓ ）

今天我想早点儿回家。看了看手表，才5点。过了一会儿再看表，还是5点，我这才发现我的手表不走了。

★ 那块儿手表不是他的。　　　　　　　　　　　　（ ✗ ）

---

6. ★ 南方十二月的时候房间里不太冷。　　　　　　（　　）

7. ★ 他觉得这本书很有意思。　　　　　　　　　　（　　）

8. ★ 现在不下雪了。　　　　　　　　　　　　　　（　　）

9. ★ 他以前的手机和现在的是一样的。　　　　　　（　　）

10. ★ 周月喜欢手表。　　　　　　　　　　　　　　（　　）

듣기 제3부분

11-15번 녹음의 짧은 대화를 듣고 제시된 보기 중 알맞은 답을 골라 보세요.

> **예제**
>
> 男: 小王, 帮我开一下门, 好吗? 谢谢!
> 女: 没问题。您去超市了? 买了这么多东西。
>
> 问: 男的想让小王做什么?
>
> A 开门 ✓　　　　B 拿东西　　　　C 去超市买东西

11. A 变胖了　　　　B 变瘦了　　　　C *头发变长了

12. A 学得不太好　　B 不用努力了　　C 考了第一

13. A 比饭馆的好吃　B 特别好吃　　　C 没有饭馆的好吃

14. A 便宜的　　　　B 大的　　　　　C 小的

15. A 特别有意思　　B 很容易　　　　C 很难

头发 tóufa 명 머리카락

듣기 제4부분

16-20번 녹음의 긴 대화를 듣고 제시된 보기 중 알맞은 답을 골라 보세요.

> **예제**
> 女: 晚饭做好了，准备吃饭了。
> 男: 等一会儿，比赛还有三分钟就结束了。
> 女: 快点儿吧，一起吃，菜冷了就不好吃了。
> 男: 你先吃，我马上就看完了。
>
> 问: 男的在做什么？
>
> A 洗澡　　　　B 吃饭　　　　C 看电视 ✓

16. A 每人最少讲3分钟　　B 只要回答一个问题　　C 没有问题

17. A 周　　B 谢　　C 解

18. A 买伞　　B 叫出租车　　C 找朋友

19. A 山下下雪了　　B 山上有雪　　C 山路好走

20. A 喝热的　　B 不喝热的　　C 喝饮料

독해 제1부분

21-25번 제시된 보기와 서로 어울리는 대화문을 찾아 빈칸에 알파벳을 써 보세요.

A 快睡吧，明天还要上班呢。

B 请给我一杯热咖啡，不要牛奶。你要喝什么?

C 我太冷了，想快点儿回家。

D 小方，你是南方人还是北方人?

E 当然。我们先坐公共汽车，然后换地铁。

F 我看你们家孩子很爱唱歌啊。

예제 你知道怎么去那儿吗?　　　　　　　　　　　　(E)

21. 跟你一样，也要咖啡，但是我要放一些牛奶。　　(　)

22. 我跟您一样，都是从南方来的。　　　　　　　　(　)

23. 你怎么越走越快? 等等我。　　　　　　　　　　(　)

24. 对，跟他爸爸一样，都对音乐感兴趣。　　　　　(　)

25. 小月还没回来，我有点儿不放心，再等等，你先睡。(　)

독해 제2부분

26-30번 제시된 보기 중 괄호 안에 들어갈 알맞은 답을 골라 빈칸에 써 보세요.

> A 班　　B 中间　　C 了解　　D 一样　　E 声音　　F 比较

예제　她说话的（ E ）多好听啊！

26.　你看，这两个汉字是不是（　　）的？

27.　站在（　　）的人叫周明，他是我们公司的经理。

28.　外边（　　）冷，你多穿一件衣服吧。

29.　A：刚才那个人，你认识吗？
　　　B：我知道他的名字，但是不（　　）他。

30.　A：你们（　　）有多少个学生？
　　　B：以前是16个，昨天来了个新同学，现在是17个。

독해 제3부분

31-35번 문장을 읽고 제시된 보기 중 질문에 알맞은 답을 골라 ✓를 표시해 보세요.

예제　您是来参加今天会议的吗？您来早了一点儿，现在才八点半。您先进来坐吧。

　　★ 会议最可能几点开始？

　　A 8点　　　　　　　B 8点半　　　　　　　C 9点 ✓

31. 跟哥哥一样，我也觉得对我影响最大的人是妈妈。从我们学说话、学走路时开始，妈妈每天跟我们在一起，最重要的是她告诉我们*怎样做人——做一个好人。

    ★ 妈妈：

    A 是老师　　　　　　B 对我很重要　　　　　C 跟哥哥一样

32. 听到"你中文说得真好""你真漂亮"时，外国人总是说"谢谢"。中国人跟外国人不一样，我们说"哪里哪里"，这不是在问"在哪儿"，是客气。

    ★ 听到"你做的饭几乎跟饭馆一样"时，中国人可能做什么？

    A 说"谢谢"　　　　　B 不说话　　　　　　　C 说"哪里哪里"

33. 我女儿和白先生的儿子在一个学校上学。他儿子跟我女儿一样，都上三年级，但是不同班。他家孩子在一班，我女儿在四班。*课间十分钟，他们总是一起玩儿，跟同班同学一样。

    ★ 白先生的儿子：

    A 和我是同学　　　　B 和我女儿同班　　　　C 课间总和我女儿见面

34. 学汉语时要多听、多说。有人害怕说错，所以不爱说。其实越害怕越不想说，越不想说越说不好。说错了没关系，这次错了，下次一定不会再错。

    ★ 学汉语时不能：

    A 说错　　　　　　　B 说不好　　　　　　　C 怕说错

35. 小时候，我女儿说她爸爸不喜欢她，因为爸爸没说过"女儿，我爱你"，也不说她漂亮。现在，女儿跟以前不一样了，因为她了解：其实爸爸跟妈妈一样爱她，只是爸爸不说，都在心里。

    ★ 现在，女儿：

    A 不爱爸爸　　　　　B 不了解爸爸　　　　　C 知道爸爸很爱她

怎样 zěnyàng 대 어떻게
课间 kèjiān 명 수업과 수업 사이

쓰기 제1부분

36-40번 제시된 단어를 순서대로 배열하여 문장을 완성해 보세요.

예제 小船　　上　　一　　河　　条　　有

河上有一条小船。

36. 快　　越　　那辆车　　开　　越

_____

37. 跟　　我弟弟　　妈妈　　高　　一样

_____

38. 越　　我和老同学　　高兴　　聊　　越

_____

39. 新鲜　　苹果　　西瓜　　跟　　一样

_____

40. 吃甜的　　越　　越　　你　　身体　　胖

_____

쓰기 제2부분

41-45번 한어병음을 보고 제시된 문장에 알맞은 한자를 써 보세요.

예제 没（ 关^{guān} ）系，别难过，高兴点儿。

41. 妈，给你介绍一下，这是我们（ bān ）同学白乐。

42. 这么小的孩子一个人在家，我能不（ dān ）心吗？

43. 这个 *地方* 环境比（ jiào ）安静，没有那么多车。

44. 其实，我只跟这个人见过一两次面，一点儿也不了（ jiě ）她。

45. 我（ cān ）加过三次比赛，拿了两次第一，一次第二。

> 地方 dìfang 명 장소
> 环境 huánjìng 명 환경

쓰기 제3부분

46-50번 괄호 안의 한자 중에 알맞은 한자를 골라 밑줄 친 부분에 써 보세요.

예제 我不知道 __那__ 个地方在 __哪__ 儿。（那，哪）

46. 别_____心，虽然题很多，_____是我一定能做完。（但，担）

47. 这个学_____的汉语老师比_____好，我们在这儿学吧。（校，较）

48. 请_____，这儿有人吗？我能坐在你们中_____吗？（问，间）

49. 我去问问我_____夫吧，他学过中_____，能看懂这个。（文，丈）

50. 给我买杯_____啡吧，一会儿我要参_____一个面试。（加，咖）

1-2번 본서의 본문 내용에 맞게 제시된 보기 중 알맞은 것을 골라 밑줄 친 부분에 써 보세요.

| 跟 | 汉语 | 越说越好 | 班 | 一样好 |
| 担心 | 中间 | 了解 | 越爬越冷 | 先 |

1. 大山觉得马可的汉语_____了，但是马可觉得他们_____李静的汉语更好，说得_____中国人_____。大山没听说过李静这个名字，其实，李静是马可的_____老师。

2. 小丽爬山的时候有点儿害怕，因为山越高，路越难走，她_____。小刚对这儿比较_____，他让小丽别_____。他们现在_____休息一下，一会儿从_____那条路上去。

10 数学比历史难多了。
Shùxué bǐ lìshǐ nánduō le.
수학이 역사보다 훨씬 어려워요.

듣기 제1부분

1-5번 녹음의 대화를 듣고 일치하는 사진을 골라 네모 칸 안에 알파벳을 써 보세요.

A

B

C

D

E

F

예제

男：喂，请问张经理在吗？

女：他正在开会，您半个小时以后再打，好吗？   D

1.

2.

3.

4.

5.

듣기 제2부분

6-10번 녹음을 듣고 내용과 일치하면 ✓, 일치하지 않으면 ✗를 표시해 보세요.

예제

为了让自己更健康，他每天都花一个小时去锻炼身体。

★ 他希望自己很健康。　　　　　　　　　　　　　　（ ✓ ）

今天我想早点儿回家。看了看手表，才5点。过了一会儿再看表，还是5点，我这才发现我的手表不走了。

★ 那块儿手表不是他的。　　　　　　　　　　　　　（ ✗ ）

---

6. ★ 今天比昨天冷得多。　　　　　　　　　　　　（　　）

7. ★ 他们要回家了。　　　　　　　　　　　　　　（　　）

8. ★ 爸爸很健康，因为他喜欢运动。　　　　　　　（　　）

9. ★ 他每天工作很累。　　　　　　　　　　　　　（　　）

10. ★ 以前儿子不喜欢学习。　　　　　　　　　　　（　　）

듣기 제3부분

11-15번 녹음의 짧은 대화를 듣고 제시된 보기 중 알맞은 답을 골라 보세요.

> **예제**
>
> 男：小王，帮我开一下门，好吗？谢谢！
>
> 女：没问题。您去超市了？买了这么多东西。
>
> 问：男的想让小王做什么？
>
> A 开门 ✓　　　B 拿东西　　　C 去超市买东西

11. A 买两个　　　B 买三个　　　C 少买一点儿

12. A 好点儿了　　B 好多了　　　C 越来越不好

13. A 小刚　　　　B 方明　　　　C 一样高

14. A 飞机上　　　B 电影院　　　C 火车上

15. A 三个　　　　B 三十个　　　C 很多

듣기 제4부분

16-20번 녹음의 긴 대화를 듣고 제시된 보기 중 알맞은 답을 골라 보세요.

> **예제**
> 女：晚饭做好了，准备吃饭了。
> 男：等一会儿，比赛还有三分钟就结束了。
> 女：快点儿吧，一起吃，菜冷了就不好吃了。
> 男：你先吃，我马上就看完了。
>
> 问：男的在做什么？
>
> A 洗澡　　　　　　B 吃饭　　　　　　C 看电视 ✓

16. A 可能骑自行车　　B 可能坐公共汽车　　C 要去上课

17. A 明天很冷　　　　B 明天是阴天　　　　C 下雪时最冷

18. A 买了一辆旧车　　B 买的是自行车　　　C 买了五辆车

19. A 妈妈高得多　　　B 一样高　　　　　　C 女儿高得多

20. A 去咖啡店　　　　B 听音乐会　　　　　C 买东西

독해 제1부분

21-25번 제시된 보기와 서로 어울리는 대화문을 찾아 빈칸에 알파벳을 써 보세요.

A 好，你等我一两分钟，我去一下洗手间。

B 你怎么在这么远的地方买房子？

C 体育比数学容易多了，也有意思多了。

D 今天我不上班，我昨天只睡了两三个小时，让我再睡一会儿。

E 当然。我们先坐公共汽车，然后换地铁。

F 小方，你跟小丽一样大吗？

| 예제 | 你知道怎么去那儿吗？ | (E) |

21. 九点半了，你迟到了，快起床。　　　　　　　　　(　　)

22. 我们去买点儿吃的吧，我早就饿了。　　　　　　　(　　)

23. 她的生日是五月，我是一月，我比她大一点儿。　　(　　)

24. 你个子那么高，跑得也快，当然觉得容易。　　　　(　　)

25. 虽然远，但是附近有三四个车站，很方便。　　　　(　　)

독해 제2부분

26-30번 제시된 보기 중 괄호 안에 들어갈 알맞은 답을 골라 빈칸에 써 보세요.

> A 方便　　B 骑　　C 换　　D 地方　　E 声音　　F 旧

예제　她说话的（ E ）多好听啊！

26.　这件衣服有点儿（　　）了，我不想穿了。

27.　我还没去过那个（　　），漂亮吗？好玩儿吗？

28.　你（　　）得太快了，慢点儿，小心前边的车。

29.　A：你每天怎么去学校？坐车还是坐地铁？
　　　B：坐地铁更快，也更（　　）。

30.　A：这辆车买了十五六年了，总是出问题。
　　　B：那（　　）一辆新的吧，车出问题不是件小事儿。

독해 제3부분

31-35번 문장을 읽고 제시된 보기 중 질문에 알맞은 답을 골라 ✓를 표시해 보세요.

예제　您是来参加今天会议的吗？您来早了一点儿，现在才八点半。您先进来坐吧。

　　★ 会议最可能几点开始？

　　A 8点　　　　　　　　B 8点半　　　　　　　　C 9点 ✓

31. 每个周末，我们一家人都去公园或远的地方走走、玩儿玩儿。我们不坐公共汽车，也不坐出租车，我们骑自行车去。很多时候，骑车比开车、坐车方便得多，也快得多。最主要是因为骑车对身体好，对环境也好。

    ★ 骑车：

    A 没有坐车方便　　　　B 对环境很好　　　　C 不健康

32. 以前中国有很多茶馆，但现在越来越少，咖啡店越来越多了，人们走累了可以去咖啡店坐坐，喝点儿咖啡，当然也有茶、牛奶和水。这样的咖啡店比以前的茶馆安静得多，环境也更好，大家很喜欢去。

    ★ 咖啡店：

    A 没有茶馆多　　　　B 不太安静　　　　C 环境比茶馆好

33. 我家楼下有一家旧车店，卖"二手"自行车。没有那么多钱买新车的人，可以到这儿来买辆旧的骑骑，特别便宜，也方便。

    ★ "二手"车的意思是：

    A 便宜车　　　　B 新车　　　　C 旧车

34. 我女儿现在每天都要上历史课、体育课和数学课。她说她最喜欢历史课，因为历史课比数学课和体育课有意思多了。体育课比数学课容易一些，但是没有历史课那么好玩儿。

    ★ 女儿最不喜欢上什么课？

    A 数学课　　　　B 历史课　　　　C 体育课

35. 有时候，我真想回到以前。五年前这个地方比现在安静得多，这儿只有一条路，房子也没有现在多。现在这儿有四五条路，路上都是车，大楼也越来越多，饭馆有二三十个呢！

    ★ 这个地方：

    A 以前没有路　　　　B 现在有45条路　　　　C 现在的路比以前多

쓰기 제1부분

36-40번 제시된 단어를 순서대로 배열하여 문장을 완성해 보세요.

예제 小船　上　一　河　条　有

河上有一条小船。

36. 这个地方　安静　比　那个地方　一些

37. 周经理　都　一两杯　喝　咖啡　每天

38. 自行车　快　骑　比　得多　走路

39. 矮　朋友　一点儿　我　比　个子

40. 四　五　只有　教室里　个　学生

쓰기 제2부분

41-45번 한어병음을 보고 제시된 문장에 알맞은 한자를 써 보세요.

예제 没（ 关^guān ）系，别难过，高兴点儿。

41. 我们坐公共汽车去吧，我不会（ qí ）自行车。

42. 这条裙子有点儿瘦，我可以（ huàn ）一条吗？

43. 我喜欢住在这个地方，因为（ huán ）境特别好，最重要的是有很多商店。

44. 这儿（ fù ）近有个学校，每天下午都有很多爸爸妈妈接孩子。

45. 在这个学校，我的工作（ zhǔ ）要是给学生上历史课。

쓰기 제3부分

46-50번 괄호 안의 한자 중에 알맞은 한자를 골라 밑줄 친 부분에 써 보세요.

예제 我不知道_那_个地方在_哪_儿。（那，哪）

46. 弟弟新买了一辆_____色的_____行车。（自，白）

47. _____学老师的办公室不在这儿，在_____上。（数，楼）

48. 音乐课容易吗？我觉得音乐课比历_____课_____难。（更，史）

49. 请问，_____子旁边的那辆车，我可以_____一下吗？（骑，椅）

50. 我们每个星期都_____两次体_____课。（育，有）

복습

1-2번 본서의 본문 내용에 맞게 제시된 보기 중 알맞은 것을 골라 밑줄 친 부분에 써 보세요.

| 旧 | 自行车 | 方便 | 买 | 早多了 |
| 一些 | 环境 | 附近 | 主要 | 三四 |

1. 小丽上个月搬家了，走路去公司二十分钟就到，很_____，所以最近比以前来得_____。她还打算_____一辆_____，因为以前那辆太_____了。

2. 大山在看房子。中介公司的人告诉他，学校里边比学校外边方便一点儿，_____有_____个车站。学校外边的房子比学校里边的大_____，也比学校里边的安静。大山觉得房子大小没关系，最_____的是_____。

11 别忘了把空调关了。
Bié wàngle bǎ kōngtiáo guān le.
에어컨 끄는 것을 잊지 마세요.

🎧 W-11

듣기 | 제1부분

1-5번 녹음의 대화를 듣고 일치하는 사진을 골라 네모 칸 안에 알파벳을 써 보세요.

A

B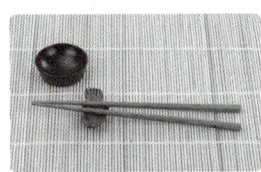

C

D

E

F

예제

男：喂，请问张经理在吗?

女：他正在开会，您半个小时以后再打，好吗?   D

---

1. ☐
2. ☐
3. ☐
4. ☐
5. ☐

듣기 제2부분

6-10번 녹음을 듣고 내용과 일치하면 ✓, 일치하지 않으면 ✗를 표시해 보세요.

> **예제**
>
> 为了让自己更健康，他每天都花一个小时去锻炼身体。
>
> ★ 他希望自己很健康。　　　　　　　　　　　　　　(✓)
>
> 今天我想早点儿回家。看了看手表，才5点。过了一会儿再看表，还是5点，我这才发现我的手表不走了。
>
> ★ 那块儿手表不是他的。　　　　　　　　　　　　(✗)

6. ★ 他的电脑出了点儿问题。　　　　　　　　　　　(　　)

7. ★ 他打算去图书馆学习。　　　　　　　　　　　　(　　)

8. ★ 他以前骑自行车上班。　　　　　　　　　　　　(　　)

9. ★ 跟家人一起吃晚饭很快乐。　　　　　　　　　　(　　)

10. ★ 啤酒在桌子上。　　　　　　　　　　　　　　　(　　)

듣기 제3부분

11-15번 녹음의 짧은 대화를 듣고 제시된 보기 중 알맞은 답을 골라 보세요.

> **예제**
>
> 男：小王，帮我开一下门，好吗？谢谢！
> 女：没问题。您去超市了？买了这么多东西。
>
> 问：男的想让小王做什么？
>
> A 开门 ✓　　　B 拿东西　　　C 去超市买东西

11. A 地铁站　　　B 眼镜店　　　C 地图

12. A 给妹妹喝牛奶　　　B 去超市买牛奶　　　C 带妹妹去医院

13. A 同事　　　B 经理和客人　　　C 医生和病人

14. A 出去开会　　　B 照顾小雨　　　C 和女的去公园

15. A 让女的去还书　　　B 书已经还了　　　C 女的忘了还书

듣기 제4부분

16-20번 녹음의 긴 대화를 듣고 제시된 보기 중 알맞은 답을 골라 보세요.

> **예제**
> 女：晚饭做好了，准备吃饭了。
> 男：等一会儿，比赛还有三分钟就结束了。
> 女：快点儿吧，一起吃，菜冷了就不好吃了。
> 男：你先吃，我马上就看完了。
>
> 问：男的在做什么？
>
> A 洗澡　　　　　B 吃饭　　　　　C 看电视 ✓

16. A 今天比较忙　　B 空调有问题　　C 叫人来换水

17. A 已经洗澡了　　B 不喜欢出去跑步　　C 想去超市买东西

18. A 比以前便宜了　　B 太旧了　　C 又大又方便

19. A 来周先生家吃晚饭　B 每天八点左右下班　C 总是照顾周先生的小狗

20. A 玩儿电脑　　B 打篮球　　C 复习考试

독해 제1부분

21-25번 제시된 보기와 서로 어울리는 대화문을 찾아 빈칸에 알파벳을 써 보세요.

A 都这么晚了，今天别看书了，快睡觉吧。

B 你什么时候来找我，我们一起去图书馆吧。

C 我昨天没来，把你的笔记本借我看看吧。

D 我今天是开车来的，你们喝吧。

E 当然。我们先坐公共汽车，然后换地铁。

F 不是，我去参加一个会议，下星期三回来。

| 예제 | 你知道怎么去那儿吗？ | (E) |

21. 中午吃完饭，一点左右，怎么样？ (　　)

22. 你带这么多东西，又要出去旅游吗？ (　　)

23. 我习惯睡觉以前看会儿书了，不看书我睡不着。 (　　)

24. 周经理，您怎么一口酒都不喝？ (　　)

25. 对不起，我忘带了，明天给你吧。 (　　)

독해 제2부분

26-30번 제시된 보기 중 괄호 안에 들어갈 알맞은 답을 골라 빈칸에 써 보세요.

> A 结束　　B 图书馆　　C 地铁　　D 习惯　　E 声音　　F 关

예제　她说话的（ E ）多好听啊！

26.　我们一会儿在（　　）门口见面吧。

27.　你去经理的办公室把灯（　　）了。

28.　我想住在（　　）站附近，这样去别的地方很方便。

29.　A：今天晚上的音乐会几点（　　）？
　　　B：十点左右，你还有事情吗？

30.　A：给你买件衬衫吧，在银行上班穿衬衫好一些。
　　　B：我还不太（　　）穿衬衫。

독해 제3부분

31-35번 문장을 읽고 제시된 보기 중 질문에 알맞은 답을 골라 ✓를 표시해 보세요.

예제　您是来参加今天会议的吗？您来早了一点儿，现在才八点半。您先进来坐吧。
　　　★ 会议最可能几点开始？
　　　A 8点　　　　　　　B 8点半　　　　　　　C 9点 ✓

31. 我每天下班都坐地铁回家，在地铁上，我更喜欢站着，因为我已经在办公室里坐了一天了。

    ★ 我为什么在地铁上站着?

    A 地铁上人很多　　B 我不累　　C 我坐了一天了

32. 看书时会看到一些历史上的人或者国家的名字，这些字现在很多都不用了，想要知道这些字的读音和意思就要*字典的帮助，所以有本字典很方便。

    ★ 看书时会看到：

    A 不认识的字　　B 现在的名人　　C 汉字的读音

33. 中国有一句话叫"有借有还，再借不难"，是说*向别人借的东西，用完就要还，这样下次你再借东西的时候，他们还会借给你。

    ★ 借了别人的东西：

    A 别用太长时间　　B 要记得还　　C 不能再借

34. 我爸爸妈妈都是北方人，但是我一直住在南方，所以没见过雪。搬到北京以后，虽然这儿的天气很冷，我还不太习惯，但是我见到雪了，我很高兴。

    ★ 她：

    A 不想搬家　　B 见到雪了　　C 习惯北京的天气

35. 下班后，我们一起去喝啤酒吧，就在公司旁边，以前是六十元一个人，现在是三十元一个人，想喝几瓶就可以喝几瓶，还送一些吃的。你那个朋友姓什么，我忘记了，叫他也来吧。

    ★ 根据这段话，可以知道：

    A 我忘记我朋友的名字了　　B 三十元可以喝一瓶啤酒　　C 喝啤酒比以前便宜了

字典 zìdiǎn 명 자전
向 xiàng 개 ~을 향하여

쓰기 제1부분

36-40번 제시된 단어를 순서대로 배열하여 문장을 완성해 보세요.

예제 小船　　上　　一　　河　　条　　有

河上有一条小船。

36. 左右　　上地铁　　我每天　　七点

37. 几点　　图书馆　　关门

38. 喝了　　我昨天　　啤酒　　两瓶

39. 参加　　运动会　　今年的　　你　　吗

40. 别　　忘了　　手机　　你　　把

쓰기 제2부분

41-45번 한어병음을 보고 제시된 문장에 알맞은 한자를 써 보세요.

예제. 没（ 关 guān ）系，别难过，高兴点儿。

41. 这个笔记（ 本 běn ）电脑太贵了。

42. 早睡早起是一个好（ 习 xí ）惯。

43. 今天的（ 会 huì ）议几点结束？

44. 我从图书馆借了一本英汉（ 词 cí ）典。

45. 房间里的（ 灯 dēng ）怎么还开着呢？

쓰기 제3부분

46-50번 괄호 안의 한자 중에 알맞은 한자를 골라 밑줄 친 부분에 써 보세요.

예제. 我不知道__那__个地方在__哪__儿。（那，哪）

46. 家里的空_____坏了，_____末我要叫人来看看。（周，调）

47. 昨_____你离开的时候忘记_____灯了。（关，天）

48. 你帮我把_____本数学书_____了吧。（还，这）

49. _____点儿，2号桌还少一双_____子。（快，筷）

50. 你看_____了，我_____的不是这本书。（借，错）

⑪ 别忘了把空调关了。 113

복습

1-2번 본서의 본문 내용에 맞게 제시된 보기 중 알맞은 것을 골라 밑줄 친 부분에 써 보세요.

结束	空调	忘记	左右	地铁
双	口	啤酒	瓶子	筷子

1. 开会的时候，小丽告诉周明，王经理两点_____来了个电话，说他已经坐_____来公司了。周明告诉小丽会议_____后，别_____把_____关了。

2. 今天是爸爸的生日，所以妈妈做了很多菜。妈妈让儿子去拿_____，还差一_____。儿子想让爸爸喝点儿_____，但是医生说爸爸一_____酒都不能喝，所以不能让他看见酒_____。

12 把重要的东西放在我这儿吧。
Bǎ zhòngyào de dōngxi fàng zài wǒ zhèr ba.
중요한 물건은 저에게 맡겨 두세요.

듣기 제1부분

W-12

1-5번 녹음의 대화를 듣고 일치하는 사진을 골라 네모 칸 안에 알파벳을 써 보세요.

A    B

C    D

E    F

예제

男：喂，请问张经理在吗?
女：他正在开会，您半个小时以后再打，好吗?   D

1.

2.

3.

4.

5.

듣기 제2부분

6-10번 녹음을 듣고 내용과 일치하면 ✓, 일치하지 않으면 ✗를 표시해 보세요.

예제

为了让自己更健康，他每天都花一个小时去锻炼身体。

★ 他希望自己很健康。　　　　　　　　　　　　　(✓)

今天我想早点儿回家。看了看手表，才5点。过了一会儿再看表，还是5点，我这才发现我的手表不走了。

★ 那块儿手表不是他的。　　　　　　　　　　　　(✗)

---

6. ★ 他是出租车司机。　　　　　　　　　　　　　(　　)

7. ★ 他不喜欢跟老师学画画儿。　　　　　　　　　(　　)

8. ★ 老师昨天没讲明白。　　　　　　　　　　　　(　　)

9. ★ 爸爸洗衣服的时候发现了护照。　　　　　　　(　　)

10. ★ 桌子和椅子都旧了。　　　　　　　　　　　　(　　)

듣기 제3부분

11-15번 녹음의 짧은 대화를 듣고 제시된 보기 중 알맞은 답을 골라 보세요.

> **예제**
>
> 男: 小王，帮我开一下门，好吗？谢谢！
> 女: 没问题。您去超市了？买了这么多东西。
>
> 问: 男的想让小王做什么?
>
> A 开门 ✓　　　　B 拿东西　　　　C 去超市买东西

11. A 公园里边　　　B 公园西门　　　C 公园北门

12. A 太阳从西边出来　B 女的不可能每天跑步　C 明天要跑一千米

13. A 行李箱里　　　B 包里　　　　　C 手里

14. A 学校　　　　　B 银行　　　　　C 西门

15. A 开车　　　　　B 打车　　　　　C 坐公共汽车

듣기 제4부분

16-20번 녹음의 긴 대화를 듣고 제시된 보기 중 알맞은 답을 골라 보세요.

> **예제**
>
> 女：晚饭做好了，准备吃饭了。
> 男：等一会儿，比赛还有三分钟就结束了。
> 女：快点儿吧，一起吃，菜冷了就不好吃了。
> 男：你先吃，我马上就看完了。
>
> 问：男的在做什么？
>
> A 洗澡　　　　B 吃饭　　　　C 看电视 ✓

16. A 太阳　　　　B 小猫　　　　C 花儿

17. A 帮女的拿西瓜　　B 想再吃点儿米饭　　C 想吃点儿西瓜

18. A 去接人　　　　B 坐火车　　　　C 找司机

19. A 骑车去上课　　B 教女的骑车　　C 学骑自行车

20. A 来机场晚了　　B 找不到护照了　　C 忘了给女的打电话

독해 제1부분

21-25번 제시된 보기와 서로 어울리는 대화문을 찾아 빈칸에 알파벳을 써 보세요.

A 你怎么现在才给周经理写信?

B 我想学画画儿，你帮我找一个老师教我吧。

C 请问您需要什么帮助吗?

D 你看桌子下边的那个箱子里有没有?

E 当然。我们先坐公共汽车，然后换地铁。

F 我担心路上车太多，不好走。

예제	你知道怎么去那儿吗?	(E)
21.	我找不到行李箱了，您帮我找找吧。	(　　)
22.	飞机十点才起飞，你怎么现在就要走?	(　　)
23.	你想学画画儿，真是太阳从西边出来了。	(　　)
24.	你把我的护照放在哪儿了?	(　　)
25.	对不起，小丽才把他的*电子邮箱告诉我。	(　　)

电子邮箱 diànzǐ yóuxiāng 몡 이메일 주소

독해 제2부분

26-30번 제시된 보기 중 괄호 안에 들어갈 알맞은 답을 골라 빈칸에 써 보세요.

A 司机   B 起飞   C 发现   D 自己   E 声音   F 包

예제 她说话的（ E ）多好听啊！

26. 我回来了，真累啊，帮我把（   ）放在桌子上吧。

27. 你给（   ）打个电话，让他下午三点来接我。

28. 我（   ）你最近总是上课睡觉，你晚上几点睡啊？

29. A：我们的飞机几点（   ）？
    B：下午三点四十分，还有一个小时。

30. A：你帮我把衣服洗了吧。
    B：这些都是你的衣服，你（   ）洗吧。

독해 제3부분

31-35번 문장을 읽고 제시된 보기 중 질문에 알맞은 답을 골라 ✓를 표시해 보세요.

예제 您是来参加今天会议的吗？您来早了一点儿，现在才八点半。您先进来坐吧。

★ 会议最可能几点开始？

A 8点   B 8点半   C 9点 ✓

31. 有个词语叫"老小孩儿"，意思是人老了有时候跟小孩儿一样，容易高兴，也容易生气。

    ★ 根据这段话，可以知道老人：

    A 总是生气　　　　　B 很喜欢小孩儿　　　　C 有些地方跟小孩儿一样

32. 妻子今天不舒服，我把她送到了医院，医生看了以后说没有大的问题，可能是最近工作太忙、太累了，让她在家里休息几天。

    ★ 妻子：

    A 需要休息　　　　　B 自己去医院了　　　　C 已经休息几天了

33. 我是新来的司机，姓高，您叫我小高就可以了。来，把您的行李箱给我，我放在车的后边。您带好护照和机票了吗？我们现在就去机场。

    ★ 小高：

    A 要去坐飞机　　　　B 在机场工作　　　　　C 是一个司机

34. 周明是我爸爸的同学，也是他现在的同事。我小的时候，他有时候带我出去玩儿，还教会了我游泳。明天是他的生日，我要去给他买一个大的蛋糕。

    ★ 周明：

    A 是我的同学　　　　B 喜欢游泳　　　　　　C 明天过生日

35. 有的事儿就是很有意思，我昨天才发现，你给小张介绍的男朋友是我妻子以前的同事。我们以前见过面，还一起吃过饭，那个时候我就想把他介绍给小张。

    ★ 小张的男朋友是我妻子：

    A 以前的同事　　　　B 以前的丈夫　　　　　C 以前的男朋友

쓰기 제1부분

36-40번 제시된 단어를 순서대로 배열하여 문장을 완성해 보세요.

예제 小船   上   一   河   条   有

河上有一条小船。

36. 护照   桌子上   放到   请把

37. 需要   笔记本   买个   电脑   我

38. 写字   黑板上   在   你习惯   吗

39. 超市   自己   吧   你   去

40. 起飞   半个小时   还有   就   了   飞机

쓰기 제2부분

41-45번 한어/한어병음을 보고 제시된 문장에 알맞은 한자를 써 보세요.

예제 没（ 关^guān ）系，别难过，高兴点儿。

41. 今天没有（ ^tài ）阳，天气很冷。

42. 地铁站（ ^xī ）边有一个咖啡店。

43. 请你把（ ^bāo ）给我。

44. 老师今天教我们（ ^huà ）小猫。

45. 这个（ ^xíng ）李箱是谁的？

쓰기 제3부분

46-50번 괄호 안의 한자 중에 알맞은 한자를 골라 밑줄 친 부분에 써 보세요.

예제 我不知道 那 个地方在 哪 儿。（那，哪）

46. 你_____经不是小孩子了，要照顾好自_____。（已，己）

47. 飞机就要_____飞了，我们没有时间去_____市了。（起，超）

48. 以前我们是_____学，现在他是我的_____机。（司，同）

49. 真生_____，我刚到车站，公共_____车就离开了。（气，汽）

50. 我发_____你最近越来越爱看电_____了。（现，视）

복습

1-2번 본서의 본문 내용에 맞게 제시된 보기 중 알맞은 것을 골라 밑줄 친 부분에 써 보세요.

生气	太阳	就		西
钱包	护照	发现	起飞	司机

1. 小丽觉得今天_____从_____边出来了，因为小刚12点以前_____要睡觉了。小刚说，他的经理_____了，明天小刚8点不到，以后就别去上班了。

2. 小刚去机场迟到了，因为他去机场的路上才发现忘带_____了。到了机场，他跟周经理借钱，因为_____把他送到机场的时候，他又_____自己忘记带_____了。飞机就要_____了，周经理让小刚把重要的东西放在他那儿。

13 我是走回来的。
Wǒ shì zǒu huílai de.
저는 걸어 돌아왔어요.

듣기 | 제1부분

W-13

1-5번 녹음의 대화를 듣고 일치하는 사진을 골라 네모 칸 안에 알파벳을 써 보세요.

A  B

C  D

E 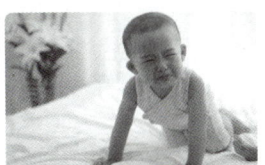 F

예제

男：喂，请问张经理在吗？
女：他正在开会，您半个小时以后再打，好吗？   D

1.

2.

3.

4.

5.

듣기 제2부분

6-10번 녹음을 듣고 내용과 일치하면 ✓, 일치하지 않으면 ✗를 표시해 보세요.

> **예제**
>
> 为了让自己更健康，他每天都花一个小时去锻炼身体。
>
> ★ 他希望自己很健康。　　　　　　　　　　　（ ✓ ）
>
> 今天我想早点儿回家。看了看手表，才5点。过了一会儿再看表，还是5点，我这才发现我的手表不走了。
>
> ★ 那块儿手表不是他的。　　　　　　　　　　（ ✗ ）

6. ★ 那位老人遇到了问题。　　　　　　　　　　（ 　 ）

7. ★ 他一直一边吃早饭一边看报纸。　　　　　　（ 　 ）

8. ★ 他是开车来公司的。　　　　　　　　　　　（ 　 ）

9. ★ 爸爸很喜欢做饭。　　　　　　　　　　　　（ 　 ）

10. ★ 以前方校长喜欢爬山。　　　　　　　　　　（ 　 ）

듣기 제3부분

11–15번 녹음의 짧은 대화를 듣고 제시된 보기 중 알맞은 답을 골라 보세요.

예제

男：小王，帮我开一下门，好吗？谢谢！

女：没问题。您去超市了？买了这么多东西。

问：男的想让小王做什么？

A 开门 ✓   B 拿东西   C 去超市买东西

11. A 她去爬山了   B 她喝了很多水   C 她是走上楼来的

12. A 走回家去   B 聊天儿   C 去超市

13. A 已经不年轻了   B 很想爸妈   C 要去国外

14. A 饭馆门口   B 饭馆里边   C 离饭馆不远的地方

15. A 坐火车   B 坐飞机   C 开车

듣기 제4부분

16-20번 녹음의 긴 대화를 듣고 제시된 보기 중 알맞은 답을 골라 보세요.

> **예제**
> 女：晚饭做好了，准备吃饭了。
> 男：等一会儿，比赛还有三分钟就结束了。
> 女：快点儿吧，一起吃，菜冷了就不好吃了。
> 男：你先吃，我马上就看完了。
>
> 问：男的在做什么？
>
> A 洗澡　　　　　　B 吃饭　　　　　　C 看电视 ✓

16. A 叫"方朋"　　　B 在商店买衣服　　C 在洗衣店换衣服

17. A 回公司　　　　B 给老周带东西　　C 开车

18. A 司机　　　　　B 服务员　　　　　C 过去的同事

19. A 今天是他生日　B 没开车来　　　　C 想喝点儿酒

20. A 太阳咖啡店　　B 西西蛋糕店　　　C 西西咖啡店

독해 제1부분

21-25번 제시된 보기와 서로 어울리는 대화문을 찾아 빈칸에 알파벳을 써 보세요.

A 你下班有时间吗？能跟我聊聊吗？

B 这是谁的照片？让我也看看吧。

C 是她，刚进来就出去了，很着急。

D 咖啡和牛奶都买回来了吗？

E 当然。我们先坐公共汽车，然后换地铁。

F 都快到家了，车坏了，所以我走回来了。

| 예제 | 你知道怎么去那儿吗？ | (E) |

21. 刚才走出去的那个人是谁？是笑笑吗？　　　　　(　C　)

22. 你怎么走回来了？你的车呢？　　　　　　　　　(　F　)

23. 牛奶都卖完了，我只买回来一些咖啡。　　　　　(　D　)

24. 是小李女儿的照片，你坐过来一点儿，我们一起看。(　B　)

25. 好啊，去公司楼下的咖啡店吧，边喝边聊。　　　(　A　)

독해 제2부분

26-30번 제시된 보기 중 괄호 안에 들어갈 알맞은 답을 골라 빈칸에 써 보세요.

A 爷爷　　B 礼物　　C 过去　　D 一般　　E 声音　　F 经常

예제　她说话的（ E ）多好听啊！

26. 爸爸妈妈在饭馆等我们呢，我们快（　　）吧。

27. 这是我为你买的生日（　　），你打开看看，喜欢不喜欢？

28. 我（　　）今年快九十岁了，身体特别好，他走路比我都快。

29. A: 这几天我眼睛看东西不太清楚。
　　B: 你应该（　　）出去走走，看看*远方的绿树，别总坐在电脑前。

30. A: 只有你一个人吃晚饭吗？你丈夫呢？
　　B: 我丈夫（　　）八点半才回来，所以不在家吃。

远方 yuǎnfāng 명 먼 곳

독해 제3부분

31-35번 문장을 읽고 제시된 보기 중 질문에 알맞은 답을 골라 ✓를 표시해 보세요.

예제　您是来参加今天会议的吗？您来早了一点儿，现在才八点半。您先进来坐吧。
　　★ 会议最可能几点开始？
　　A 8点　　　　　　　B 8点半　　　　　　　C 9点 ✓

31. 我最大的兴趣是看书。没事的时候，经常找一个安静的地方，*静静地坐下来边喝茶边读书。看累了的时候，站起来看看远方的绿树，或者运动一下。这就是我最大的快乐。

★ 我喜欢：

A 坐下来看远方　　B 站起来看书　　C 坐下来读书

32. 你们看，这就是我家的小狗，花花。它经常跑出去帮我拿今天的报纸，还能帮我照顾女儿，跟她玩儿。最有意思的是它可以站起来走路，还能边走边叫。花花这么聪明，大家都喜欢它。

★ 花花：

A 能站着走路　　B 不会站着　　C 总是跑出去玩儿

33. 昨天我一天都没带手机，回到家看见有8个电话，都是姐姐打过来的。我突然想到：姐姐今天要飞回美国去，她一定是想在上飞机前跟我说会儿话。等我给她打回去的时候，姐姐已经*关机了。

★ 我：

A 忘了带手机　　B 不想接姐姐的电话　　C 给姐姐打了8个电话

34. 中国人常说"一心不可二用"，意思是做这件事的时候不要*同时做那件事。我女儿一点儿也不这么想，她经常一心多用，回到家总是边听音乐边吃苹果边看书。这样学习，能知道书上说的是什么吗？

★ 女儿经常：

A 同时做很多事　　B 学习　　C 只做一件事

35. 我丈夫这次出国给每个家人都带回来一件礼物。我爸爸是一瓶好酒，我妈妈是一件漂亮的衣服，给我的礼物是画。因为我最喜欢画画儿，所以我觉得这是他带回来的最特别的礼物。

★ 丈夫给我带回来：

A 三件礼物　　B 一件衣服　　C 一件特别的礼物

쓰기 제1부분

36-40번 제시된 단어를 순서대로 배열하여 문장을 완성해 보세요.

예제 小船　上　一　河　条　有

河上有一条小船。

36. 一边　聊天儿　走路　我们　一边

37. 出去　跑　谁　刚才　了

38. 别　开车　一边　打电话　请　一边

39. 就要　过　开　火车　来　了

40. 同学们　走　教室　去　出　都　了

쓰기 제2부분

41-45번 한어병음을 보고 제시된 문장에 알맞은 한자를 써 보세요.

예제: 没（ 关 guān ）系，别难过，高兴点儿。

41. 送给你一个小（　　 lǐ 　　）物，希望你能喜欢。

42. 你知道我在回来的路上（　　 yù 　　）到谁了吗？

43. 在家吃吧，我忙了一天刚回来，不（　　 yuàn 　　）意再出去了。

44. 你应（　　 gāi 　　）该多走出去运动，少在家看电视。

45. 我们在一个公司上班，（　　 jīng 　　）常见面，我对她很了解。

쓰기 제3부분

46-50번 괄호 안의 한자 중에 알맞은 한자를 골라 밑줄 친 부분에 써 보세요.

예제: 我不知道 那 个地方在 哪 儿。（那，哪）

46. 我忘了给妻子买礼_____，只好在机_____买一个。（场，物）

47. 你站_____来出去走走，去_____市买点儿东西回来。（超，起）

48. 年_____人工作到下午三四点的时候_____常有点儿饿。（轻，经）

49. 医生，我应_____什么时候给_____子吃药？（孩，该）

50. 这是我们公司的新车，对_____境很好，也不容易_____。（坏，环）

1-2번 본서의 본문 내용에 맞게 제시된 보기 중 알맞은 것을 골라 밑줄 친 부분에 써 보세요.

| 礼物 | 送过去 | 终于 | 拿出来 | 爷爷 |
| 应该 | 站起来 | 一般 | 一边 | 愿意 | 一边 |

1. 小刚_____回来了，还买回来很多东西。他给_____买了一瓶红酒，明天他和小丽一起_____。小丽问小刚给她买什么了，小丽让小刚快点_____，小刚说他自己就是最好的_____。

2. 小丽_____很少去电影院看电影，她更_____在家看电视，因为可以_____吃_____看，坐久了还可以_____休息一会儿。同事觉得小丽_____多出去走走，这样生活更有意思。

14 你把水果拿过来。
Nǐ bǎ shuǐguǒ ná guòlai.
네가 과일을 가지고 와.

듣기 제1부분

W-14

1-5번 녹음의 대화를 듣고 일치하는 사진을 골라 네모 칸 안에 알파벳을 써 보세요.

A

B

C

D

E

F

예제

男: 喂，请问张经理在吗?

女: 他正在开会，您半个小时以后再打，好吗?   D

1.

2.

3.

4.

5.

듣기 제2부분

6-10번 녹음을 듣고 내용과 일치하면 ✓, 일치하지 않으면 ✗를 표시해 보세요.

> **예제**
>
> 为了让自己更健康，他每天都花一个小时去锻炼身体。
>
> ★ 他希望自己很健康。 (✓)
>
> 今天我想早点儿回家。看了看手表，才5点。过了一会儿再看表，还是5点，我这才发现我的手表不走了。
>
> ★ 那块儿手表不是他的。 (✗)

6. ★ 他今天坐地铁去上课。 ( )

7. ★ 常阿姨的声音很大。 ( )

8. ★ 方叔叔喜欢做饭。 ( )

9. ★ 小周回家以前要打扫办公室。 ( )

10. ★ 去方叔叔家时，我要带很多东西去。 ( )

듣기 제3부분

11-15번 녹음의 짧은 대화를 듣고 제시된 보기 중 알맞은 답을 골라 보세요.

예제

男：小王，帮我开一下门，好吗？谢谢！

女：没问题。您去超市了？买了这么多东西。

问：男的想让小王做什么？

A 开门 ✓　　　　B 拿东西　　　　C 去超市买东西

11. A 不新鲜　　　　B 太贵了　　　　C 很新鲜

12. A 画了很长时间　　B 画得很像　　　C 画得不好看

13. A 以前像妈妈　　　B 以前像爸爸　　C 现在像妈妈

14. A 词典在哪儿　　　B 这个字怎么写　C 这个字怎么读

15. A 洗盘子　　　　　B 看节目　　　　C 把声音开大

듣기 제4부분

16-20번 녹음의 긴 대화를 듣고 제시된 보기 중 알맞은 답을 골라 보세요.

> **예제**
>
> 女：晚饭做好了，准备吃饭了。
> 男：等一会儿，比赛还有三分钟就结束了。
> 女：快点儿吧，一起吃，菜冷了就不好吃了。
> 男：你先吃，我马上就看完了。
>
> 问：男的在做什么？
>
> A 洗澡　　　　　　B 吃饭　　　　　　C 看电视 ✓

16. A 洗盘子　　　　B 买水果　　　　C 下楼

17. A 开车　　　　　B 买伞　　　　　C 跑步

18. A 把电视声音关小　B 把房间打扫干净　C 过来看电视节目

19. A 看房子　　　　B 买桌椅　　　　C 找饭馆

20. A 爸爸回来了　　B 她要唱歌　　　C 她想安静一会儿

독해 제1부분

21-25번 제시된 보기와 서로 어울리는 대화문을 찾아 빈칸에 알파벳을 써 보세요.

A 好的，周经理，我已经把名单准备好了。

B 老师，这个故事要写多少个字？

C 你送完孩子就来办公室吗？

D 先放牛奶，1分钟以后再放鸡蛋。

E 当然。我们先坐公共汽车，然后换地铁。

F 爸爸，下午你来接我吧。

| 예제 | 你知道怎么去那儿吗？ | (E) |

21. 我先送孩子，再把衣服送到洗衣店，然后去上班。　　(　)

22. 这个菜怎么做？先放鸡蛋再放牛奶吗？　　(　)

23. 好，我先去公司接你妈妈，然后到学校接你。　　(　)

24. 请同学们用黑板上的这10个词写一个小故事。　　(　)

25. 小刚，明天都有谁参加会议？你把*名单拿过来。　　(　)

名单 míngdān 명 명단

독해 제2부분

26-30번 제시된 보기 중 괄호 안에 들어갈 알맞은 답을 골라 빈칸에 써 보세요.

A 打扫　　B 然后　　C 节目　　D 简单　　E 声音　　F 洗澡

예제　她说话的（ E ）多好听啊！

26. 游泳以前应该先吃点儿饭，（　　）休息半个小时。

27. 小丽，会议室（　　）干净了吗？别忘了把椅子放回去。

28. 天气这么热，回家以后你先（　　）吧。

29. A：小丽，我的包找不到了，你过来帮我找找。
　　B：我看完了这个（　　）就过去帮你。

30. A：你做的这个菜真好吃，你是怎么做的？
　　B：很（　　），先把羊肉放进去，再放些牛奶和菜，等半个小时就做好了。

독해 제3부분

31-35번 문장을 읽고 제시된 보기 중 질문에 알맞은 답을 골라 ✓를 표시해 보세요.

예제　您是来参加今天会议的吗？您来早了一点儿，现在才八点半。您先进来坐吧。
　　★ 会议最可能几点开始？
　　A 8点　　　　　　B 8点半　　　　　　C 9点 ✓

31. 小时候，每年12月25号那天早上，我都能看到床上放着一件礼物。妈妈告诉我，那是前一天晚上一个穿红衣服的老爷爷把礼物送来的。现在我懂了：其实妈妈就是那个老人，是她在我睡着的时候把礼物放在床上的。

    ★ 我现在明白，礼物：

    A 是妈妈送来的　　　B 是老爷爷送来的　　　C 是我爷爷送来的

32. 有很多人问什么时候吃水果比较健康，在今天的《健康123》节目里，我来告诉大家怎么吃水果对身体最好。其实，上午吃水果最健康，晚饭后和睡觉前最好不要吃。吃水果的时间应该在饭前1到2小时。当然，一定要把水果洗干净再吃。

    ★ 什么时候吃水果最好？

    A 午饭前1-2小时　　　B 晚饭后1-2小时　　　C 睡觉前1-2小时

33. 你一定喝过茶，也吃过水果。但你喝过水果茶吗？自己做过水果茶吗？自己做的比外边买的健康得多。其实做水果茶很简单，先把茶放进杯子，再放一些热水，然后把小块儿水果放进去，等一会儿就能喝了。

    ★ 做水果茶：

    A 不容易　　　B 比外边买的健康　　　C 要用大块水果

34. 今天真把我累坏了。我们说好了今天搬家，没想到丈夫突然有事出国。新家在四楼，我只好打电话给搬家公司，请他们把桌椅、电视、电脑都搬上去。等他们走了，我又一个人把每个房间都打扫干净。看了看表，已经晚上9点了。

    ★ 今天搬家，我：

    A 请搬家公司帮忙　　　B 没打扫房间　　　C 给丈夫打电话帮忙

35. 方阿姨的丈夫每天回家都做一样的事：先吃饭，再洗澡，然后从冰箱里拿出一瓶酒，坐在电视前，边看节目边喝。他说，这样的生活是最舒服的。但是方阿姨说，这样的生活是最累的，因为她要把饭做好，还要把杯子、盘子和衣服都洗干净。

    ★ 方阿姨每天：

    A 都要喝点儿酒　　　B 到了家就吃饭　　　C 做饭、洗盘子和杯子

쓰기 제1부분

36-40번 제시된 단어를 순서대로 배열하여 문장을 완성해 보세요.

예제 小船　上　一　河　条　有

河上有一条小船。

36. 把　大家　请　书　出来　拿

37. 写　名字　然后　应该　先　做题

38. 干净　把　房间　快　打扫

39. 再　教　*读音　先　汉字　教　老师

40. 可以　你　小　关　一点儿　电视声音　把　吗

读音 dúyīn 명 독음

쓰기 제2부분

41-45번 한어병음을 보고 제시된 문장에 알맞은 한자를 써 보세요.

예제 没（ 关^{guān} ）系，别难过，高兴点儿。

41. 你把房间打扫得真干（ 净^{jìng} ）！

42. 水果就在（ 冰^{bīng} ）箱里，你把它们都拿出来吧。

43. 你先去洗个（ 澡^{zǎo} ），然后出来吃饭。

44. 外边在刮大（ 风^{fēng} ），我们别出去了，在家看电视吧。

45. 其实，做饭很（ 简^{jiǎn} ）单，主要是要有兴趣。

쓰기 제3부분

46-50번 괄호 안의 한자 중에 알맞은 한자를 골라 밑줄 친 부분에 써 보세요.

예제 我不知道_那_个地方在_哪_儿。（那, 哪）

46. 忙了一天，终_____把房间都打扫_____净了！（干, 于）

47. 你们听，白_____姨唱歌的声音多好听_____！（啊, 阿）

48. 姐姐，你_____完作业以后给我讲一个_____事吧。（做, 故）

49. 夏天游完_____以后，再喝一杯_____水，特别舒服。（冰, 泳）

50. 妈妈你看，月_____在那么_____的地方，我们能上去看看吗？。（亮, 高）

복습

1-2번 본서의 본문 내용에 맞게 제시된 보기 중 알맞은 것을 골라 밑줄 친 부분에 써 보세요.

冰箱	打开	放好	打扫干净	拿出来
故事	声音	刮风	先	然后

1. 客人就要来了，周明让孩子们把房间_____。周太太让他把茶和杯子_____，然后把_____里的西瓜_____。周明觉得太热了，他要先把空调_____。

2. 今晚的月亮很漂亮，外边也不_____，小明和同学打算一边吃东西一边听叔叔阿姨讲_____。他们_____把桌椅搬出去，_____把水果拿过来。小明的同学听见外边有_____，一定是大山来了。

15 其他都没什么问题。
Qítā dōu méi shénme wèntí.
다른 것은 모두 문제 없어요.

듣기 제1부분

◎ W-15

1-5번 녹음의 대화를 듣고 일치하는 사진을 골라 네모 칸 안에 알파벳을 써 보세요.

A

B

C

D

E

F

예제

男: 喂，请问张经理在吗?

女: 他正在开会，您半个小时以后再打，好吗?   D

1.

2.

3.

4.

5.

듣기 제2부분

6-10번 녹음을 듣고 내용과 일치하면 ✓, 일치하지 않으면 ✗를 표시해 보세요.

> **예제**
>
> 为了让自己更健康，他每天都花一个小时去锻炼身体。
>
> ★ 他希望自己很健康。　　　　　　　　　　　　　(✓)
>
> 今天我想早点儿回家。看了看手表，才5点。过了一会儿再看表，还是5点，我这才发现我的手表不走了。
>
> ★ 那块儿手表不是他的。　　　　　　　　　　　　(✗)

6.　★ 叔叔希望我花钱买本书。　　　　　　　　　　(　)

7.　★ 弟弟每天晚上都上网看新闻。　　　　　　　　(　)

8.　★ 女儿边留学边在饭馆工作。　　　　　　　　　(　)

9.　★ 老方每天都看报纸。　　　　　　　　　　　　(　)

10.　★ 他们以后能经常见面。　　　　　　　　　　　(　)

듣기 제3부분

11-15번 녹음의 짧은 대화를 듣고 제시된 보기 중 알맞은 답을 골라 보세요.

예제

男：小王，帮我开一下门，好吗？谢谢！
女：没问题。您去超市了？买了这么多东西。

问：男的想让小王做什么？

A 开门 ✓　　　　B 拿东西　　　　C 去超市买东西

11. A 环境不好　　　B 商店很远　　　C 夏天很热

12. A 裤子　　　　　B 裙子　　　　　C 衬衫

13. A 有电梯的　　　B 没电梯的　　　C 安静的

14. A 不认真　　　　B 特别漂亮　　　C 特别慢

15. A 男的　　　　　B 自己　　　　　C 穿得漂亮的人

⑮ 其他都没什么问题。

듣기 제4부분

16-20번 녹음의 긴 대화를 듣고 제시된 보기 중 알맞은 답을 골라 보세요.

> **예제**
> 女：晚饭做好了，准备吃饭了。
> 男：等一会儿，比赛还有三分钟就结束了。
> 女：快点儿吧，一起吃，菜冷了就不好吃了。
> 男：你先吃，我马上就看完了。
>
> 问：男的在做什么？
>
> A 洗澡　　　　B 吃饭　　　　C 看电视 ✓

16. A 喜欢夏天　　B 不喜欢热　　C 四个季节都喜欢

17. A 环境不错　　B 不太安静　　C 不太干净

18. A 颜色不好　　B 不便宜　　　C 太大了

19. A 不能打电话　B 没有声音　　C 不能上网

20. A 喝水　　　　B 上网　　　　C 打电话

독해 제1부분

21-25번 제시된 보기와 서로 어울리는 대화문을 찾아 빈칸에 알파벳을 써 보세요.

A 参加会议的人都到了吗？

B 没什么有意思的，我们上网看个电影吧。

C 请问，这两个手机有什么不一样吗？

D 除了半个西瓜以外，没有其他水果了。

E 当然。我们先坐公共汽车，然后换地铁。

F 我想提高汉语水平，应该做些什么呢？

예제   你知道怎么去那儿吗？   (E)

21. 你要多听、多说，还要多跟中国朋友练习。 （　）

22. 冰箱里还有什么水果吗？ （　）

23. 这个黑色的手机字比较大，红色的小一些。 （　）

24. 除了常笑以外，大家都到了。 （　）

25. 电视上有什么好看的节目吗？ （　）

독해 제2부분

26-30번 제시된 보기 중 괄호 안에 들어갈 알맞은 답을 골라 빈칸에 써 보세요.

| A 上网 | B 练习 | C 完成 | D 节日 | E 声音 | F 世界 |

예제 她说话的（ E ）多好听啊！

26. 这个（　）上课的时候我们已经做过了，不用再做了。

27. 孩子们最喜欢这个（　），因为不用去上课，还能吃到好吃的。

28. （　）可以发电子邮件，可以看节目，还可以买东西，真方便。

29. A: 六点半了，你还不回家？
    B: 今天的工作还没（　），我晚一点儿再回去。

30. A: 这是一张（　）地图，请大家找找中国在哪儿。
    B: 老师，我找到了。

독해 제3부분

31-35번 문장을 읽고 제시된 보기 중 질문에 알맞은 답을 골라 ✓를 표시해 보세요.

예제 您是来参加今天会议的吗？您来早了一点儿，现在才八点半。您先进来坐吧。

★ 会议最可能几点开始？

A 8点　　　　　　　　B 8点半　　　　　　　　C 9点 ✓

31. 以前的手机只能打电话，现在除了打电话以外，还能上网。世界上有什么新闻，马上就能知道。在没有电脑的地方，想给朋友发电子邮件，也能用手机，方便极了！

★ 以前的手机可以做什么?

A 发电子邮件　　　　B 上网　　　　　　C 打电话

32. 我在中国留学了三年，除了提高了汉语水平以外，还了解了中国和世界文化。我们班除了老师，其他人都不是中国人，大家*来自世界*各地。上课和课间休息的时候，大家都用汉语聊天儿，介绍自己的文化，有意思极了。

★ 在中国留学：

A 老师不是中国人　　B 可以了解各地文化　　C 不能提高汉语水平

33. 从下个月1号开始，这个地方要举行世界电影文化周，在文化周上，除了可以看到世界各地最新的电影，还有人为大家介绍各地的电影文化。一周七天，天天不同。对电影和电影文化感兴趣的朋友们，一定要去看看。

★ 关于世界电影文化周，可以知道什么?

A 从1号到10号　　B 有最新的电影　　C 没有电影介绍

34. 春节是中国最重要的节日，这一节日在中国有很长的历史了。春节那天，大家都要在家里和家人一起做饭吃。近年来，除了在家吃饭以外，有些人也去饭馆吃饭，他们说这样更方便，还可以吃到在家不容易做的菜。

★ 关于春节，可以知道什么?

A 一定要在家吃饭　　B 是世界上最重要的节日　　C 历史很长

35. 过去这儿有很多矮小的旧房子，但是这几年都不见了。现在，我们眼前除了高楼以外，还有干净的街道和漂亮的花园，这个地方的变化真是大极了。

★ 这个地方现在：

A 有不少老房子　　B 街道很干净　　C 没有什么变化

来自 láizì 동 ~로부터 오다
各地 gèdì 명 각지

쓰기 제1부분

36-40번 제시된 단어를 순서대로 배열하여 문장을 완성해 보세요.

예제 小船   上   一   河   条   有

河上有一条小船。

36. 笑笑   以外   除了   别人   都   来了

37. 这个地方   极了   街道   干净   的

38. 历史   文化   除了   还   我   以外   喜欢

39. 什么   有   好看   电影院   电影   吗   的

40. 游泳   除了   我   爬山   愿意   也

쓰기 제2부분

41-45번 한어병음을 보고 제시된 문장에 알맞은 한자를 써 보세요.

예제 没（ 关 guān ）系，别难过，高兴点儿。

41. 马可，你的汉语水平（ tí ）高了不少，老师真为你高兴！

42. 方朋，这个（ jù ）子是什么意思？我没看明白。

43. 周经理，以后有什么问题，我可以给您（ fā ）邮件吗？

44. 快把电视打开，新（ wén ）开始了。

45. 你看，（ jiē ）道两边都是树，一点儿也不觉得热。

쓰기 제3부분

46-50번 괄호 안의 한자 중에 알맞은 한자를 골라 밑줄 친 부분에 써 보세요.

예제 我不知道 那 个地方在 哪 儿。（那，哪）

46. 你每天除了＿＿＿＿习汉语以外，也要锻＿＿＿＿身体。（炼，练）

47. 大家都过来，我说一下这次篮＿＿＿＿比赛的要＿＿＿＿！（求，球）

48. 外边开始刮＿＿＿＿了，别出去踢球了，在家上＿＿＿＿吧。（网，风）

49. 在这个重要的节＿＿＿＿里，有很多歌舞节＿＿＿＿。（目，日）

50. 弟弟除了喜欢中国文化以外，＿＿＿＿对＿＿＿＿界文化很感兴趣。（也，世）

복습

1-2번 본서의 본문 내용에 맞게 제시된 보기 중 알맞은 것을 골라 밑줄 친 부분에 써 보세요.

| 除了 | 留学 | 其他 | 外 | 水平 |
| 还 | 花钱 | 上网 | 极了 | 新闻 |

1. 大山来中国_____两年了，他觉得自己的汉语_____提高得一点儿也不快。昨天的作业，老师觉得他写得不错，_____一个句子意思有些不清楚_____，_____都没什么问题。

2. 现在用电脑_____真方便。除了看_____，人们_____可以听歌、看电影、买东西。小刚在网上买了一件衣服，有点儿小，给他弟弟了。不用_____，还有新衣服穿，弟弟满意_____。

16 我现在累得下了班就想睡觉。
Wǒ xiànzài lèi de xiàle bān jiù xiǎng shuì jiào.
요즘 피곤해서 퇴근하면 바로 자고 싶어요.

W-16

듣기 제1부분

1-5번 녹음의 대화를 듣고 일치하는 사진을 골라 네모 칸 안에 알파벳을 써 보세요.

A

B
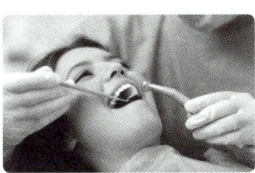

C

D

E

F

예제

男: 喂，请问张经理在吗?
女: 他正在开会，您半个小时以后再打，好吗?   D

1. ☐
2. ☐
3. ☐
4. ☐
5. ☐

듣기 제2부분

6-10번 녹음을 듣고 내용과 일치하면 ✓, 일치하지 않으면 ✗를 표시해 보세요.

> **예제**
>
> 为了让自己更健康，他每天都花一个小时去锻炼身体。
>
> ★ 他希望自己很健康。　　　　　　　　　　　　(✓)
>
> 今天我想早点儿回家。看了看手表，才5点。过了一会儿再看表，还是5点，我这才发现我的手表不走了。
>
> ★ 那块儿手表不是他的。　　　　　　　　　　　(✗)

6.　★ 他不知道常月现在变胖了还是变瘦了。　　　(　　)

7.　★ 小丽没听明白自己的工作是什么。　　　　　(　　)

8.　★ 女儿喜欢新衣服和新鞋。　　　　　　　　　(　　)

9.　★ 儿子没让我买东西给他。　　　　　　　　　(　　)

10. ★ 每个星期五老师都送给每个学生一件礼物。　(　　)

듣기 제3부분

11-15번 녹음의 짧은 대화를 듣고 제시된 보기 중 알맞은 답을 골라 보세요.

예제

男：小王，帮我开一下门，好吗？谢谢！
女：没问题。您去超市了？买了这么多东西。

问：男的想让小王做什么？

A 开门 ✓   B 拿东西   C 去超市买东西

11. A 眼睛红   B 打算去医院   C 买了一个红眼镜

12. A 明天天气好   B 太阳能从西边出来   C 认为男的不可能去跑步

13. A 女儿   B 妈妈   C 奶奶

14. A 中午吃过药了   B 现在要去医院   C 现在能吃甜的

15. A 老高   B 高山   C 高静

듣기 제4부분

16-20번 녹음의 긴 대화를 듣고 제시된 보기 중 알맞은 답을 골라 보세요.

> **예제**
> 女：晚饭做好了，准备吃饭了。
> 男：等一会儿，比赛还有三分钟就结束了。
> 女：快点儿吧，一起吃，菜冷了就不好吃了。
> 男：你先吃，我马上就看完了。
>
> 问：男的在做什么？
>
> A 洗澡　　　　B 吃饭　　　　C 看电视 ✓

16. A 一直工作　　　B 坐错车了　　　C 坐过站了

17. A 不认识男的　　B 变瘦了　　　　C 没想到男的这么瘦

18. A 不太胖　　　　B 大眼睛　　　　C 小鼻子

19. A 热牛奶　　　　B 冰可乐　　　　C 热水

20. A 有地铁　　　　B 人很好　　　　C 不太安静

독해 제1부분

21-25번 제시된 보기와 서로 어울리는 대화문을 찾아 빈칸에 알파벳을 써 보세요.

A 你的鼻子红红的？怎么了？

B 我的牙有点儿疼，您帮我看看吧。

C 不到200米了，我们要不要先休息一下？

D 我们给小方的孩子买皮鞋还是买帽子？

E 当然。我们先坐公共汽车，然后换地铁。

F 他是我们学校的校长，姓周。

예제   你知道怎么去那儿吗？   (E)

21. 还有多远？我累得一步也不想走了。 (　)

22. 她儿子只有两个月大，不用穿皮鞋，买个小帽子吧。 (　)

23. 好，你坐这边吧，我给你检查一下。 (　)

24. 前边那个高高的、瘦瘦的老人是谁？ (　)

25. 没事，可能是外边太冷了，还刮大风。 (　)

독해 제2부분

26-30번 제시된 보기 중 괄호 안에 들어갈 알맞은 답을 골라 빈칸에 써 보세요.

A 城市   B 头发   C 鼻子   D 认为   E 声音   F 关系

예제 她说话的（ E ）多好听啊！

26. 我感冒了，（　）不舒服。

27. 我（　）现在上网看新闻比以前方便多了。

28. 今天洗澡的时候我发现我的（　）长了不少。

29. A：我看你和新来的小丽每天下班都一起走。
    B：是，我们以前就是同学，（　）一直很好。

30. A：最近工作太累了，我真想好好儿休息一下。
    B：那你去别的（　）玩儿玩儿吧。

독해 제3부분

31-35번 문장을 읽고 제시된 보기 중 질문에 알맞은 답을 골라 ✓를 표시해 보세요.

예제 您是来参加今天会议的吗？您来早了一点儿，现在才八点半。您先进来坐吧。
★ 会议最可能几点开始？
A 8点   B 8点半   C 9点 ✓

31. 您有体检的习惯吗？很多人都认为体检没那么重要，觉得自己身体很健康。其实，我们应该每年做一次体检，这样可以让自己放心，也让家人放心。如果有什么病，也可以早点儿知道早点儿看。

★ 关于体检，可以知道什么？

A 不太重要　　　　B 应该每年一次　　　　C 没病的人不用体检

32. 我是新兴饭店的经理，我和我的服务员很高兴为您服务。如果您对我们的服务很满意，就请您告诉您的朋友；如果您对我们的服务不满意，就请您告诉我们。新兴饭店祝您生活、工作事事开心。

★ 如果认为这家饭店的饭菜不错，我们可以：

A 告诉大家　　　　B 告诉饭店　　　　C 来这儿工作

33. 我爸妈都是北方人，但是我从小跟爷爷奶奶在南方长大，一直没见过雪。去年搬回北京后，虽然这儿的冬天很冷，我还不太习惯，但是我终于第一次见到了雪，雪花白白的，特别漂亮，我高兴得在雪地里玩儿了一天，如果每天都能看到雪，那就太好了。

★ 我：

A 没见过雪　　　　B 每天都能看到雪　　　　C 喜欢雪

34. 我们每天都刷牙，但你知道怎么刷牙吗？你的牙健康吗？*牙医告诉我们，刷牙应该每天刷三次，每次最少要刷三分钟，这样才能把牙刷干净。还有，每年应该最少检查一次牙，如果牙不舒服，就要马上去医院。

★ 根据这段话，可以知道什么？

A 刷牙的时间越长越好　　　　B 每天刷两次牙就可以　　　　C 每年都要去医院检查牙

35. 去年，我丈夫自己开了个公司，每天忙得都没有时间吃饭，好几次都累得一句话也不想说，到了家就睡觉，我真担心他累坏了。今天晚上丈夫回来后，我打算告诉他：下个月不工作，一起出去旅游，到一个安静的城市去好好儿休息一下。

★ 我丈夫：

A 工作特别忙　　　　B 不喜欢说话　　　　C 下个月搬家

牙医 yáyī 명 치과 의사

쓰기 제1부분

36–40번 제시된 단어를 순서대로 배열하여 문장을 완성해 보세요.

예제 小船　上　一　河　条　有

河上有一条小船。

36. 跳　起来　高兴　弟弟　得　了

_____

37. 大　大　小狗　的　的　眼睛

_____

38. 玩儿　天气　就　我们　明天　公园　去　好

_____

39. 走路　不能　疼　腿　得　我的

_____

40. 甜　的　甜　水果店　的　西瓜

_____

쓰기 제2부분

41-45번 한어병음을 보고 제시된 문장에 알맞은 한자를 써 보세요.

예제: 没（ 关 guān ）系，别难过，高兴点儿。

41. 这个（ chéng ）市的街道非常干净，路边有很多树。

42. 妻子知道我明天参加面试，为我买了一双新（ pí ）鞋。

43. 弟弟的眼睛大大的，（ bí ）子高高的，可爱极了。

44. 爷爷已经80岁了，每年都要去做一次健康（ jiǎn ）查。

45. 你吃了那么多甜东西，快去把（ yá ）刷干净。

쓰기 제3부분

46-50번 괄호 안의 한자 중에 알맞은 한자를 골라 밑줄 친 부분에 써 보세요.

예제: 我不知道__那__个地方在__哪__儿。（那, 哪）

46. 小丽每天早上都要先去公园跑两千_____，再_____公司上班。（米, 来）

47. 周秘书，_____果白小_____回来了，请你告诉我。（姐, 如）

48. 这儿附_____有个超市，我们进去买几_____水果吧。（斤, 近）

49. 医生检_____完我的牙后，让我少吃些_____蕉、蛋糕这样甜的东西。（查, 香）

50. 天气变冷了，我怕你感_____，所以给你买了个_____子。（帽, 冒）

복습

1-2번 본서의 본문 내용에 맞게 제시된 보기 중 알맞은 것을 골라 밑줄 친 부분에 써 보세요.

| 就 | 城市 | 没有时间 | 累得 | 如果 |
| 高兴得 | 白白的 | 皮鞋 | 公斤 | 头发 |

1. 小丽认为一个人不能总住在同一个_____，应该去其他地方看看。周经理年轻时也这么想，_____那时候有钱，他_____去旅游了。现在钱不是问题了，但是他忙得_____，_____下了班就想睡觉。

2. 小丽同事的女儿胖胖的，_____，很可爱，现在已经25_____，快1米了。她鼻子小小的，_____黑黑的，长得像爸爸。刚出生时同事的丈夫_____一个晚上都没睡着。小丽给她的女儿买了两件礼物：小_____和小帽子，都很漂亮。

17 谁都有办法看好你的"病"。
Shéi dōu yǒu bànfǎ kànhǎo nǐ de "bìng".

누구라도 당신의 '병'을 진단할 수 있는 방법이 있어요.

◉ W-17

듣기 제1부분

1-5번 녹음의 대화를 듣고 일치하는 사진을 골라 네모 칸 안에 알파벳을 써 보세요.

A    B

C    D

E    F

예제

男: 喂，请问张经理在吗?
女: 他正在开会，您半个小时以后再打，好吗?   D

1.

2.

3.

4.

5.

듣기 제2부분

6-10번 녹음을 듣고 내용과 일치하면 ✓, 일치하지 않으면 ✗를 표시해 보세요.

> **예제**
>
> 为了让自己更健康，他每天都花一个小时去锻炼身体。
>
> ★ 他希望自己很健康。　　　　　　　　　　　　(✓)
>
> 今天我想早点儿回家。看了看手表，才5点。过了一会儿再看表，还是5点，我这才发现我的手表不走了。
>
> ★ 那块儿手表不是他的。　　　　　　　　　　　(✗)

6. ★ 明天早上有一个重要的会议。　　　　　　　　(　　)

7. ★ 那家*药店晚上不能买药。　　　　　　　　　　(　　)

8. ★ 有问题时，我们应该自己想办法。　　　　　　(　　)

9. ★ 汉字比赛时写什么都可以。　　　　　　　　　(　　)

10. ★ 有三个同学要介绍自己。　　　　　　　　　　(　　)

药店 yàodiàn 명 약국

듣기 제3부분

11-15번 녹음의 짧은 대화를 듣고 제시된 보기 중 알맞은 답을 골라 보세요.

> **예제**
>
> 男：小王，帮我开一下门，好吗？谢谢！
> 女：没问题。您去超市了？买了这么多东西。
>
> 问：男的想让小王做什么？
>
> A 开门 ✓　　　B 拿东西　　　C 去超市买东西

11. A 两瓶牛奶　　　B 一条鱼　　　C 什么都没买

12. A 口渴　　　B 什么都不想喝　　　C 不想喝冰水

13. A 国外　　　B 很多城市　　　C 什么地方都没去

14. A 觉得考试不容易　　　B 写得很慢　　　C 题都检查过了

15. A 经理和秘书　　　B 医生和病人　　　C 丈夫和妻子

듣기 제4부분

16-20번 녹음의 긴 대화를 듣고 제시된 보기 중 알맞은 답을 골라 보세요.

> **예제**
> 女：晚饭做好了，准备吃饭了。
> 男：等一会儿，比赛还有三分钟就结束了。
> 女：快点儿吧，一起吃，菜冷了就不好吃了。
> 男：你先吃，我马上就看完了。
>
> 问：男的在做什么？
>
> A 洗澡　　　　　B 吃饭　　　　　C 看电视 ✓

16. A 经常不来上课　　B 什么都听得懂　　C 没请过假

17. A 天气很好　　　　B 喜欢新闻　　　　C 准备考试

18. A 想去饭馆吃　　　B 不想吃牛肉　　　C 什么都喜欢吃

19. A 喜欢那里的冬天　B 不喜欢那里的学习环境　C 不习惯那里的天气

20. A 坐着上课　　　　B 是老师　　　　　C 什么地方都想去

독해 제1부분

21-25번 제시된 보기와 서로 어울리는 대화문을 찾아 빈칸에 알파벳을 써 보세요.

A 你几点来都可以,明天上午我不忙。

B 这次是我叔叔病了,我要去医院照顾他。

C 月月,你有什么爱好?喜欢音乐还是画画儿?

D 今晚吃得太饱了,吃了很多米饭,饭后还吃了三块西瓜。

E 当然。我们先坐公共汽车,然后换地铁。

F 那儿一年四季都像春天一样,哪个季节去都很舒服。

예제 你知道怎么去那儿吗? (E)

21. 周经理,明天上午您什么时候方便? ( )

22. 我也没少吃,我们出去走走,运动运动吧。 ( )

23. 什么时候去那个城市旅游比较好? ( )

24. 听说你又去跟经理请假了? ( )

25. 我的爱好很多,对什么都很感兴趣。 ( )

독해 제2부분

26-30번 제시된 보기 중 괄호 안에 들어갈 알맞은 답을 골라 빈칸에 써 보세요.

> A 办法　　B 一共　　C 决定　　D 渴　　E 声音　　F 选择

예제　她说话的（ E ）多好听啊！

26. 我（　　）找个老师，下课以后帮我练习练习汉语。

27. 不是什么时间锻炼身体都好，必须（　　）"对"的时间。

28. 我买了两双皮鞋，三条裤子，（　　）是一千块。

29. A: 你怎么总是这么瘦，你有什么好（　　）吗？
    B: 我也不知道，其实我吃得不少。

30. A: 我太（　　）了，快把饮料给我。
    B: 运动以后不能马上喝水，你休息一会儿再喝吧。

독해 제3부분

31-35번 문장을 읽고 제시된 보기 중 질문에 알맞은 답을 골라 ✓를 표시해 보세요.

예제　您是来参加今天会议的吗？您来早了一点儿，现在才八点半。您先进来坐吧。
★ 会议最可能几点开始？
A 8点　　　　　　B 8点半　　　　　　C 9点 ✓

31. 我刚来这儿工作的时候，谁都不认识，哪儿都不了解。每天一个人上班，一个人回家，周末哪儿也不去。现在不一样了，我和公司的同事经常一起开车出去玩儿，下了班还一起去体育馆运动运动，每天都特别*开心。

★ 我以前：

A 认识很多人　　　　B 经常出去玩儿　　　　C 对这个地方不太了解

32. 考大学时，很多学生都不知道自己要上哪个大学。他们经常看别人选什么，自己就选什么。其实，要根据自己的兴趣和爱好选择大学和学什么，谁都不能帮你做决定，因为没有人比你更了解自己。

★ 选择大学：

A 要根据兴趣　　　　B 要看别人怎么做　　　　C 要请爸爸妈妈决定

33. 我三岁大的女儿走到哪儿都要带着一本叫《小狗笑笑》的故事书，看见谁都要讲讲书里的故事。虽然书上的字她还不能都看懂，但是经常看着画儿讲给我听。现在，我也很喜欢笑笑，它长得可爱极了，谁见了它都喜欢。

★ 我女儿：

A 喜爱《小狗笑笑》　　B 只给妈妈讲故事　　C 不认识字

34. 谁都知道健康很重要，怎么吃最健康呢？中国有句话叫"早吃好，午吃饱，晚吃少"。早饭后人们开始一天的学习和工作，所以一定要吃得好。一般来说，牛奶和鸡蛋是不错的选择。下午还要工作、学习，所以午饭不能少吃，要吃得饱一点儿。晚饭不是吃多少都可以，也不是几点吃都可以。因为饭后不久就要睡觉了，所以要早点儿吃，也不能多吃。

★ 根据这段话，可以知道：

A 早饭要早点儿吃　　B 吃了晚饭就应该睡觉　　C 中午一定要吃饱

35. 我爷爷是个热心人，谁的忙他都愿意帮。谁的车坏了，哪家的孩子病了，谁的狗找不到了，爷爷都过去帮忙。他常说：大家都是邻居，帮忙是应该的。如果遇到问题，没有人愿意帮忙，人和人的关系就越来越远了。

★ 爷爷：

A 遇到了问题　　　　B 经常帮别人　　　　C 不知道要帮谁

开心 kāixīn 기쁘다, 즐겁다

쓰기 제1부분

36-40번 제시된 단어를 순서대로 배열하여 문장을 완성해 보세요.

예제 小船　　上　　一　　河　　条　　有

河上有一条小船。

36. 去　　哪儿　　都　　妻子　　没　　过

37. 名字　　他的　　都　　谁　　知道

38. 可以　　都　　怎么　　我们　　去　　那儿

39. 喝　　什么　　现在　　妹妹　　都　　不　　想

40. 时候　　打电话　　我　　给　　什么　　你　　可以　　都

쓰기 제2부분

41-45번 한어병음을 보고 제시된 문장에 알맞은 한자를 써 보세요.

예제 没（ 关 ）系，别难过，高兴点儿。

41. 经理，我想请一个星期（ jià ），可以吗？

42. 明天一（ gòng ）8个人去机场，我们需要两辆车。

43. 我想快点儿提高汉语水平，你有什么好办（ fǎ ）吗？

44. 在这家公司工作了几年后，她（ jué ）定找一个新工作。

45. 这个地方的（ dōng ）天很舒服，一点儿也不冷。

쓰기 제3부분

46-50번 괄호 안의 한자 중에 알맞은 한자를 골라 밑줄 친 부분에 써 보세요.

예제 我不知道 那 个地方在 哪 儿。（那，哪）

46. 根_____邻_____说的话，大家很快就找到了那个孩子。（居，据）

47. 你刚吃_____，最好不要马上_____步，对身体不好。（饱，跑）

48. 天黑了，我有点儿担_____女儿，所以_____须出去看看。（必，心）

49. 你不是口_____了吗？我带了冰茶，给你_____点儿。（喝，渴）

50. 如果要_____车，一定要_____择 一家服务好的店，不能只想着便宜。（选，洗）

복습

1-2번 본서의 본문 내용에 맞게 제시된 보기 중 알맞은 것을 골라 밑줄 친 부분에 써 보세요.

爱好	了解	什么	邻居	丈夫
饱	为了	检查	锻炼锻炼	谁都

1. 小丽的同事很想认识那个高高的男人，就问小丽对他是不是_____。小丽告诉同事他们过去是_____，后来是大学同学，那个男人有很多_____，_____都会。但是小丽不能把他介绍给同事，因为他现在是小丽的_____。

2. 周太太最近觉得哪儿都不舒服，想去医院_____。周经理觉得_____有办法看好她的"病"，因为太太三年没运动了，每天吃_____了就睡。_____健康，周太太决定从明天起每天去长跑，_____。

18 我相信他们会同意的。
Wǒ xiāngxìn tāmen huì tóngyì de.
저는 그들이 동의할 것이라고 믿어요.

W-18

듣기 제1부분

1-5번 녹음의 대화를 듣고 일치하는 사진을 골라 네모 칸 안에 알파벳을 써 보세요.

A  B

C  D

E  F

예제

男: 喂，请问张经理在吗?

女: 他正在开会，您半个小时以后再打，好吗? D

1.

2.

3.

4.

5.

듣기 제2부분

6-10번 녹음을 듣고 내용과 일치하면 ✓, 일치하지 않으면 ✗를 표시해 보세요.

> **예제**
>
> 为了让自己更健康，他每天都花一个小时去锻炼身体。
>
> ★ 他希望自己很健康。　　　　　　　　　　　　　　　(✓)
>
> 今天我想早点儿回家。看了看手表，才5点。过了一会儿再看表，还是5点，我这才发现我的手表不走了。
>
> ★ 那块儿手表不是他的。　　　　　　　　　　　　　　(✗)

6. ★ 聪明人知道机会不常有。　　　　　　　　　　　　　(　　)

7. ★ 小云要去*体育馆。　　　　　　　　　　　　　　　(　　)

8. ★ 关于中国的春节，他比较了解。　　　　　　　　　　(　　)

9. ★ 他认为那个宾馆不错。　　　　　　　　　　　　　　(　　)

10. ★ 他的汉语水平很高。　　　　　　　　　　　　　　　(　　)

体育馆 tǐyùguǎn 명 체육관

듣기 제3부분

11-15번 녹음의 짧은 대화를 듣고 제시된 보기 중 알맞은 답을 골라 보세요.

> **예제**
>
> 男：小王，帮我开一下门，好吗？谢谢！
> 女：没问题。您去超市了？买了这么多东西。
>
> 问：男的想让小王做什么？
>
> A 开门 ✓　　　B 拿东西　　　C 去超市买东西

11. A 司机　　　B 老师　　　C 医生

12. A 不爱看电视　　　B 常去动物园　　　C 在准备比赛

13. A 帮她找手机　　　B 找她有事情　　　C 跟女的见面

14. A 经常骑自行车　　　B 上班不能骑车　　　C 不会骑自行车

15. A 身体不好　　　B 吃得很饱　　　C 吃得很少

듣기 제4부분

16-20번 녹음의 긴 대화를 듣고 제시된 보기 중 알맞은 답을 골라 보세요.

> **예제**
> 女：晚饭做好了，准备吃饭了。
> 男：等一会儿，比赛还有三分钟就结束了。
> 女：快点儿吧，一起吃，菜冷了就不好吃了。
> 男：你先吃，我马上就看完了。
>
> 问：男的在做什么？
>
> A 洗澡　　　　　B 吃饭　　　　　C 看电视 ✓

16. A 喜欢照相　　　B 长得很矮　　　C 长得很高

17. A 她是外地人　　B 买票的人多　　C 开门比较晚

18. A 去体育馆　　　B 洗澡　　　　　C 洗车

19. A 羊肉　　　　　B 牛肉　　　　　C 鱼

20. A 去学习了　　　B 生病了　　　　C 工作不认真

독해 제1부분

21-25번 제시된 보기와 서로 어울리는 대화문을 찾아 빈칸에 알파벳을 써 보세요.

A 你怎么一直看着我，怎么了？

B 请慢走，欢迎您下次再来我们这儿玩儿。

C 我也觉得很奇怪，她过去不是这样的。

D 楼下这只小狗是谁家的？

E 当然。我们先坐公共汽车，然后换地铁。

F 中国人的人名一般都没那么简单。

| 예제 | 你知道怎么去那儿吗？ | (E) |

21. 我同意，根据我的了解，这是一种文化。 (　)

22. 你刚才吃什么了，嘴上有一个东西。 (　)

23. 真奇怪，附近人家里没有这种狗。 (　)

24. 好的，有机会我一定会再来的，再见。 (　)

25. 小丽最近经常迟到，你是她的好朋友，
    你知道怎么了吗？ (　)

독해 제2부분

26-30번 제시된 보기 중 괄호 안에 들어갈 알맞은 답을 골라 빈칸에 써 보세요.

> A 相信　　B 地　　C 只要　　D 机会　　E 声音　　F 关于

예제　她说话的（ E ）多好听啊!

26.　（　　）出国学习的事，我还有几个问题。

27.　很多人都想去大城市工作，因为（　　）多一些。

28.　你别着急，慢慢（　　）说。

29.　A: 明天我一定不会迟到了。
　　 B: 你说什么我都不会（　　）的。

30.　A: 爸爸，周末我想去公园玩儿。
　　 B: 好啊，（　　）不下雨，我就带你去。

독해 제3부분

31-35번 문장을 읽고 제시된 보기 중 질문에 알맞은 답을 골라 ✓를 표시해 보세요.

예제　您是来参加今天会议的吗? 您来早了一点儿，现在才八点半。您先进来坐吧。

　　★ 会议最可能几点开始?

　　A 8点　　　　　　　　B 8点半　　　　　　　　C 9点 ✓

31.　有人问我长得像谁，关于这个问题，我觉得很难回答。家里人一般觉得，我的鼻子和嘴像我爸爸，我的眼睛像我妈妈，所以我有机会就会跟他们比一比。我发现，我的鼻子、嘴和眼睛不但像我爸爸，而且也像我妈妈，但是比他们的都好看。你看，我是不是很*自信?

★ 我觉得谁好看？

A 爸爸　　　　　　　B 妈妈　　　　　　　C 自己

32. 以前我是一家旅游公司的经理，有机会去很多国家。我去很多城市旅游过，吃过很多有名的菜，但是如果你问我"世界上最好的地方是哪儿？最好吃的是哪种菜？"，我相信我一定会回答："最好的地方是我的家，最好吃的是妈妈为我做的菜。"

★ 我：

A 是旅游公司的经理　　B 很喜欢做菜　　　　C 去过很多城市

33. 你刚到我们这儿可能会觉得很奇怪，我们这儿的冬天很冷，夏天很热，春天的天气很好，不冷不热，但是这段时间不长，冬天过完很快就到夏天了。所以你不用买那么多春天穿的衣服，相信你住的时间长了，就会慢慢地习惯的。

★ 我们这里：

A 天气很奇怪　　　　B 春天不长　　　　　C 四季都不冷

34. 今天我买了很多铅笔，这些铅笔都是为我儿子买的，这段时间他在学画画儿，他最爱画小动物，小狗、小猫、小鱼什么的，然后给这些小动物画上不一样的颜色。我相信，只要他认真学习画画儿，以后一定会是一个有名的画家的。

★ 我儿子：

A 是一个画家　　　　B 喜欢画小动物　　　C 买了很多铅笔

35. 奶奶以前是他们学校里有名的音乐老师，她不但歌唱得特别好听，而且对人也非常热情，大家都很喜欢她。最近这段时间，奶奶身体不太舒服，很多人都来家里看她，有的人还是从外地来的，没来的人也都打电话向她问好。他们说，只要奶奶心里高兴，病很快就会好的。

★ 关于奶奶，可以知道：

A 学生们都很喜欢她　B 她的学生都在外地　C 常给学生打电话

自信 zìxìn 자신만만하다

쓰기 제1부분

36-40번 제시된 단어를 순서대로 배열하여 문장을 완성해 보세요.

예제   小船   上   一   河   条   有

河上有一条小船。

36. 关于   我想买   一本   动物   的   书

37. 我相信   同意   妈妈   的   会

38. 旅游   有机会   我就去   只要   别的国家

39. 大家   看着我   地   奇怪   都

40. 问路   向我   外地人   一个

쓰기 제2부분

41-45번 한어병음을 보고 제시된 문장에 알맞은 한자를 써 보세요.

예제 没（ 关 guān ）系，别难过，高兴点儿。

41. 你要多（ xiàng ）小丽学习，你看她，做事总是很认真。

42. 这（ zhī ）小猫很可爱，它叫什么名字？

43. 关于你们（ guó ）家，你能简单介绍一下吗？

44. 妈妈不同意他出去玩儿，他生气（ de ）回房间了。

45. 我最喜欢小狗，你最喜欢哪种（ dòng ）物？

쓰기 제3부분

46-50번 괄호 안의 한자 중에 알맞은 한자를 골라 밑줄 친 부분에 써 보세요.

예제 我不知道＿那＿个地方在＿哪＿儿。（那，哪）

46. 关＿＿＿＿城市环境的问题，我们认为最重要的是把街道打扫＿＿＿＿净。（于，干）

47. 这＿＿＿＿个人中，你是最聪明的，所以你有＿＿＿＿会来我们公司工作。（机，几）

48. 小丽＿＿＿＿小刚要去看朋友，但是他们不知道买哪＿＿＿＿水果好。（种，和）

49. 这件事我不但＿＿＿＿己就能做，而＿＿＿＿能做得很好。（且，自）

50. 这个地＿＿＿＿的房子太贵了，那么小就需要三百多＿＿＿＿。（万，方）

복습

1-2번 본서의 본문 내용에 맞게 제시된 보기 중 알맞은 것을 골라 밑줄 친 부분에 써 보세요.

| 动物 | 只 | 嘴 | 只要 | 段 |
| 而且 | 相信 | 机会 | 有名 | 同意 |

1. 小明看见一_____可爱的小狗，眼睛大大的，_____小小的，想买回去。妈妈不同意，因为她觉得_____需要人照顾，但是这_____时间小明自己的衣服都不洗，是不会照顾小狗的。小明说，_____妈妈给他买，他就能照顾好小狗。

2. 一个学生去公司找工作，他认为这家公司不但很_____，_____工作环境好。但是经理告诉他，这个工作有点儿累，需要经常去外地，不知道他的家人能不能_____。他觉得没问题，只要他愿意，他_____家人会同意的。经理告诉他明天来上班，他很高兴有这个工作_____，他说他会努力的。

19 你没看出来吗?
Nǐ méi kàn chūlai ma?
못 알아보겠어?

듣기 제1부분

1-5번 녹음의 대화를 듣고 일치하는 사진을 골라 네모 칸 안에 알파벳을 써 보세요.

A 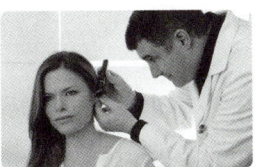   B

C    D

E    F

예제

男: 喂，请问张经理在吗?

女: 他正在开会，您半个小时以后再打，好吗?   D

1.

2.

3.

4.

5.

듣기 제2부분

6-10번 녹음을 듣고 내용과 일치하면 ✓, 일치하지 않으면 ✗를 표시해 보세요.

> **예제**
>
> 为了让自己更健康，他每天都花一个小时去锻炼身体。
>
> ★ 他希望自己很健康。　　　　　　　　　　　　　（ ✓ ）
>
> 今天我想早点儿回家。看了看手表，才5点。过了一会儿再看表，还是5点，我这才发现我的手表不走了。
>
> ★ 那块儿手表不是他的。　　　　　　　　　　　　（ ✗ ）

6. ★ 他每天上下班都很快乐。　　　　　　　　　　　（　　）

7. ★ 小雨哭是因为耳朵有问题了。　　　　　　　　　（　　）

8. ★ 他以前住在黄河附近。　　　　　　　　　　　　（　　）

9. ★ 他终于找到那本书了。　　　　　　　　　　　　（　　）

10. ★ 现在她是长头发。　　　　　　　　　　　　　　（　　）

듣기 제3부분

11-15번 녹음의 짧은 대화를 듣고 제시된 보기 중 알맞은 답을 골라 보세요.

> **예제**
>
> 男：小王，帮我开一下门，好吗？谢谢！
> 女：没问题。您去超市了？买了这么多东西。
>
> 问：男的想让小王做什么？
>
> A 开门 ✓　　　B 拿东西　　　C 去超市买东西

11. A 他不高兴了　　B 眼睛里有东西　　C 不喜欢刮风

12. A 她骑得不快　　B 她不太小心　　C 她会骑马

13. A 睡觉　　B 吃*糖　　C 起床

14. A 坐船　　B 坐公共汽车　　C 打车

15. A 他喜欢做面条　　B 女的过生日　　C 面条很好吃

糖 táng 명 사탕

듣기 제4부분

16-20번 녹음의 긴 대화를 듣고 제시된 보기 중 알맞은 답을 골라 보세요.

예제

女：晚饭做好了，准备吃饭了。
男：等一会儿，比赛还有三分钟就结束了。
女：快点儿吧，一起吃，菜冷了就不好吃了。
男：你先吃，我马上就看完了。

问：男的在做什么？

A 洗澡　　　　　　B 吃饭　　　　　　C 看电视 ✓

16. A 喜欢玩儿游戏　　B 看错了一个人　　C 去开花园的灯

17. A 担心男的的身体　　B 耳朵进水了　　C 游泳很小心

18. A 白色　　　　　　B 蓝色　　　　　　C 黑色

19. A 感冒了　　　　　B 没洗脸　　　　　C 要买*西药

20. A 买船票　　　　　B 买机票　　　　　C 回国

西药 xīyào 명 양약

독해 제1부분

21-25번 제시된 보기와 서로 어울리는 대화문을 찾아 빈칸에 알파벳을 써 보세요.

A 什么事让我们的女儿这么高兴?

B 慢点儿，我这是第一次骑马。

C 坐船或者坐火车都可以，你想怎么去?

D 经过高中三年的认真学习，弟弟终于考上了大学。

E 当然。我们先坐公共汽车，然后换地铁。

F 这是你做的饭吗? 看起来真好吃。

| 예제 | 你知道怎么去那儿吗? | (E) |

21. 坐船去吧，我还没坐过呢。 (　　)

22. 别害怕，它很听话，你把脚放好，眼睛看着前面。 (　　)

23. 来，我们一起吃吧。 (　　)

24. 太好了，我真为他高兴。 (　　)

25. 她穿了条蓝色的裙子跟同学跳舞，同学说她漂亮极了。(　　)

독해 제2부분

26-30번 제시된 보기 중 괄호 안에 들어갈 알맞은 답을 골라 빈칸에 써 보세요.

| A 耳朵 | B 经过 | C 短 | D 过 | E 声音 | F 哭 |

예제 她说话的（ E ）多好听啊！

26. 你看，这是我上次坐火车（　　）黄河时的照片。

27. 小冬又（　　）了，你有什么办法吗？

28. 一会你去洗脸的时候，别忘了也把（　　）洗一下。

29. A: 这件运动服有点儿（　　），你给我拿一件长的吧。
    B: 行，我现在去给你拿。

30. A: 这个周末你打算怎么（　　）？
    B: 邻居请我们去他家玩儿游戏。

독해 제3부분

31-35번 문장을 읽고 제시된 보기 중 질문에 알맞은 답을 골라 ✓를 표시해 보세요.

예제 您是来参加今天会议的吗？您来早了一点儿，现在才八点半。您先进来坐吧。
★ 会议最可能几点开始?
A 8点　　　　　　B 8点半　　　　　　C 9点 ✓

31. 我小时候住在中国最南边，一直没见过雪。前年我搬到北京了。虽然这儿的冬天很冷，我还不太习惯，但是我终于见到雪了，雪花白白的，特别漂亮。我高兴得站在雪地里照了很多照片，我想洗出来几张照片，发给我南方的朋友们看，让他们也高兴高兴。

★ 我：
A 以前没见过雪　　　B 喜欢很冷的天气　　　C 洗了下雪的照片

32. 年轻人刚开始工作的时候，没有车也没有房，但是不用着急，虽然现在有的东西不多，但只要努力工作，这些东西早晚都会有的，人们常说的"面包会有的，牛奶也会有的"就是这个意思。

★ 这段话告诉我们：
A 要努力工作　　　B 不用着急买车　　　C 不能有很多东西

33. 这次旅游，我们去了不少地方，每个地方都让我非常*难忘。有的城市有地铁，有的城市有火车，有的城市可以骑自行车，有的城市还可以骑马。有的城市更有意思，"街道"就是河，船就是"公共汽车"，你能说出来这个城市在哪儿吗？

★ 根据这段话，可以知道：
A 我想不起来城市的名字　　　B 我常常坐地铁去旅行　　　C 有的城市出门要坐船

34. 我想买辆十万左右的车，有了车以后，会更方便的。开车上下班，路上经过孩子的学校，可以接送他上下学。一个星期的工作学习以后，我们都很累，到了周末，可以开车出去玩儿玩儿，蓝蓝的天，白白的云，绿绿的草地，会让我们觉得舒服多了。

★ 他为什么要买车？
A 车很便宜　　　B 会很方便　　　C 坐着舒服

35. 去年秋天我回南方老家了，那里有高大的树，还有很多我叫不出来名字的花花草草，漂亮极了。每年快到冬天的时候，北方很多鸟都会飞到这儿来，在这儿过冬，等到二年春天再飞回去。孩子们都很喜欢这些可爱的鸟，不愿意让它们离开。

★ 根据这段话，可以知道：
A 我的老家在中国北方　　　B 老家冬天有很多鸟　　　C 孩子不想离开老家

难忘 nánwàng 图 잊을 수 없다

쓰기 제1부분

36-40번 제시된 단어를 순서대로 배열하여 문장을 완성해 보세요.

예제 小船　　上　　一　　河　　条　　有

河上有一条小船。

36. 停　　慢慢　　下来了　　地　　船

37. 是在哪儿　　我想不起来　　这张照片　　照的　　了

38. 看出来　　你能　　他们的脸　　不一样　　吗　　有什么

39. 安静下来　　鸟的叫声　　能让　　她

40. 让你的脸　　很白　　看上去　　这件衣服

쓰기 제2부분

41-45번 한어병음을 보고 제시된 문장에 알맞은 한자를 써 보세요.

예제 没（ 关^guān ）系，别难过，高兴点儿。

41. 骑（ ^mǎ ）让我觉得很快乐。

42. 看上去这（ ^wèi ）先生很喜欢小孩子。

43. 你想起来了吗？前年你是在哪儿（ ^guò ）的春节？

44. 秋天以后，天会变得越来越（ ^duǎn ），很早就会黑下来。

45. （ ^jīng ）过超市的时候，你帮我买一瓶可乐。

쓰기 제3부분

46-50번 괄호 안의 한자 중에 알맞은 한자를 골라 밑줄 친 부분에 써 보세요.

예제 我不知道 那 个地方在 哪 儿。（那，哪）

46. 天气真好，天是＿＿＿色的，我们出去打＿＿＿球吧。（蓝，篮）

47. 刚才我去超市买＿＿＿蛋了，回来的路上看见了一只＿＿＿。（鸟，鸡）

48. 你怎么又＿＿＿了，我看你刚才还＿＿＿得很高兴啊。（哭，笑）

49. 我＿＿＿己去医院就行，没什么大的问题，就是＿＿＿朵有点儿不舒服。（自，耳）

50. 我又长高了，你看我的衣服就＿＿＿道了，都＿＿＿了。（短，知）

복습

1-2번 본서의 본문 내용에 맞게 제시된 보기 중 알맞은 것을 골라 밑줄 친 부분에 써 보세요.

| 脸 | 起来 | 短 | 耳朵 | 上去 |
| 位 | 出来 | 出来 | 蓝 | 张 |

1. 最近女儿跟以前不一样了，她喜欢把头发放在_____后面，使她的_____看_____漂亮一些。爸爸想_____她小时候喜欢_____头发，像男孩子一样。

2. 小丽洗_____几_____骑马比赛的照片，但同事没看_____那_____骑得最快的是小刚。因为运动服让小刚看上去很年轻，小刚今天穿的_____西服让他看上去像40岁。

20 我被他影响了。
Wǒ bèi tā yǐngxiǎng le.
저는 그에게 영향을 받았어요.

듣기 제1부분

W-20

1-5번 녹음의 대화를 듣고 일치하는 사진을 골라 네모 칸 안에 알파벳을 써 보세요.

A

B

C

D

E

F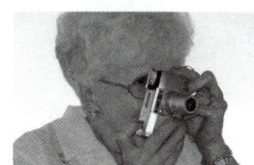

예제

男：喂，请问张经理在吗?
女：他正在开会，您半个小时以后再打，好吗?   D

1.

2.

3.

4.

5.

듣기 제2부분

6-10번 녹음을 듣고 내용과 일치하면 ✓, 일치하지 않으면 ✗를 표시해 보세요.

> **예제**
> 为了让自己更健康，他每天都花一个小时去锻炼身体。
>
> ★ 他希望自己很健康。　　　　　　　　　　　(✓)
>
> 今天我想早点儿回家。看了看手表，才5点。过了一会儿再看表，还是5点，我这才发现我的手表不走了。
>
> ★ 那块儿手表不是他的。　　　　　　　　　　(✗)

6. ★ 他没带照相机。　　　　　　　　　　　　(　　)

7. ★ 那家店不能用信用卡。　　　　　　　　　(　　)

8. ★ 不高兴时做什么都不好。　　　　　　　　(　　)

9. ★ 爱有很多种。　　　　　　　　　　　　　(　　)

10. ★ 问题已经被他们解决了。　　　　　　　　(　　)

듣기 제3부분

11-15번 녹음의 짧은 대화를 듣고 제시된 보기 중 알맞은 답을 골라 보세요.

> **예제**
>
> 男: 小王，帮我开一下门，好吗？谢谢！
> 女: 没问题。您去超市了？买了这么多东西。
>
> 问: 男的想让小王做什么？
>
> A 开门 ✓　　　　B 拿东西　　　　C 去超市买东西

11. A 今天过生日　　B 买了本字典　　C 正在学汉语

12. A 往东走　　　　B 往南走　　　　C 往车站那边走

13. A 帽子　　　　　B 书　　　　　　C 地图

14. A 在找运动服　　B 准备去跑步　　C 穿好了运动服

15. A 去找服务员　　B 去拿房卡　　　C 回房间去

듣기 제4부분

16-20번 녹음의 긴 대화를 듣고 제시된 보기 중 알맞은 답을 골라 보세요.

> **예제**
> 女: 晚饭做好了，准备吃饭了。
> 男: 等一会儿，比赛还有三分钟就结束了。
> 女: 快点儿吧，一起吃，菜冷了就不好吃了。
> 男: 你先吃，我马上就看完了。
>
> 问: 男的在做什么？
>
> A 洗澡　　　　　B 吃饭　　　　　C 看电视 ✓

16. A 去银行还钱　　B 去教室上课　　C 去借照相机

17. A 找不到照相机　　B 忘了去教室　　C 男的不帮她找

18. A 客人已经离开了　　B 客人对房间很满意　　C 客人可以换个房间

19. A 不能再跳舞了　　B 脚就快好了　　C 坐电梯不小心

20. A 饭馆　　　　　B 商店　　　　　C 动物园

독해 제1부분

21-25번 제시된 보기와 서로 어울리는 대화문을 찾아 빈칸에 알파벳을 써 보세요.

A 真为你高兴！希望你以后能有更好的成绩。

B 在中国，北方的冬天非常冷，特别是东北。

C 只有想办法让客人满意，才能解决这个问题。

D 先生，等等，您把照相机忘在车上了。

E 当然。我们先坐公共汽车，然后换地铁。

F 我的照相机被弟弟借走了。

예제	你知道怎么去那儿吗？	(E)
21.	谢谢老师！我一定会努力的。	( )
22.	你的照相机借给我用几天吧？	( )
23.	刚才太着急了，真是谢谢你。	( )
24.	我们的客人越来越少，这真是一个问题啊。	( )
25.	去年冬天我刚到那儿就感冒了。	( )

독해 제2부분

26-30번 제시된 보기 중 괄호 안에 들어갈 알맞은 답을 골라 빈칸에 써 보세요.

A 试　　B 碗　　C 只有　　D 信用卡　　E 声音　　F 房卡

예제　她说话的（ E ）多好听啊!

26. 我不知道把（　）忘在哪儿了，现在只能叫服务员帮我开门了。

27. （　）被我妹妹拿走了。

28. 请一个同学来听写生词，谁来（　）一下？

29. A: 今天晚上谁洗（　）？
　　B: 昨天是我，今天应该是你了。

30. A: 我的历史老师让我回家多复习。
　　B: 对啊，（　）多复习才能提高成绩。

독해 제3부분

31-35번 문장을 읽고 제시된 보기 중 질문에 알맞은 답을 골라 ✓를 표시해 보세요.

예제　您是来参加今天会议的吗？您来早了一点儿，现在才八点半。您先进来坐吧。
　　★ 会议最可能几点开始？
　　A 8点　　　　　　　　B 8点半　　　　　　　　C 9点 ✓

31. 去年我跟同事一起去南方的一个城市旅行，有一次我和同事找人问路，他们总是回答"向左走"或者"向右走"。我们才发现那里的人不习惯说"东南西北"，只说"左"或者"右"，只有在看地图的时候，才会说"东南西北"。

★ 那个城市的人，什么时候说"东南西北"？

A 问路的时候　　　　B 看地图的时候　　　　C 去旅行的时候

32. "笑一笑，十年少"，这是中国人常说的一句话，意思是笑的作用很大，笑一笑会让人年轻很多。只有常常笑，才能使自己年轻，不容易变老。所以我们每天都应该在工作和学习中，多想想高兴的事，试着让自己更快乐。

★ 根据这段话，可以知道：

A 现在的人不快乐　　B 笑能使人变年轻　　C 工作中没有高兴事

33. 不要总觉得别人的事情跟自己没有关系，认真地做好自己的事情就可以了。关心别人，自己也会觉得很快乐。所以要多跟朋友在一起，帮助朋友就是帮助自己，只有经常帮助别人，当你需要帮助的时候，别人才会愿意帮助你。

★ 根据这段话，可以知道：

A 自己的事最重要　　B 要学会帮助别人　　C 多让朋友帮自己

34. 小米给我们写信了，她在信里说了很多谢谢我们的话，说我们不但很关心她，而且还帮她女儿解决了工作的问题。在信里，她还说跟我们在一起的那段时间是多么让人难忘啊。她说如果明年有机会，她还会回来看我们的。

★ 根据这段话，可以知道：

A 小米的工作问题被解决了　　B 小米明年一定回来看我们　　C 小米写信谢谢我们

35. 你知道吗，动物虽然不会说话，但是其实很聪明。你看我家的小猫，总是能看出来我是高兴还是难过。我高兴的时候，它会在我身边跟我玩儿，高兴地叫着。要是它觉得我难过，它就会很安静地看着我。最让我觉得奇怪的是，它一般不会生气，但是只要我去动物园玩儿，它就会变得非常不高兴。

★ 我家的小猫：

A 非常聪明　　　　B 经常不高兴　　　　C 喜欢去动物园

쓰기 제1부분

36-40번 제시된 단어를 순서대로 배열하여 문장을 완성해 보세요.

예제 小船　　上　　一　　河　　条　　有

河上有一条小船。

---

36. 冬天的时候　　看看　　我决定　　去东北

---

37. 洗干净了　　被　　都　　妈妈　　碗筷

---

38. 对中文　　只有　　你才能　　感兴趣　　学好

---

39. 帮你解决　　试着　　我　　电脑的问题

---

40. 小皮鞋　　多么可爱啊　　你看　　这双

쓰기 제2부분

41-45번 한어병음을 보고 제시된 문장에 알맞은 한자를 써 보세요.

예제. 没（ 关 guān ）系，别难过，高兴点儿。

41. 别难（ 过 guò ）了，下次你一定能考好的。

42. 谢谢你的（ 关 guān ）心，我现在很好。

43. 这次考试，我的数学（ 成 chéng ）绩最好。

44. 妈妈说只有写完作业，（ 才 cái ）能玩儿游戏。

45. 你是什么时候有信用（ 卡 kǎ ）的？

쓰기 제3부분

46-50번 괄호 안의 한자 중에 알맞은 한자를 골라 밑줄 친 부분에 써 보세요.

예제. 我不知道_那_个地方在_哪_儿。（那，哪）

46. 你可以去_____门坐公共汽_____。（东，车）

47. 这件事怎么解_____，你_____帮我想想办法吧。（决，快）

48. _____园里的花多_____漂亮啊！（么，公）

49. 你别_____过了，下次我帮你_____备，一定会没问题的。（难，准）

50. 这个电_____节目我很想看，但是电视_____爸爸关上了。（被，视）

복습

1-2번 본서의 본문 내용에 맞게 제시된 보기 중 알맞은 것을 골라 밑줄 친 부분에 써 보세요.

| 难过 | 信用卡 | 被 | 照相机 | 东 |
| 被 | 成绩 | 关心 | 除了 | 比赛 |

1. 小丽找不到她的_____了，可能_____别人拿走了。她有点儿_____。同事让她去公司_____门外的大商场再买一个，但是这个月她的_____里的钱已经花得差不多了。

2. 小明的朋友最近突然_____起体育来了，因为她的男朋友很喜欢看足球_____，她是_____男朋友影响的。_____足球，她还天天上网玩儿游戏，_____差极了。

HSK(三级)模拟试卷

HSK 3급 모의고사

지금까지 학습한 내용을 토대로 HSK 3급 모의고사를 풀면서 최종 실력을 점검해 보세요. 실제 시험과 같이 영역별로 정해진 시간 내에 문제를 풀어 봅시다.

시험 내용	문항 수	시험 시간
듣기	40문항	약 35분
독해	30문항	30분
쓰기	10문항	15분

一、听 力

第一部分

第 1-5 题

例如：男：喂，请问张经理在吗？
　　　女：他正在开会，您半个小时以后再打，好吗？　　D

1.

2.

3.

4.

5.

第 6-10 题

A B
C D
E

6. ☐

7. ☐

8. ☐

9. ☐

10. ☐

第二部分

第 11-20 题

例如：为了让自己更健康，他每天都花一个小时去锻炼身体。

  ★ 他希望自己很健康。   （ ✓ ）

今天我想早点儿回家。看了看手表，才5点。过了一会儿再看表，还是5点，我这才发现我的手表不走了。

  ★ 那块儿手表不是他的。   （ × ）

11. ★ 现在他还不知道什么是最重要的。   （ ）

12. ★ 大家都喜欢常医生。   （ ）

13. ★ 上下班时间他不愿意坐地铁。   （ ）

14. ★ 哥哥让我认真读书。   （ ）

15. ★ 他和这些同学已经很长时间没见面了。 （ ）

16. ★ 我们住在一层。   （ ）

17. ★ 小黄这几天哪天来都行。   （ ）

18. ★ 我让小丽去北方旅行。   （ ）

19. ★ 老师让我想一想，明天回答问题。   （ ）

20. ★ 去小刚家要先坐公共汽车，然后坐地铁。 （ ）

第三部分

第 21-30 题

例如：男：小王，帮我开一下门，好吗？谢谢！
　　　女：没问题。您去超市了？买了这么多东西。
　　　问：男的想让小王做什么？

　　　A 开门 ✓　　　　　B 拿东西　　　　　C 去超市买东西

21. A 不在楼上　　　　B 在接电话　　　　C 在运动

22. A 特别喜欢雪　　　B 不喜欢下大雪　　C 不想出去

23. A 香蕉牛奶　　　　B 牛奶咖啡　　　　C 黑咖啡

24. A 脸色不好　　　　B 很胖　　　　　　C 经常运动

25. A 她儿子没得第一　B 她很高兴　　　　C 她不太高兴

26. A 发电子邮件　　　B 上网看邮件　　　C 回电子邮件

27. A 他不想生气　　　B 他总是迟到　　　C 经理知道他
　　　　　　　　　　　　　　　　　　　　　　为什么迟到

28. A 太晚了　　　　　B 不在家　　　　　C 在洗澡

29. A 找护照　　　　　B 坐飞机　　　　　C 打电话

30. A 考试没考好　　　B 学习不努力　　　C 不想学习了

第四部分

第 31-40 题

例如：女：晚饭做好了，准备吃饭了。
　　　男：等一会儿，比赛还有三分钟就结束了。
　　　女：快点儿吧，一起吃，菜冷了就不好吃了。
　　　男：你先吃，我马上就看完了。

　　　问：男的在做什么？

　　　A 洗澡　　　　　　B 吃饭　　　　　　C 看电视 ✓

31. A 上楼　　　　　　B 下楼　　　　　　C 去蛋糕店

32. A 一点儿也不累　　B 站着睡着了　　　C 觉得很累

33. A 床　　　　　　　B 冰箱　　　　　　C 书

34. A 七点的　　　　　B 八点半的　　　　C 几点的都可以

35. A 又胖又高　　　　B 穿着白裤子　　　C 穿着绿裙子

36. A 早点儿起床　　　B 到公司吃饭　　　C 每天都迟到

37. A 很担心男的　　　B 去医院检查了　　C 吃了感冒药

38. A 妈妈　　　　　　B 姐姐　　　　　　C 奶奶

39. A 打篮球　　　　　B 找照相机　　　　C 找同屋

40. A 做菜特别好吃　　B 现在不会做菜　　C 对做菜感兴趣

二、阅 读

第一部分

第 41-45 题

A 周末我们去哪儿？去公园还是去听音乐会？

B 这家店的冷饮和热饮都很不错，你想喝点儿什么？

C 常老师，欢迎您来我们学校工作。

D 别着急，我帮你一起找。你是不是放在包里了？

E 当然。我们先坐公共汽车，然后换地铁。

F 其实我一直都对爬山感兴趣，只是工作太忙，没时间去。

例如：你知道怎么去那儿吗？　　　　　　　　　　　　（ E ）

41. 你最近很喜欢爬山啊？　　　　　　　　　　　　　（　）

42. 我记得把地图放在行李箱里了，怎么找不到了？　　（　）

43. 我来一杯热茶吧，冬天喝点儿热的舒服。　　　　　（　）

44. 周校长，谢谢您给我这个机会，我一定努力教课。　（　）

45. 我更愿意在家休息，上上网，玩儿玩儿电脑游戏。　（　）

第 46-50 题

A 怎么那么多人愿意搬到城市里来?
B 那个笑得甜甜的女孩儿是谁?
C 我洗好的菜呢? 刚才还放在这儿呢。
D 听说你昨天去看电影了,有意思吗?
E 外边的天气多好啊,我们出去玩儿吧。

46. 我把它放回冰箱里去了,你现在要用吗? (C)

47. 这里的工作机会多得多。 (A)

48. 我觉得还可以,是一个关于黄河的故事。 (D)

49. 那是我邻居的女儿,来,我给你介绍一下吧。 (B)

50. 一会儿再去吧,妈妈说只有写完作业,才能出去玩儿。 (E)

第二部分

第 51-55 题

A 几乎   B 中间   C 满意   D 清楚   E 声音   F 回答

例如：她说话的（ E ）多好听啊！

51. 我们班小明总是第一个（　　）老师的问题。

52. 妹妹画的熊猫（　　）跟真的一样。

53. 看，站在（　　）的是这次比赛的第一，大山。

54. 来吃饭的客人对这家饭馆的服务都特别（　　）。

55. 虽然我们离得很远，但是他声音很大，所以听得（　　）。

第 56-60 题

A 结束   B 新闻   C 刷牙   D 爱好   E 出来   F 水平

例如：A：你有什么（ D ）？
　　　B：我喜欢体育。

56. A：照片洗（　　）了吗？给我看看。
　　B：下午去拿，回来给你看。

57. A：你每天早上都看报纸吗？
　　B：是的，我习惯早上看看（　　）。

58. A：会议（　　）以后，别忘了把灯关了。
　　B：放心吧，我会关的。

59. A：最近你的汉语（　　）提高了不少。
　　B：是吗，太好了，老师也说我的汉语越来越好了。

60. A：你怎么准备睡觉了？你（　　）了吗？
　　B：我忘了，我现在就去。

第三部分

第 61-70 题

例如：您是来参加今天会议的吗？您来早了一点儿，现在才八点半。您先进来坐吧。

★ 会议最可能几点开始？

A 8点　　　　　　　　　　B 8点半
C 9点 ✓

61. 很多人喜欢边开车边做别的事：开着车喝咖啡，开着车打电话，开着车听音乐。这样做对自己、对别人都不好，特别是晚上或者下大雨的时候，看不清路，更容易出事。

★ 开车的时候：

A 应该喝杯咖啡　　　　　B 经常下大雨
C 最好别听音乐

62. 我是在南方出生的，四岁的时候跟爸爸妈妈来到北方，在这儿住了二十个春夏秋冬了。现在，南方我已经记不清楚了，我对北方更了解，早就习惯了吃北方菜，说话也跟北方人一样。

★ 我：

A 在北方住了二十年了　　B 在北方出生
C 对北方还不习惯

63. 我家住在十层，楼里有两个电梯。每天回家时我都坐到五层，然后走上去。如果你也跟我一样，住得高，工作忙，又没时间出去运动，就跟我一起爬楼吧，这也是一种不错的锻炼。

★ 我认为：

A 楼里应该有两个电梯　　B 爬楼是很好的运动
C 健康不太重要

64. 为了方便，很多人都喜欢去商店买蛋糕吃。其实，自己在家做也很简单，用鸡蛋、牛奶就可以做。如果想吃水果蛋糕，还可以买一些水果放进去。自己做的比店里的健康得多，也更好吃，更新鲜。

    ★ 自己做蛋糕：

    A 特别难　　　　　　　　　　B 不用牛奶和鸡蛋
    C 比商店卖的健康

65. 我家的街对面有一个图书城。最近那里正在举办世界图书节，从6月15号到7月15号，买100送20。如果买了100元的书，就送20元书票，可以在图书城买书，也可以在一层的咖啡店买饮料。

    ★ 世界图书节时，在这个图书城买100块钱的书：

    A 不用付钱　　　　　　　　　B 送一杯咖啡
    C 送书票

66. 我昨天不是告诉你，早上起来不要马上吃香蕉吗？怎么又吃了？吃东西一定要选择"对"的时间，就像香蕉，不能想什么时候吃就什么时候吃，最好饭后吃，很饿的时候不要吃，对身体不好。

    ★ 什么时候吃香蕉最好？

    A 吃完饭以后　　　　　　　　B 很饿的时候
    C 想吃的时候

67. 昨天我坐出租车的时候，司机说有一个人喝酒喝多了，上车以后，除了一句"我要回家"，什么都没说，就睡着了。司机想："我知道你家在哪儿啊？"所以他休息了一会儿，然后对那个人说："到家了！"那个人真的下车了。

    ★ 那个人在哪儿下的车？

    A 他家附近　　　　　　　　　B 车站附近
    C 上车的地方

68. 周末跟女朋友上街买东西，走了一个小时，我看她很累，就帮她拿包。经过一个商店的时候，我遇见了以前的老同学，就跟他一边聊天一边往前走。突然我想起来女朋友还在商店里，就马上回去看，她说她等了我半天了，什么都没买，因为刚才要买东西的时候才发现，她的钱包在我这儿。

   ★ 根据这段话，可以知道：

   A 女朋友是我的老同学   B 女朋友在商店里等我
   C 女朋友买了很多东西

69. 我在中国已经留学一年了，马上要离开北京回国了，但是我现在礼物还没买好，送给妈妈和家里人的礼物很容易买，送给朋友的礼物很难买，因为只有送给他们喜欢的礼物，他们才会高兴。我不太了解他们的爱好，不知道应该买什么好。

   ★ 根据这段话，可以知道：

   A 我马上要回北京了   B 我了解家人的爱好
   C 朋友不喜欢礼物

70. 我爷爷已经七十多岁了，但是他还觉得自己很年轻，他身体很好，大家都叫他"健康爷爷"。他每天早上六点就起床，起了床就出去锻炼身体。我们家附近有一个公园，只要不刮风、下雨，他都要走半个小时到那儿，然后在那儿跟老朋友们聊天。

   ★ 我爷爷：

   A 现在很年轻   B 每天去公园
   C 身体很健康

三、书写

第一部分

第 71-75 题

例如：小船　　上　　一　　河　　条　　有

河上有一条小船。

71. 兴趣　　感　　画画儿　　对　　妹妹　　很

72. 饿　　我　　一点儿　　现在　　不　　也

73. 放　　一瓶　　桌子　　着　　上　　饮料

74. 安静　　哪儿　　哪儿　　就　　学习　　去　　我

75. 牛奶　　去　　进　　放　　冰箱　　把　　请

第二部分

第 76-80 题

例如：没（关 guān）系，别难过，高兴点儿。

76. 你怎么现在才回来？我和你妈妈都很（担 dān）心。

77. 为了（提 tí）高汉语水平，他每天跟中国朋友练习。

78. （终 zhōng）于考完试了，走，我们去好好玩儿玩儿！

79. 我带了两把伞，可以（借 jiè）给你一把。

80. 这儿的（夏 xià）天没有我们国家那么热，很舒服。

HSK 3급 소개

HSK 3급은 응시자의 중국어 의사소통능력을 평가하는 시험으로, 국제 중국어 능력 표준 3급, 유럽 언어 공통 기준(CEF) B1급에 해당하는 수준입니다. HSK 3급에 합격한 응시자는 중국어로 일상생활, 학습, 업무 등 각 분야의 상황에서 기본적인 회화를 진행할 수 있고, 여행에서 겪게 되는 대부분의 상황들을 중국어로 대응할 수 있는 수준에 해당한다고 판단할 수 있습니다.

1. 시험 대상

매주 2~3시간씩 3학기(120~180시간) 정도의 중국어를 학습하고, 600개의 상용 어휘와 관련 어법 지식을 습득한 학생을 대상으로 합니다.

2. 시험 내용

HSK 3급은 듣기, 독해, 쓰기의 세 영역으로 이루어지며, 총 80문제가 출제됩니다. 영역별 문항 수와 시험에 소요되는 시간은 다음과 같습니다.

시험 내용		문항 수		시험 시간
듣기	제1부분(대화 듣고 일치하는 사진 고르기)	10	40문항	약 35분
	제2부분(단문 듣고 제시되는 문장의 옳고 그름 판단하기)	10		
	제3부분(한 번씩 주고받는 대화 듣고 질문에 답하기)	10		
	제4부분(두 번씩 주고받는 대화 듣고 질문에 답하기)	10		
듣기 영역에 대한 답안지 작성 시간				5분
독해	제1부분(제시된 문장에 상응하는 문장 고르기)	10	30문항	30분
	제2부분(빈칸에 알맞은 단어 고르기)	10		
	제3부분(단문 독해하고 질문에 답하기)	10		
쓰기	제1부분(어휘 조합하여 문장 만들기)	5	10문항	15분
	제2부분(빈칸에 알맞은 글자 쓰기)	5		
합계		80문항		약 85분

- 전체 시험 시간은 응시자가 이름 등 개인 정보를 작성하는 5분을 포함하여 약 90분입니다.
- 듣기 영역의 모든 문제는 녹음을 두 번씩 들려줍니다.

3. 성적표

HSK 3급의 성적표는 듣기, 독해, 쓰기 세 영역의 점수와 총점이 각각 표시됩니다. 각 영역별로 100점 만점이며, 총점 300점에서 180점 이상이면 합격입니다.

외국인이 중국 소재 학교의 입학을 위해 중국어 자격증으로 HSK 성적을 활용할 경우, 취득한 성적의 유효 기간은 시험일로부터 2년입니다.